路甬祥同志

求是与创新

——路甬祥教育文集

《路甬祥教育文集》编辑组　编

1986年1月28日，全国人大常委会委员长彭真在浙江省委书记王芳（左一）陪同下视察浙江大学，图为韩祯祥（左三）、梁树德（右一）、路甬祥（右二）等学校领导陪同参观实验室

1995年6月6日，中共中央政治局常委、全国人大常委会委员长乔石视察浙江大学，图为路甬祥、潘云鹤等陪同考察

1994年1月5日，路甬祥等学校领导陪同国务院副总理李岚清视察浙江大学

1988年10月19日，路甬祥陪同中共中央政治局委员、国务委员、国家教委主任李铁映视察浙江大学

1989年1月17日，在学校举行的浙江大学名誉校长刘丹八十大寿庆贺会上，路甬祥与刘丹亲切交谈

1985年10月，学校举行邵逸夫科学馆奠基仪式，图为仪式开始前路甬祥与薛驹（右一）、黄固（左一）等省校领导交谈

1983年，路甬祥在学校实验室指导研究生从事科研工作

1984年，路甬祥与学校流体传动与控制实验室同事们一起从事科研工作

1985年4月19日，在学校举行的竺可桢铜像奠基典礼上，著名数学家苏步青校友在路甬祥陪同下为奠基典礼揭幕并敬献花篮

1991年11月4日，著名物理学家王淦昌校友访问母校，路甬祥主持仪式授予王淦昌为浙江大学名誉教授

1987年4月，路甬祥为著名敦煌艺术家常书鸿校友颁发捐赠证书

1987年6月21日，路甬祥陪同著名数学家、菲尔慈奖获得者丘成桐教授参观浙江大学校史展览

1988年10月30日，路甬祥陪同国际著名物理学家、诺贝尔奖获得者李政道校友参观学校实验室

1989年12月28日，路甬祥陪同国际著名物理学家、诺贝尔奖获得者杨振宁教授参观学校实验室

1990年10月16日，路甬祥陪同著名实业家、香港爱国人士邵逸夫先生出席邵逸夫体育馆落成典礼

1997年4月2日，浙江大学授予香港著名实业家曹光彪先生名誉博士学位，授学位后路甬祥与曹光彪等合影

1990年10月5日，路甬祥会见来浙江大学访问的柏林工业大学校长一行

2009年4月8日，第七届流体传动及控制国际学术会议在杭州举行，图为路甬祥陪同德国亚琛工业大学Backe教授（右五）参观浙大流体传动及控制国家重点实验室

2008年9月28日，路甬祥在张浚生、张曦等校领导陪同下，参观紫金港校区浙江大学校史展览馆

2008年12月28日，路甬祥在京出席《宋画全集》首发式暨出版座谈会

2011年9月29日，路甬祥在浙江大学为母校师生作《化学的启示》专题报告

2012年4月21日，路甬祥与金德水、杨卫等校领导出席全球校友共庆母校建校115周年大会

序　一

（签名）

感谢母校的厚爱，在115周年校庆之际整理出版我在浙江大学工作期间关于教育创新发展的一些文字。感谢学校诸位领导为之作序、题写书名，感谢为本书整理出版工作付出心力的同志们。这使得我又回忆起在“求是园”学习、任教、任职期间的往事，尽管一些事情已经过去了半个多世纪，但仍历历在目，难以忘怀。

1959年秋，我考入浙江大学机械工程学系，编入水力机械专业59—1班，开始了求是学子生涯。竺可桢校长创导的“求是”校训，学养深厚、敬业爱生的师长，良好的教学实验设施，丰富的图书馆馆藏，严谨规范的教学计划和当时实行的“少而精，学到手，因材施教”教学理念，等等，使我等受益良多。我印象最深刻的是，教授名师都亲自为我们授课，学校坚持理论联系实际的教育思想，在提高基础课课堂教育质量效果的同时重视实验课、习题课教学，一些重要的技术基础课如机械原理、机械零件等，都设置了课程设计环节，配合金属工艺学课程还设置了5周的金工实习。我在学校附属机械工厂经历了冷、热加工工艺实习。进入三年级以后，结合专业课进程还安排了认识实习、课程实习和毕业实习（设计）三次实践环节，我记得分别是在金华黄潭口水电站、新安江水电站、浙江电机厂和上海人民电机厂等进行的。毕业实习加上毕业设计几乎用了整整一个学期，期间我结合工厂的新产品开发，自主设计研制成功了7米扬程潜水泵，试验表明在额定工况点提高效率7%，关死点功率下降了近30%。当时指导老师是黄邦达，他放手鼓励我们自主创新，还请了工厂的一位潘姓老工程师协助指导,使我们经受了“设计——制造——试验”完整的工程训练,提升了工程实践和创新的自信心和能力。从现在的眼光来看,这实际上是校企结合实施工程教育的典型案例。

1964 年秋,我毕业留校任教。先到诸暨参加了 8 个多月的农村社会主义教育工作团的锻炼,返校后参与了一些教学辅导和科研工作。1966 年爆发了“文化大革命”,学校全面停课,我们中青年教师也随同学们到北京接受了“8·18”毛主席的检阅。在“十年动乱”中,我和同事们经受了史无前例的政治运动洗礼,也经历了从盲从到迷惘,再到忧虑和思考的过程。当时,尽管对一些问题的认识模糊,但始终坚信在当代文明社会,知识、科技总是有用的,国家富强、社会进步、人民幸福,终究要依靠知识、技术和诚实劳动来创造。因此,从 1967 年开始,我和几位志同道合的同志就趁着社会上提出“抓革命,促生产”之机,开始自发研制超 45MPa 超高压油泵,经过近八个月的努力,居然一举成功,后来又研制了灯光围网液压驱动动力滑轮系统、全液压万能内外圆磨床等。1969 年后,学校允许复课,我们举办了几期液压技术培训班,开设了以液压元件,油压机、动力头和自动线、磨床等液压系统为主要内容的专业技术课程,并带领学员深入企业进行液压系统维修实践,还在杭州齿轮箱厂参与了二汽生产自动线的设计研制等,不仅培养了一批专业技术和技能人才,而且也提升了我对流体传动与控制工程应用和解决实际问题的综合能力。20 世纪 70 年代中,地下核试验需要研制电液遥控钻井取样机,试验基地在全国寻找能承担研制电液遥控系统的合作伙伴。我花了两个通宵提出了一套技术方案,得到基地的采纳,我们自主设计研制了电液比例/伺服阀等关键部件和整个电液控制系统,经过高叔寿、史志祥、马荣法、朱家明、瞿美琴等同志历时两年的共同努力,并与桂林冶金机械研究所的全液压钻井机相配合取得了完全成功,后来获得了全国科学大会奖。

1978 年后,浙大归属中国科学院序列,著名原子物理学家、科学院副院长钱三强兼任校长。我受学校和中国科学院的推荐,经联邦德国洪堡基金会遴选，有幸获得洪堡研究奖学金，其时我已经在浙大工作了14个年头。1979年2月5日我和从上海启程的其他洪堡学者一同飞赴联邦德国，后进入亚琛工业大学(RWTH)液压气动研究所(IHP)从事研究工作。联邦德国先进的工业，发达的高速公路系统，城市乡村的现代化水平，富有特色的工程技术教育和创新研究体系，给了我巨大的思想冲击。我深深地感到，我们国家落后了，要改变祖国的面貌，必须发愤图强，奋起直追。我选择了电液比例技术作为研究方向，在德国2年零7个月的日日夜夜，废寝忘食地工作，先后完成了5项技术发明，在弗朗霍夫研究院(FhG)专利办公室(Duetsche Patent Stelle)的资助下，由我作为发明人，亚琛工业大学液压气动研究所法人代表、所长巴克(Wolfgang Backe)教授作为登记人，申请了5项联邦德国专利(其中3项随后又申请了欧洲专利)。我以在此基础上的研究工作完成了博士论文，于1981年5月获得亚琛工业大学的工程科学博士学位。在联邦德国从事研究工作期间，我印象最为深刻的就是教学与科学研究紧密结合、理论与工程实际紧密结合、学校和企业紧密联系的教育科研模式；我感受到计算机信息技术与机械电子、液压气动技术交叉融合的工程技术发展大趋势，领略了德国工程教学严谨踏实、精益求精、持之以恒、注重质量的风格和重视工程专业训练的传统。对此，在我回国后不久所写的《西德科研组织和教育制度管见》一篇短文中已作过阐述。

1981年9月我回到北京，方毅副总理在人民大会堂亲切接见了巴克教授和我，鼓励我为祖国和人民服务。时任浙江省委书记铁瑛同志也在杭州接见了我们(当时一同受接见的还有徐亚伯、蒋静坪、包正康等同志)，鼓励我们将自己的知识和智慧贡献给国家的现代化建设。在国家、省政府和学校的支持下，在胡大纮、吴根茂等同志的帮助下，我主持筹建了浙江大学流体传动与控制研究所，从事以液压比例技术、插装技术、测试与数字仿真技术及其工程应用为主要方向的教学与科研工作，并着力推进人才培养、科学研究与转移转化紧密结合的工程技术教育和工程技术创新基地的建设，致力于促进信息传感、计算机技术、机械电子技术和流体传动与控制技术的交叉和融合。为了促进国际交流合作，还创办了四年一届的杭州国际流体传动与控制学术讨论会(ICFP)。先后取得了一批研究成果和国家、机械部、国家教委、浙江省颁授的奖励。后来又在此基础上发展成为国家重点实验室、国家重点学科、流体传动与控制学科博士点、国家工程技术研究中心，现已成为该领域重要科学研究和创新人才培养基地。

1984年底，名誉校长刘丹同志找我谈话，希望我在从事教学科研工作的同时参与学校的部分管理工作。1985年我被任命为浙江大学副校长，并分管本科教学，开始了“双肩挑”。为了尽快进入角色，履行好职责，我认真研读了学校校史、中外高等教育发展史，分析研究了美、德、英、俄、日等国的高等教育发展历史和现状，通过对社会和企业的调研，了解清华、交大、南大、复旦、科大、浙大等国内各著名大学毕业生的素质、品格和特点，开始考虑学校本科教学的改革方案，随后与同志们一起，推动了学分制、双学位、“三学期”、“混合班”等有利于学科交叉，有利于发挥学生学习的自主性，有利于加强实践环节，有利于创新人才培养的教学改革试验，取得了一些成效。

1988年我从韩祯祥校长手中接棒，时年46岁。我深感责任重大，必须全身心投入，为学校发展服务，为师生员工服务，为国家人民服务。当时的党委书记是梁树德同志，副校长有吴平东、胡建雄、薛继良，次年增补了唐锦春同志，副书记是朱深潮、吴金水，校长助理是吴世明、卜凡孝两位。1992年换届后，胡建雄、唐晋发、顾伟康、吴世明、黄达人、卜凡孝担任副校长，纪委书记先后由徐裕钧、郑元耀同志担任，这是一个比较年轻、富有活力、团结合作、锐意进取的领导班子。大家共同的心愿就是继承弘扬浙大求是校风和光荣传统，面向国家经济社会发展的需求，适应当代科技和文明发展的大趋势，遵循人才培养和科学研究的规律，改革创新，开拓浙大，发展更美好的未来，不辜负党、国家、人民的重托和全校师生的期盼。我们主动向国家教委提出了试行校长负责制、党委发挥政治核心和保证监督作用，以教育科研为中心，全面提高教育质量和科研水平，改革学校管理体制机制，提升发展动力和活力，适应国家经济社会发展需要为主要内涵的综合改革试点报告，得到了批准。着力推进了以提高教育质量、优化办学结构、扩大开放合作、创新体制机制、调动和激活一切积极因素为主要目标的改革探索，取得了一些成效，促进了学校各方面的发展。本书收录的一些讲话、文章，便是这一时期我和领导集体对于学校教学、科研、社会服务、文明传承等基本职能的思考探索和改革实践的记录，放在一起竟也有二十多万字，其实归纳起来只是在以下几方面做了一些改革探索：

一是进一步明确学校的定位，推进浙大从教学型大学转变为教学研究型大学，培养创新人才。从以工科为主的大学，转变为理工结合、兼有文管的多学科大学，发展新兴交叉学科，更好地适应社会主义市场经济和全球竞争合作对人才的需求。调整了本科生与研究生的比例，在适度发展本科教育的同时，在适应需求、保证质量的前提下，积极发展研究生教育，使浙大逐步转变为本科教育与研究生教育并重的结构，适应教学研究型大学的定位，适应国家社会发展对高层次创新人才的需要。

二是推进与学校定位和发展目标相一致的管理体制机制改革。明确了系管教学、教研室在系的统一协调下承担教学环节，破除了专业办学的局限，有利于拓宽基础。加强科学研究，鼓励有条件的教研室创建学科型研究所，实现教学基础单元与科学研究基础单元的有机结合，发挥学术带头人和广大教师教学、科研的主动性、积极性和创造性，解放教学科研生产力。探索构建了以承担教学、科学研究的质和量为主要依据，考虑承担管理服务职责和工作当量，公平、公正、公开的业绩考评机制，并以此为依据建立了以岗位、年功和绩效为依据的晋升和分配机制，实际上是从制度上落实了尊重知识、尊重人才、尊重教学、尊重创造、尊重劳动，恢复重建了学校正确的价值导向，破除了论资排辈的传统陋习，促进了形成公平竞争、协力创新、勇于承担、敢于创造的校园氛围，有利于德才兼备、勤奋努力的青年人才、优秀人才脱颖而出，恢复和强化了激励教职员工致力于培育人才、研究创新、服务社会的自觉动力。

三是继承弘扬浙大校风和优良传统。基于改革开放新的历史时期对创新人才素质和能力的要求，以及通过社会调查对浙大毕业生综合素质和开拓创新能力的考察、比较和分析，提出了将“求是”校训弘扬发展成为“实事求是，严谨踏实，奋发进取，开拓创新”，简述为“求是、创新”。探索通过教学科研创新实践、社会改革发展实践、改革开放实践认知国情，理论联系实际，建立自我教育、励志育人的思想政治和校园文化建设机制等。现在看来，这符合浙大精神的传承，也符合时代的要求，得到了广泛的认同，也已显现出积极的效果。

1993 年 11 月，我奉调担任中国科学院副院长，1995 年卸任浙大校长，与潘云鹤同志进行交接。我有幸在副校长和校长岗位上经历了 10 年时间。这 10 年，正值中国改革开放的关键历史时期，浙大改革发展的所有工作都是在小平同志开创的改革开放的大环境中展开的，都是在国家教委(教育部)、浙江省委的正确领导和大力支持下进行的，都是在学校党委和行政班子成员的共同努力下，在全校师生的广泛认同和积极参与下得以实现的。10 年时间，对人的一生而言不算太短，但这在浙大漫长的历史进程中只是承前启后的一页而已。值得欣慰的是，今天的浙大，其规模、质量、水平和特色已经为社会充分认识和尊重，学校确立的新的发展目标令人鼓舞和振奋，前景更无可限量。

求是世代相传，创新永无止境。对于这一段岁月的回顾，如能引起人们对于浙大和中国教育的现在和未来的进一步思考和展望，就足矣。

是为序。

2012 年 4 月 20 日

序　二

韩祯祥　梁树德

当《求是与创新——路甬祥教育文集》清样本摊开在我们面前时，我们的思绪一下子回到上世纪80到90年代——那个浙大人意气风发、思想解放、改革创新的难忘岁月。

上世纪70年代末、80年代初，刚刚从十年“文革”浩劫中走过来的浙江大学，在刘丹等老一辈校领导的带领下拨乱反正，奋发图强，迅速恢复了办学实力，学校各项事业呈现欣欣向荣的兴旺景象。80年代中期，党中央做出了关于教育体制改革的决定，提出，高级专门人才要立足于国内培养，高等学校要为科学技术开发和解决社会主义现代化建设中重大理论问题和实际问题做出较大贡献。作为东南名校，浙江大学面临着新的使命和难得的机遇。路甬祥同志就是在这样的大背景下进入学校领导班子的，1985年9月担任副校长，1988年2月至1995年4月担任校长。在这期间，浙江大学经历了改革开放以来第一次跨越式发展。1988年，浙江大学与清华大学一起被国家教委确立为综合改革的试点院校。在路甬祥同志和学校领导班子的主持下，浙江大学实施了一系列具有重大历史意义的改革，办学水平和综合实力快速上升，发展成为居于国内前列、在国际上有一定影响的教学研究型大学。

注：韩祯祥，中国科学院院士、原浙江大学校长。

梁树德，原浙江大学党委书记。

我们两人先后与路甬祥同志在一个班子里工作。1985年到1988年，路甬祥同志任副校长时，韩祯祥任校长；1988年到1995年，路甬祥同志任校长时，梁树德任党委书记。在一起共事的过程中，我们深切地感受到路甬祥同志对党的教育事业的忠诚和热爱，感受到他对浙江大学的赤子之心和进一步办好学校的坚定信念，感受到他大刀阔斧、推进改革的勇气和深入实际、狠抓落实的作风。

路甬祥同志善于将浙江大学的发展放到世界科技革命和我国经济社会发展的大环境中去分析和思考。他常说，衡量一所大学办得好不好，水平高不高，主要是看能否培养出社会主义建设事业所需要的高层次高水平的合格人才。这要作为考虑一切问题的出发点和归宿。他积极推动"求是创新"校训的贯彻实施，深入研究高等教育的发展规律，积极借鉴世界一流大学的办学经验，紧密联系浙大实际，创造性地提出了"两个中心，一个根本"和"两个并重"的办学思想，即坚持教学、科研两个中心和培养人这一根本任务，坚持教学、科研并重，本科生教育与研究生教育并重；推动从专业办学向系办教学、二级学科建研究所的新体制转变，实现了办学模式的重大转型；推动建立了以业绩考核为特征的教师评价机制，充分调动了广大教师的积极性和创造性。他高度重视学校党的建设和思想政治工作，党性观念很强。在综合改革中，浙江大学实施校长负责制，路甬祥同志非常重视发挥学校党委的政治核心和监督保证作用，学校的许多重大决策都是经过党委会酝酿后作出来的。

一所好的大学背后，必然有一批优秀的带头人。浙江大学在改革开放的新时期，能有路甬祥这样一位优秀的校长，是学校的幸运。我俩为能与路甬祥同志一起并肩奋斗，共同推动浙江大学改革发展而深感欣慰。今天我们整理出版《路甬祥教育文集》，就是为了进一步弘扬浙江大学优良办学传统，求是创新，开拓进取，深入推进学校的改革发展事业，为把浙江大学建成世界一流大学而努力奋斗。

掩卷思考,我们无比欣慰的是,我们的母校正沿着一代代浙大人开创的道路奋勇前进,不断书写新的辉煌。浙江大学的明天会更美好!

2012 年 5 月 10 日

序　三

金德水　杨　卫

在浙江大学建校115周年之际，深受广大师生期待的《求是与创新——路甬祥教育文集》付梓出版了，我们对此感到由衷高兴。

路甬祥同志曾在浙江大学学习工作过35个春秋，并在1988—1995年担任浙江大学校长，是践行求是创新精神的杰出代表，也是浙江大学发展史上的重要领路人之一，为浙江大学乃至我国科教事业的改革发展做出了积极而重要的贡献。虽然他已离开浙江大学多年，担任了重要领导职务，但仍是浙大师生心目中的路校长，深受大家信赖和敬重。他远大的战略视野、先进的教育理念、清晰的改革思路和卓越的领导才能，赋予了浙江大学独具特色的发展烙印。

路校长主持浙江大学校政的7年，正值我国深化教育、科技体制改革的关键时期。作为改革开放初期的学成归国人员，路校长满怀科技报国之志，以高度的政治责任感投身到国家现代化建设当中，努力将自身积累的学养和知识转化为建设社会主义大学的实际行动。在国家教委、浙江省委的正确领导和大力支持下，路校长与班子成员一起，团结带领全校师生员工，始终站在时代前沿，以时不我待的精神加快建设和发展：大力推进浙大向研究型大学转变，明晰了适应时代潮流和国家需要的办学定位；大刀阔斧地推进综合改革，率先建立了有利于激发创新活力的体制机制；探索建立“混合班”和“提高班”，在拔尖创新人才培养上做了

注：金德水，浙江大学党委书记。

杨　卫，中国科学院院士、浙江大学校长。

大量开创性工作；积极促进产学研的有机结合，在履行社会服务职能中增强学校综合实力；明确将“求是创新”作为新时期浙江大学校训，凝练提出“实事求是，严谨踏实，奋发进取，开拓创新”的时代内涵。一系列重要举措，有力地推动了学校的改革发展，为学校迅速崛起、取得今天的办学声誉奠定了坚实的工作基础。

调离浙大后，路校长依然时刻牵挂学校的建设和发展。多次来校作报告，与师生交流，并对学校改革发展提出了许多宝贵的意见建议。对于我们这些继任者，路校长也给予了许多无私的关怀和指导。在这次文集的编撰出版过程中，他亲自参与修改审定，点滴之间无不寄托着一位科学家、教育家的社会责任感和历史使命感，也饱含着他对浙江大学的深厚情感和拳拳之心。

《求是与创新——路甬祥教育文集》内容涉及学校教育教学、体制机制改革、科学研究、学科和人才队伍建设、工程教育和继续教育等多个方面，记录了路校长在校工作期间的重要思想和论述，也展示了这一时期浙江大学的发展轨迹。以今天的眼光看来，路校长曾大力倡导的“大学教育必须牢固树立以德育为先、全面发展、教学相长的思想”、“科研工作要坚持面向国民经济主战场”、“建设一支政治坚定、业务精良的教师队伍”、“走出去礼贤下士，请进来唯才是用”、“求是系治学之本，创新乃科技之源”等理念仍然十分精辟，充满了对于社会主义大学的历史使命、政治责任、治校方略等重大问题的理性思考和真知灼见，是浙江大学乃至当代中国高等教育领域宝贵的精神财富，非常值得我们在实践中深刻领会和学习借鉴。

当前，浙大师生正在前辈奋斗的基础上，大力弘扬求是创新精神，满怀信心地建设世界一流大学。重温和分享路校长的教育思想，必将进一步激励我们奋勇前行，在新的历史起点开创各项事业新局面，为民族复兴伟业做出当代浙大人应有的贡献。

2012年4月20日

目　录

教育理念篇

综合改革篇

人才培养篇

科学研究篇

学科与师资队伍建设篇

工程教育和继续教育篇

附　录

附录一

附录二

附录三

就任校长的讲话

刚才罗东同志宣布了国家教委党组的任命，我们深感落在肩上的这副担子的分量。

肩负着浙江大学这样一所有 90 年历史、万人规模的全国重点大学的领导责任，以我们几个人，特别是我本人的经验、水平和能力实在是很不相称的。

值得庆幸的是，在国家教委、浙江省委和省人民政府的正确领导下，在浙大党委的配合和帮助下，在各位在座的中层干部的支持下，以韩校长为首的学校前任领导带领全校师生员工，遵循党的十一届三中全会以来的路线，全面贯彻党的教育方针，积极而稳妥地推进各项改革，使学校的教学科研、后勤、人事行政和对外交流等各方面都取得了较大的发展，已经为学校打下了很好的基础，这是我校历史上发展最快的时期之一。借此机会请允许我代表全校师生员工，向即将离任的韩校长表示衷心的感谢，并希望你们继续对学校工作进行指导和帮助。你们为学校工作的献身精神，实事求是、坚持原则、团结协作的作风也为我们树立了榜样。

党的十三大提出了社会主义初级阶段党的基本路线，勾画了社会主义四化建设的宏伟蓝图和政治体制改革、经济体制改革的战略步骤，并把科技和教育事业的发展置于经济和社会发展战略的首要

注：本文为 1988 年 2 月 4 日路甬祥在宣布浙江大学领导班子的中层干部会议上的讲话。

地位，对教育路线的改革和发展提出了更高的要求。最近召开的全国高等教育工作会议，贯彻党的十三大的精神，总结了几年来高教事业改革发展的经验和成绩，提出了高等教育的历史任务，指引深化改革的基本方向，高教事业将进入一个适应国民经济建设和社会发展需要的新的发展时期。我们的任务是艰巨而光荣的。

想到这一切，我们充满了勇气和信心。当前，要深入地学习和领会党的十三大精神，贯彻全国高教会议的精神，认真总结和分析我校几年来的主要成绩、经验，认识我们的国情，我校的层次地位、任务和特点，认真吸取兄弟院校各种有益的全面的经验。坚定不移地把全面提高教育质量、为社会主义建设培养更多合格的高级人才放在学校工作的中心地位，加快和深化各项改革，使学校教育质量和科学技术水平逐年提高，使学校的办学条件、职工的生活和工作条件逐年有所改善。不断增强我校适应经济和社会发展需要的动力和活力，尽快建立学校主动适应现代化建设的新机制，把浙江大学办成教育质量和科研水平全面发展，居于国内同类大学前列，在国际上有影响力的社会主义新型大学，使浙江大学为我国、我省的四化建设，为长江三角洲地区外向型经济发展做出更多的贡献。

学校的改革和发展，需要得到全校师生员工的理解和支持，特别重要的是在座的中层干部和我们一起，团结和带领全校 12000 名师生员工，同心同德、艰苦奋斗、坚忍不拔、扎扎实实地作出长期奋斗。我们也衷心地希望同志们今后对我们的工作进行监督，对学校工作多提建议，多加支持。我们一起尽职尽力努力做好党和国家托付给我们的任务，不辜负国家教委、省委省政府和全校师生员工的期望。

教育理念篇

□“改革”,是一个富有魅力的词汇。一切希冀生存与发展的事物,都会不断地选择合适的改革道路,使自身不断地更新与完善。中国的高等教育既古老又年轻,为了早日走向现代化、走向世界、走向未来,我们需要改革也必须改革。

□ 教育为适应现代化科学技术的迅猛发展,必须由封闭型向开放型转变,强调实现“三结合”,即教师的主导作用与发挥学生的主观能动作用相结合、理论教学与社会实践相结合、课堂教学与课外自学相结合。

□ 在发展生产力,面向经济建设的总目标下,科技与教育的功能互相影响、互相制约、互相促进,两者是一种辩证统一关系,而科技与教育应当在重点高校找到统一的外在形式,重点高校应当成为科技与教育的结合点——既是教育中心又是科研中心。

中国高等教育和教育改革

当今国际关系的一个显著变化是紧张转向缓和，政治对话逐渐替代军事对抗，和平竞争逐渐替代军备竞赛。众所周知，和平竞争事实上是综合国力竞争，是科技的竞争，归根到底也是教育的竞争、人才的竞争。20 世纪 80 年代初期以来，美国、苏联等许多国家，包括中国和日本相继进行了声势浩大的教育改革。尽管各国教育改革的出发点和措施不尽相同，但其目的却极为相似，那就是为了培养有国际竞争力的人才，以适应 20 世纪 90 年代和 21 世纪的经济建设、科技发展和社会进步的需要。

无论在西方还是在东方，高等教育都直接承担着向社会输送高级专门人才的使命，它首当其冲地面临严峻的挑战。高等教育的改革势在必行。我认为，所谓教育改革首先就是要革除那些阻碍其发展的陈旧的观念、不合理的制度和已经落后的教育思想、内容和方法，使之更加适应社会的需要和科学技术的需求。历史的承继性向我们昭示：不了解过去，就不能很好地认识现在，不认识现在，就难以展望未来。因此，我想先简略地谈谈中国高等教育的历史演变，然后探讨中国高等教育的现状和改革。

注：本文原载《浙江大学教育研究》1989 年第 2 期，是 1989 年 3 月路甬祥在日本武藏大学作的讲演。

一、中国高等教育的历史演变

中国是世界四大文明古国之一，中国的大学源远流长。据史载，在距今3500年左右的殷商时代就有了大学。因殷人尚右尚西，把大学设在王城的西郊以示尊崇，所以当时的大学称为“西学”或“右学”。公元前1066年，商被周王朝取代。当时天子设为辟雍，各诸侯国设置泮宫，是“右学”的继承和发展。这些大学设在官府，官吏就是教师，以教诗、礼、乐为主，并讲射、御等作战技术，目的也是培养官吏，算是当时的最高学府。春秋战国时期，前代的“官学”日趋没落，形成了“天子失官，学在四夷”的局面。在官学废弛的同时，典籍扩散，“私学”崛起，形成了中国古代文化空前繁荣、学术思想“百家争鸣”的格局。“学宫”是当时的大学名称，它既是学者讲学和学术思想交流的地方，又是培养官吏的场所。如齐国的稷下学宫，校舍正规，规模庞大，齐宣王时“盖齐稷下先生，千有余人”，“湣王时稷下学士更盛，多达数万”人。仅孔子一人，就号称弟子三千。这个时期由孔子及其门徒整理修订的“五经”(《诗》、《书》、《易》、《礼》、《春秋》)和大部分成于该时代的“四书”(《大学》、《中庸》、《论语》、《孟子》)，诸子百家的教学形式与教学方法，以及孔子等名儒的教育思想，都为后世中国高等教育的发展提供了丰富的资源。

汉代的大学称之为“太学”，在中国高等教育发展史上具有划时代的地位。汉武帝采纳董仲舒等人的建议，于元朔五年(公元前124年)建立大学，设五经博士(教官)，弟子50人，培养儒术人才。大学从行政管理、培养目标、教学内容、考试制度直到毕业后的出路，都有规定。中国历史上常用的一些大学教学形式和方法，如考试、大班上课、转相授业、师法家法等，汉代大学就已采用。所以，严格地说，以传授知识、研究专门学问为主要内容的最高学府，以西汉太学的创立为始。到了唐代（公元 618—907 年），高等教育有了更大的发展，对后世影响深远的科举制度日趋完善。国子学、太学、四门学，是当时三种传授儒学经典的学校。此外，还有培养科技和艺术人才的高等专门学校，即书学、算学和律学，分别学习文字书法、算学和律令，从而形成了当时世界上比较完备的学校制度。尤其是算学、天文历法和医药等实科学校的开办，开创了世界上专业和实科教育的先河。可惜专业和实科教育在中国的传统文化中一向被视为不登大雅之堂的雕虫小技，未能得到应有的重视和发展，这是导致唐以后中国高等教育落伍的原因之一。唐代同时也是中外文化交流的一个繁荣时期，据记载当时亚洲就有 40 余国与唐有交往。我们知道，日本遣唐使到长安先后十三四次之多，随同使臣到唐的有大量留学生和僧侣，有时一次就有五六百人。其中著名的阿倍仲麻吕，16 岁即来中国留学，取汉名晁衡，曾受到大诗人李白、王维的赏识。中国的高僧鉴真，也应日本留学僧荣睿和普照的邀请，东渡日本第六次才获得成功。这些往来极大地促进了中日人民友好和中日文化的交流。中国从宋朝兴盛起来的书院，在之后的中国高等教育发展中占据了重要地位。知名学者讲学期间，采取个别钻研、相互问答、集众讲解相结合的教学方法，以研习儒家经籍为主，间亦议论时政，研究学问与修身养性结合，这些皆成为清末以前中国大学的主要特点。

中国近代大学肇始于 1895 年清大理寺少卿盛宣怀在天津创办的中西学堂（头等），后更名北洋大学（即今日天津大学之前身）。该学堂内设工程、电学、矿务、机器、律例五科，修业年限为四年。1896 年，盛氏又在上海创办南洋公学，此即交通大学的前身。1897 年，杭州太守林启奏准创办了求是书院，这就是浙江大学的前身。1898

年，由旅日的维新派代表人物康有为、梁启超等力荐，清政府开办了京师大学堂，它是今天北京大学的前身。这四所建于19世纪末的学校至今仍是中国的著名大学。1903年清政府颁发的“癸卯学制”，是中国正式实行的第一个近代学制。在这个学制中，高等教育分成三级：高等学堂大学预科(3年)、分科大学(3—4年)和通儒院(5年)。中国大学从此才成为基于完整的普通教育体制之上的专业教育。辛亥革命后，中国高等教育的结构没有大的变化，基本上沿用日本的大学制度，采用学年制。1917年蔡元培出任北京大学校长，认为学年制弊多利少，主张效仿美国大学的办法，采用学分制，并在该校推行选科制，并将科改为系。1922年北洋政府袭用美国学制体系，颁布“壬戌学制”。将高等教育分为大学校(包括专门学校)和大学院两级，学习年限前者4—6年，后者2—4年不等。这个制度虽经数次修改，但基本内容未变，一直沿用到新中国成立。

最近40年来，中国高等教育事业取得了长足的发展。经过新中国成立初期的接管改造和以高等学校院系调整为中心的教育改革，中国人民把旧中国半殖民地半封建的教育事业转变为社会主义的事业。尽管在此过程中出现过一些偏差，如对苏联经验的简单模仿，但成绩还是令人瞩目的，高等教育为国家培养了大量的急需的人才，有力地支援了新中国的建设和发展。进入20世纪60年代中期，所谓的“文化大革命”使中国人民遭受了空前的灾难，教育也不例外。“左”的错误发展到否定知识、取消教育的极端，使教育事业受到严重破坏，使我国与发达国家的教育科技水平的差距拉大了。“文化大革命”结束以后，以邓小平同志为代表的中国共产党人率领中国人民拨乱反正，对教育工作做出了一系列新的论断和决策，强调人才对中国现代化建设的极端重要性。我国教育事业得到了恢复，开始走上蓬勃发展的道路。

据统计，中国全日制普通高等学校数 1949 年是 205 所，1988 年是 1064 所；全国在校学生数 1949 年是 11.7 万人，1988 年是近 220 万人，在校研究生已逾 10 万人。成人高校发展尤为迅速，现在已有广播电视大学、职工大学、农民大学、函大、夜大、管理干部学院、教育学院等多种形式，学生总数至 1987 年是 185.8 万人。在对外开放的政策指引下，我国大学教育的国际交流与合作日益增多。从 1978 年到 1986 年，我国出国留学人员已达 5 万多人，相当于前 28 年的 3.2 倍。同时我国接受来自 117 个国家和地区的留学人员达 9000 余人，还培训了约 1.6 万名外国短期留学人员。1979 年至 1986 年，我国先后聘请长期外国专家 4000 余人，一般外籍教师 3000 余人，短期讲学专家 6000 人次。1978 年至 1984 年，我国先后有 413 个教育代表团 2506 人出访，应邀来华的外国教育代表团 557 个，3090 人次。1982 年 6 月至 1985 年 5 月，中国国家教委直属的 36 所高等院校分别同 23 个国家的 320 所大学建立了校际合作关系。1978 年以来，这 36 所院校有 4580 人次参加了 2335 个国际学术会议。此外，在我国还举办了 159 个国际学术会议。据统计，1985 年中国高等院校向国际学术会议提交了 5793 篇论文，1986 年在国际学术刊物上发表了 5556 篇由中国大学教师撰写的论文。另外，一批涉外专业和研究机构建立起来，外语教学和汉语对外教学得到加强，我国与联合国等国际组织的教育合作日益扩大。

综上所述，在整个中国高等教育发展历史的长河中，1949 以来（“文化大革命”十年除外），特别是近 10 年来，中国高等教育的发展已步入一个迅速发展的时代。

回顾这个历史并不是想沉湎于已有的成就，而是想找到未来发展的方向和阻碍发展的羁绊。从中国高等教育发展历史当中，我们不难看出其坎坷的道路，历史既为后世留下了丰富的遗产，同时也留下了令人困惑的积弊。这些积弊归纳起来大致有:(一)高等教育完全受辖于政府,随政治风云而沉浮,秦朝的焚书坑儒、清朝的文字狱、“文化大革命”的大革文化之命都是沉痛的例子;(二)由封建科举制度演变而来的招生考试制度,导致惟上惟书,与之相关联的则是理论脱离实际、脱离生产劳动、脱离生动活泼的社会和经济发展需要,等等。我想,充分认识这些历史陈垢的顽固性,对于认清中国高等教育的严峻现实和改革的艰难道路不无意义。

二、中国高等教育的现状与改革

中国高等教育的现状应当如何估计?我个人看,一方面中国高等教育生机盎然,蓬勃发展,为社会主义现代化建设源源不断地输送合格的专门人才;另一方面我国还存在轻视教育、轻视知识、轻视人才的错误思想,教育体制层次和结构、教育内容和方法不适应经济和社会发展需要的局面尚未根本扭转,当前和今后一段时期的改革任务仍然异常繁重而紧迫。当前中国高等教育具体存在哪些问题,改革将从何处入手,本身是一个应该首先明确的问题。1985 年 5 月公布的《中共中央关于教育体制改革的决定》指出:目前高等学校主要存在领导、管理体制上的缺乏活力,内部科系、层次结构的比例失调和教育观念与教育内容和方法的陈旧落后等问题。我认为这个估计是正确的。除此之外,当然还有许多亟待研究和解决的问题,比如教育经费问题、高等教育与经济的关系问题、大学招生与毕业就职就业问题、高校有偿社会服务问题,以及部分大学生中出现的经商、厌学、考试作弊问题,等等。要解决这些问题,惟有从教育体制入手,有系统地进行综合改革,否则很难收到成效。可以说,教育观念的转变、教育结构的调整、教育内容和方法的改进、培养目标的优化,都有赖于教育领导、管理体制的改革。

在此我不可能对上述的每个问题展开讨论，仅就其中几个问题谈点看法。下面先谈谈教育领导、管理体制改革。中国高等教育从领导体制上讲有三大类高等院校：国家教委直属的重点学校，各工业部委管辖的学校，各省、直辖市、自治区教委管辖的学校。过去，不论对于哪类学校，政府教育行政部门从人事到经费，从招生到分配，从培养目标到教育内容，事无巨细地统揽包办，学校自己既无压力也没有动力，如象牙之塔，与世隔绝。这种领导、管理制度导致宏观失控、微观僵化，在当前中国的对外开放、对内搞活的经济改革形势下，首先受到巨大冲击。

改革领导、管理体制的核心是"在加强宏观管理的同时，坚决实行简政放权，扩大学校的办学自主权"，也就是把以前政府教育行政部门的微观过程管理的职能，转变为综合性的宏观目标管理的职能。以后国家主要是制定大政方针，监督和评估学校工作，运用法律手段调控学校。同时下放权力，扩大办学自主权，实行校长负责制。校长也将部分权限下放到系、行政部门和后勤管理部门。中国的校长负责制并不是校长独断独行，校长要受国家的政策、法令、计划的制约，在校内还要有校务委员会的咨询和审议、教职工代表大会制度的民主管理和民主监督，以及党委的监督和保证。

高等教育结构的改革也是中国高等教育当前面临的一个重大课题。由于我国的现代化工业和原始手工业并存，经济发达地区与贫困地区并存，产业结构的发展也极不平衡，因而调整好高校的层次、科类结构的任务相当繁重。高等教育的层次、科类结构如何适应已经发生巨大变化的产业结构和技术结构？如何适应集体企业、合资企业和乡镇企业对专门人才的多种需求？这是我们目前急需解决的问题。

从层次结构上讲，中国高等教育可分为专科、本科、硕士研究生和博士研究生四个层次，每个层次还有多种规格。相应地，每个层次的文凭或学位分别是：专科毕业文凭、大学本科毕业文凭、学士学位、硕士学位（双学位、研究生班毕业文凭）和博士学位。获得每种文凭或学位的年限则分别是专科 2—3 年，本科 4—5 年，硕士研究生 2—3 年，博士研究生 3 年。目前中国高等教育的层次比例还很不合理，不适应经济发展的需要，具体地说，专科和研究生教育所占的比例偏低。20 世纪 80 年代初世界发达国家专科生、本科生和研究生的平均百分比是 41.8∶47.6∶10.6，而同期的我国则是 24.18∶73.97∶1.85。就我国现有的产业结构和技术结构来说，专科教育所占的比例实在太小。因此，今后一段时间还必须大力加强专科教育，当然还有中等职业教育。同时按社会需要稳步发展研究生教育，本科教育主要在挖掘高等院校内部潜力的基础上作进一步的发展与提高。如上所见，我国整个高等教育的学制还显得过长，在我国获得博士学位的年限比西方发达国家都要长，比美国多两年，比日本也要多一年。近年来我国对此也作了一些改革，比如包括浙江大学在内的部分学校试行硕士研究生两年半制，试行本科生直接攻读硕士学位，硕士生直接攻读博士学位的办法，以适当减短学制，加快优秀人才的培养。

从科类结构上讲，中国高等教育的学科有十一大门类（哲学、经济学、法学、教育学、文学、历史学、理学、工学、农学、医学、管理学），各大门类内部又分成若干系科。由于长期以来对全国各门类人才的需求缺少科学预测和综合平衡，目前各门类人才的比例严重失调。1983 年我国高等院校中，理、工、农、林、医各学科在校学生占全体在校生总数的 75％，文、法、经、管等其他人文和社会学科的只占 25％。1985 年这个百分比变化为 70％和 30％。最近两年，由于政府机构的精简、编制紧缩以及某些企业的短期行为等原因，预计文理科学生的就业将发生困难，招生人数将会再次减少。在中国重点发展的理、工、农、医各科，也存在比例不平衡的现象。由于历史上的原因，工科内部存在重重（工业）轻轻（工业）的现象，轻工、纺织、食品等专业较为薄弱。当然不完全是教育内部的原因所致，但高等教育也不能无所作为。因此，面对今天的多种经济成分，多种工业发达水平，如何正确处理高等教育的经济效益与非经济的社会效益的关系，如何处理面向当前需要和未来发展的关系，如何处理好基础科学、开发研究和应用之间的关系，如何处理自然科学、工程科学和人文社会科学之间的关系，仍是一个值得进一步探讨的迫切课题。

下面再说说高等教育内容和方法的改革。众所周知，当今世界科学技术日新月异，知识激增，行业更迭、兼并加快，国际经济、文化合作与交流日趋增多，等等。这一切对传统的培养目标和途径产生了巨大的冲击，引起了教育内部的全面检讨和改革。

传统的一劳永逸的“一次性教育”观念已经受到动摇，20 世纪 60 年代出现的“终身教育”的主张方兴未艾。但终身教育的兴起并没有减轻大学教育的负担，反而给大学教育提出了更高的要求。大学教育既要为学生毕业后从业做好准备，又要为他们日后的提高打下基础。大学教育的双重职能导致了国际高等教育改革的一个新动向，即：近年来以培养专家为己任的苏联高等院校出现增加选修课、拓宽知识面的倾向，而以培养通才为目标的美国大学则开始增加必修课，重视从业技能的培养。这两种“对立”的大学教育模式的松动，预示着世界大学通才教育和专才教育的“认同”趋势。新中国的高等教育向来是专才教育，在“面向现代化、面向世界、面向未来”的改革方向指引下，循着历史发展轨迹的当然结论是：中国大学的教育应培养基础宽厚的专门人才，以适应就职和未来提高的双重需要。至于各个层次、各种科类的培养目标与规格应当有所侧重，自不待言。本科教育可以较“通”些，而专科教育则可以较“专”些；理科专业人才可以较“通”些，而应用技术人才则可以较“专”些。我国高等学校的专业设置过去主要是以产业部门及其产品为依据，专业划分过细，学生知识面窄，适应性差。近几年来我国已经开始对专业划分和设置进行调整，例如1985年将原来900多个工科专业调整为400多个，最近正计划作进一步归并。

如果说专业设置和调整还是比较客观的问题，那么更深层考虑的就是有关人才培养方法和途径。

完善高级专门人才的培养途径是近年来我国高等学校内部改革的一个重要内容。就浙江大学而言，在1985年我们首先对本科教育提出了“改革课程结构，加强基础理论”，“增加实践环节，注重能力培养”，“贯彻因材施教，扶持优秀人才脱颖而出”的改革策略，并采取了一些具体措施。它们是：(1)修订和完善学分制教学计划，改革课程结构，增加选修课，以便使学生加深或加宽知识面。在改革课程结构方面，首先着重建设高等数学、物理、化学、外语系列课程、计算机系列课程、现代设计方法等11门全校性的技术基础课程；其次参照国际课程设计的最新动态，对一个学科和专业的所有课程作系统的思考，优化课程结构；同时对一些核心课程逐步实行分层次设置，即分为基本部分、扩展部分和提高部分，限修其中的部分或全部；并且，要求做到数学、外语、计算机教学“不断线”。(2)利用浙大理工结合兼有文、管的优势，试办混合班、提高班，对小部分有条件的学生提供特殊的教学计划，加强基础教学，同时引进竞争机制，实行高淘汰率，一方面探索对工程人才施予基础科学和技术科学教学的经验，另一方面为在教学过程全面引进竞争机制积累经验。(3)改革实验依附具体课程的传统做法，将实验课单独设置，并将实验作系列化的统筹安排；增加课程设计个数和毕业设计时间；采取三学期制，利用暑假短学期增加或集中进行生产实习和社会实践。(4)建设稳定的校外实习基地。对学生实行预分配，进行大学和工业合作教育的尝试。(5)建立毕业设计(论文)的资格审查制度，督促学生保质保量完成前期各种教学环节的学习任务；同时实行严格的毕业设计(论文)五级九等相对评分方法，承认合理的淘汰，将竞争机制引进教学领域。

毋庸置疑，学校教育改革的成败在一定程度上取决于有没有一支素质好、水平高、优化组合的教学和科研队伍。我认为，当前中国高等院校的师资队伍中有两个弊端阻碍着教育改革的深入。其一是受传统文化中师法家法的影响，各立门户、互相隔绝，造成人才交流渠道不畅，近亲繁衍，“四世同堂”。有鉴于此，近年来浙大开始向校外公开招聘重点学科或新办专业的急需人才，创造条件吸引国内高层次人才和国外留学人员到浙大工作；同时试行教师聘任制和工作合同制，设立流动编制，取消教师终身制，从而疏通人才交流渠道，优化队伍组合。另一方面，加强对现有教师进修提高工作，例如外语培训和计算机培训，组织青年教师学习教育学、心理学，并鼓励和选派优秀教师出国进修或访问，鼓励教师参加社会实践和企业生产开发管理实践，招聘有实际经验的优秀专职或兼职教师。其二是教学工作与科研工作分家，搞教学的很少从事科研，搞科研的也不太关心教学。但教学和科研的结合是柏林大学创立以来高等学校行之有效的重要原则。历史经验表明两者合则互利，分则俱伤。至于高校的教学和科研与社会的生产相分离，则可能是世界传统高等教育的通病，中国也不例外。在中国的传统文化中，研究高深学问是君子所作，生产则是小人所为。但是在信息化的时代，教学、科研和生产的关系日趋密切，出现了三者一体化的趋势。浙江大学从1978年以来就开始重视加强与全国许多兄弟院校、科研机构和企业的横向联系，联合科技攻关，缩短科研成果转化为生产力的周期；同时积极承接公司、企业委托的科研项目。在教学与科研的结合上，浙大要求高职称教师必须担任本科教学工作和研究生教育工作，要求这个工作量必须占其全部工作量的50%—70%左右。

在信息化时代，随着物质生产、经济活动的国际化，高等教育的国际化也是大势所趋。邓小平同志提出的“三个面向”中的“面向世界”，我理解就是要打开高等院校的大门，对外开放，在开放交流中求发展和提高。一些国际友人对我国的对外开放政策特别是留学生政策曾经表示怀疑。我认为这种怀疑是不必要的，今后我国的国际合作和交流不仅不会减少，相反还要扩大。以浙大为例，到目前为止，我校已同日本、美国等9个国家和地区的29所大学建立了校际合作关系。先后派遣了近700名留学人员出国学习、进修或访问。仅1988年，共接待访讲学外宾136批，来访外宾21批，472人次。可以认为，中国大学的国际化进程正在加快，我们将为世界高等教育的繁荣做出自己的贡献。

“改革”，是一个富有魅力的词汇。一切希冀生存与发展的事物，都会不断地选择合适的改革道路，使自身不断地更新与完善。中国的高等教育既古老又年轻，为了早日走向现代化、走向世界、走向未来，我们需要改革也必须改革。我相信，抱残守缺，前景惨淡；改革创新，前程似锦。

关于我国科研和教育体制改革的两点设想

去年(1985 年),《中共中央关于科学技术体制改革的决定》和《中共中央关于教育体制改革的决定》相继公布,为我国科技和教育体制的改革指明了正确的方向。我们完全相信,《决定》的贯彻执行,不仅将对我国科学和教育事业的发展产生深远的影响,而且还将进一步提高全民族的文化科学水平,有力地促进我国的社会发展和经济振兴。按照两个《决定》提出的正确方针,加快我国科技和教育体制的改革,是我们在科技和教育战线工作的同志所关注和研究的一项大课题。

一、通过改革建立适合我国国情的教育和科技紧密结合的新体制

科研和教育的紧密结合,不仅有利于科学技术的发展,而且更有利于培养理论联系实际、具有创造精神的一代新人。这也是发达国家成功的经验之一。科学研究机构集中着各类专家,拥有良好的研究设备,从事着各类科学研究,应当成为训练和培养高级专门人才的重要基地;大学集中了全国大多数高级专门人才,学科门类齐

注:本文原载《中国高等教育》1986 年第 8 期。

全，内外联系广泛，新生力量雄厚，也有相当的设备条件，应该在进行教学的同时，成为科学研究的重要基地。

但是，我国教育和科技体制基本上是分离的。中国科学院、中国社会科学院、中国农业科学院、中国医学科学院，以及各部委、省市所属的研究机构，只培养少数研究生。我国高等学校虽然集中了三分之二以上具有高级职称的教师、科技人员和三分之二以上的出国进修人员，但投资与人才的分离使高等学校只承担与之很不相称的科研任务。这不仅影响我国科技发展的速度，而且也影响了新一代科技人才的锻炼成长，造成了人才和资金的很大浪费。我国资金和人才都不富裕，更应该把两者紧密地结合起来，求得最大的社会效益。然而，这一弊端尽管早已被许多人所认识，但改革的步履甚为艰难。我认为，要加强教育和科研的紧密结合，当前可以从以下几个方面着手。首先，国家各部门、地方政府，乃至各企业的领导者，应该充分认识现代科研和教育互相结合的新特点，采取各种政策措施，通过组织联合研究攻关、联合办学办所、联合培养研究生、联合引进消化开发新技术和人员兼职等途径，引导和促进教育和科研的结合；其次，合理地确定给予高等学校科研投资的比例，在一批重点高等学校中有计划地投资建设一批重点实验室、开放实验室和研究所、室，强化高校科研的手段和设备；再次，基础较好的学校也应积极努力把学校办成两个中心，在完成教学任务的同时，积极开展具有较高水平的基础研究，并主动承担对国民经济和社会发展有重要意义的科研项目和攻关任务，为四化建设服务；最后，建议中央加强对教育和科技体制改革的统一领导，加快改革的步伐，建立具有中国特色的教育和科研紧密结合的新体制。

二、迅速改变我国科研体制条块分割、各自为政的状况，强化企业的研究开发力量

我国科研体制中另一弊病是条块分割，投资分散，头重脚轻，比例失当。由于省市、部委各有一批研究院所，自成系统，造成设备重复投资，课题低水平重复，信息互不相通，协作攻关困难重重。这种状况近年来似乎有增无减。投资不出系统，肥水不能外流，科研基金制度难以真正实施。这已严重影响我国科研投资的效果，阻碍人才的合理流动，使我国本来就非常有限的科技人才不能充分地发挥作用。

这种条块分割的科研体制，也使得宏观科研层次的调整和结构改革难以实现。主管部门往往囿于小生产的传统观念和本部门、本系统的局部利益，互相攀比，争规模、争层次、争投资，热衷搞小而全、大而全，造成了目前企业开发研究力量薄弱，层次比例失调，科研成果推广应用和转化为生产力的进程缓慢。这既不符合现代科学技术高度分化和高度综合的发展特点，也不符合科学研究面向经济建设的方针。我们应该采取果断的措施，经过合理的调整，迅速改变这种状况。我国所有科研机构应当和政府行政领导部门脱钩，通过逐步改革和调整，使全国只存在四种模式的研究机构：即国家实验室、国立或地方科研机构、企业所属的研究机构和各大学所属的研究所室。

国家实验室只能是投资巨大的科研设备和机构，如高能加速器、航天实验室、核能研究实验室、巨形风洞等，并向全国开放；国立的科研机构除现有的中国科学院、中国社会科学院、中国农业科学院、中国医学科学院外，可以考虑筹建中国工程科学院，其所属研究

所可以从现有中国科学院、大学和部委所属的条件较好的研究院所中遴选调整充实，并进行科学、合理的分工和布局。与此同时，可将现有一部分部委、省市所属研究机构或中国科学院以及大学中的部分科技人员，调整充实到大中型企业的研究开发中心去，或建立独立的、区域性的专业技术研究机构。国家通过科研规划和科研基金对科研所室实行宏观调节，并采取有效的政策措施，例如立法、税收等，促进企业对科研开发投资，增强企业的研究开发能力。

此外，采取必要措施，加强宏观控制，调整好我国教育体系的层次结构，也很重要。对发展高等教育，国家教委已经明确在近年内一般不再办新校，这是完全正确的。我认为，对现有 1016 所高校还应进行一次整顿。凡盲目升格的院校，要采取措施进行调整充实。强调应在保证办学质量的前提下，稳步协调发展规模，并根据国家需要增设新学科，改造老学科。研究生教育既要注重质量，也要适当控制发展速度。应严格掌握学位授予权单位的数量和布局，控制建立研究生院的院校数量；并建议经过逐年调整，实现学位授予权基本上只设在高等学校，博士学位授予权相对集中在全国几十所第一层次的重点大学，以利于促进研究院（所）和高等学校的联合，合作进行研究生培养和科学研究。这也是许多发达国家的一条普遍经验。

百年大计，教育为本

党的十三大明确地把发展科学技术和教育事业放在经济发展战略的首要位置，把教育作为立国的百年大计。这对广大科技和教育工作者是极大的鼓舞和激励，同时也对教育科技战线的同志提出了新的要求。

现代社会，教育担负着传授文化和科学技术知识，培养和造就千百万有理想、有道德、有文化、有纪律的职业劳动大军的重要职责。在社会主义初级阶段，我们面临的中心任务是集中力量进行现代化建设，发展生产力。生产力的解放和社会主义商品经济的发展，必须要依靠科学技术的进步和现代管理水平的提高。而科技进步的基础在于教育。这正如党的十三大报告中所指出的："从根本上说，科技的发展，经济的振兴，乃至整个社会的进步，都取决于劳动者素质的提高和大量合格人才的培养。百年大计，教育为本。"从这个意义上讲，担负着培养高级专门人才和发展科学技术双重任务的高等院校，是我国文化和科技人才的摇篮，其办学水平如何，将在很大程度上影响着我国生产力的发展水平和现代化建设的进程。

党的十一届三中全会以来，党和政府把教育作为实现四化的战略重点来抓，促进了我国高等教育事业的全面发展，取得了前所未有的巨大成就。以浙江大学为例，随着国家对教育投资的增加，学

注：本文原载《浙江日报》1987 年 11 月 24 日。

校的规模不断扩大，并建立了研究生院和成人教育学院，使学校从原来的理工科大学逐步向以理工为主，兼有文、管和社会科学的多学科、多门类的综合性重点大学发展。在教育改革，坚持社会主义办学方向，提高人才培养的质量上，也取得了一系列新的成果。浙江大学九年教育改革的实践经验证明，高等教育事业的发展，必须坚持四项基本原则，必须坚持改革、开放。这是由于社会主义初级阶段这一特定的历史阶段所决定的。只有坚持四项基本原则，才能从根本上坚定社会主义的办学方向，全面贯彻党的教育方针；只有坚持改革、开放，才能使教育更好地适应我国生产力和社会主义商品经济发展的需要，才能从根本上形成有利于教育发展的新的舆论力量、价值观念和社会环境。

当前，我国高等教育正处于强烈的思想解放和深刻的社会变革的环境之中，正处于我国生产力和社会主义商品经济发展的新的历史阶段。所以，深化教育体制改革的任务十分艰巨。我们既要革除目前教育事业与经济振兴不相适应的方面，又要建立和完善与发展社会主义商品经济相适应的教育新体制、新机制、新规范，这是一个十分重大的课题，需要广大的教育工作者从客观实际出发，按照高等教育适应经济和社会发展的客观要求，按照高等教育自身发展的客观规律，确定教育改革的重点，全面推进和深化高等教育的改革。

全面推进和深化高等教育改革，必须从思想上进一步明确新的历史时期党对教育和科技事业提出的新任务。党的十三大从我国还处在社会主义初级阶段的这一国情出发，明确提出了以经济建设为中心，坚持两个基本点为主要内容的党的基本路线，并依据初级阶段理论和基本路线制定了加快和深化改革的基本方针。我认为，在现阶段，我们高等教育的基本任务，就是坚决贯彻执行党的基本路线，坚持教育为社会主义现代化建设服务的方针，面向现代化、面向世界、面向未来，为 20 世纪 90 年代以至 21 个世纪我国社会和经济大发展，大规模地培养和准备新的能够坚持社会主义方向、具有献身精神、掌握现代科学文化知识的各类合格人才。从这个基本任务出发，衡量我们教育发展的水平，衡量一个学校办得好不好，不能只看有多少人升学、考上研究生，有多少人出国，而主要是看培养出多少为社会主义建设各项事业实际需要的、德才兼备的合格人才。这也应当成为衡量教育改革成效的根本标准。

端正教育思想是提高教育质量的前提

自去年(1986年)下半年起,我们根据中央关于教育体制改革决定的精神,结合浙大的实际情况,狠抓了学风建设;就本科教学提出"改革课程结构,加强基础理论"、"增加实践环节,注重能力培养"、"贯彻因材施教,让优秀人才脱颖而出"的具体措施和要求;就实践教学的若干环节、教学日历、第三学期等进行了改革和试验;对学生守则和学分制条例作了修订,并自1986级起全面正式施行。回顾这一学年的工作,教学秩序是稳定的,教学改革正在稳步深入,在全校师生员工的共同努力下取得了一定的成绩。另一方面,我们也看到,要完成高等学校担负的培养高级专门人才和发展科学技术与文化的重大任务,还是很艰巨的,要做的事还有很多。在面临的一系列任务中,教育思想的转变乃是学校各项工作的前提,首先是提高学校教育质量的前提。

一、认真转变教育思想,树立新时期的人才观

不适应新时期要求的传统教育思想必须转变。

在教学目的上,要由把学校的教学仅仅视为书本知识的灌输,忽视学生能力的培养,转变为强调传授知识与培养能力并重。

注:本文原载《高等工程教育研究》1987年第1期。

在教育方式上，要由以“教师为中心”、“书本为中心”、“课堂为中心”的“三中心”转变为“三结合”，也就是说，课堂教学与自学、课外教学相结合，教学与科研、生产相结合，理论与实践相结合。

在办学模式上，要由封闭型转变为开放型。校内外都要开放。校内各系、各学科要相互联系、沟通、渗透；对外也要开放，进行广泛的国内外校际交流和合作。此外，还有教学、科研、生产的结合，要加强学校与社会的联系，主动为国民经济建设服务，为四化建设服务，要继续强调知识分子与工农结合的正确方向。

在教学制度和学校体制上，要由单一模式转变为灵活多样。培养对象有素质、知识、能力、特长等方面的不同，各类学校也有学生来源、历史传统、师资水平、物质条件的不同。过去是过分要求划一，以同样的模式、同样的规格、同样的过程、同样的任务去要求，这不符合事物差异的绝对性，既无助于学生的成长发展，也阻碍了学校自身的发展和提高。

在人才的培养目标上，要由培养传统的工程技术专门人才转变为培养适应社会当前和长远需要的，具有较高政治觉悟、宽广扎实的学科基础和科技实践能力的，并有开拓精神和创造精神的现代科学技术人才。

应当看到，培养有理想、有道德、有文化、有纪律的一代新人，培养能够面向现代化、面向世界、面向未来的专家、学者、工程师，为建设物质文明和精神文明服务，是我们责无旁贷的历史任务。“四有”和“三个面向”是新时期对人才的基本要求、总体要求。美国教育社会学家 Martin Trow 把高等教育发展分为三个类型，即尖子型、大众型和普及型。从我国高等教育的层次结构看也确是这样，有培养专科生的高等专科学校，有培养本科生的大学，有培养本科生和研究生的高层次高水平的重点大学。从社会对人才的实际需求来看也是这样，大致可分三个层次：一个是维持社会系统正常运转的面对现实的基本需要，这是低层次的；另一个是在具备较为完整的专业知识基础上，掌握一定的职业技能，能在较复杂的技术岗位上得心应手工作的高级专门人才；第三个是面向未来的，具有现代科学技术的深厚基础，能从事研究、开发、创新、组织的高层次人才，这类人才既能深入客观地认识世界，又能高度主动地改造世界，除系统的专业知识外，在素质、智能、学识诸方面均有较高的要求。

为了明确知识能力结构的不同特点，泛泛地谈论社会需要是不够的，还要全面分析当代科学技术的特点。因为，作为一种生产力，科学技术的进步和发展，对于社会的进步与经济的发展，无疑产生着不可估量的直接或间接影响。当代科学技术的特点，概括起来，大致表现在以下几个方面：

其一，各学科间的相互渗透，学科的交叉，边缘学科层出不穷，知识的一体化、综合化越来越显著。大的方面有自然科学、社会科学、思维科学的相互结合。小的方面，从自然科学内部看，各传统学科间的界限也越来越模糊，各学科的概念、原理、方法的相互移植借鉴越来越频繁。与此同时，分工却越来越细，研究课题越来越专门科学化。在每一个狭小的专业方面或领域内要取得任何进展，几乎毫无例外地要以宽广厚实的知识群作为后盾。

其二，新技术的大量出现，新知识的迅速增长。人脑要以传统的方式应付这样的知识量，已经出现一种“危机感”。人们为了保持头脑的高度开放状态，迅速而正确地处理巨大的信息流，不得不借助计算机存贮情报、检索资料，同时大力发展了诸如系统论、控制论、信息论、科学方法论、技术方法论、运筹学、管理学、科学学、人才学、创造学等一系列软科学或新学科。

其三，科学技术工作的社会协作性日益增强。有人认为，在科学研究领域内个人进行纯学科的研究工作已经没有可能，只有进行跨学科的集体研究才有价值。此言虽过于绝对，但说明了社会协作的必要性和发展趋势。即使在工程技术领域，由于现代工程规模的扩大，高技术产品不断地更新换代，工程技术与自然环境的相互作用与影响也在日益增强。工程技术专家也不再是“纯粹的”工程技术专家了，而需要具有一定的人文社会科学教育的修养，需要具有基本的市场预测、成本分析、生产经营管理知识和经济知识，需要具有开明的合作精神、较强的社会活动能力和组织管理能力。

用上述观点看我们过去为培养人才而设计的知识结构和能力结构，不能不承认有着较大的缺陷，有着与社会实际的高层次需要明显的不适应性。作为一个教育工作者，作为高等学校的教师，应当用发展眼光研究并精通“教什么”和“如何教”的问题。过去按照苏联的那一套，曾经片面地强调教学法，实际上只注意 how（如何教）的问题。现在我们普遍的情况，是既不研究 how，也很少讨论 what（教什么），教学内容和课程设置还留有 30 年前从苏联那里引进的烙印。当然不是说现在无需引进，也要从一切先进的发达国家引进我们需要的教学思想、教学内容、课程乃至教材。但引进不是目标，而是为了借鉴；不是照搬照抄，更不能 30 年一贯不变。引进是为了消化改造，为了改造成适合我国国情以培养我国四化建设的人才。

那么，如何解决 what（教什么）的问题呢？教师“教什么”和学生“学什么”，是同一个问题的两种提法，而这个问题就是所谓人才的知识能力结构。国内外许多教育理论工作者和实际工作者，对此作了大量的研究和实践。总之，关于教什么或学什么的问题，不论你是否意识到或注意到，它总是以一定的教育思想作指导，以某种人才观为出发点的。教育思想是个大前提，只要我们认真转变不适应的传统教育思想，明确新时期对于人才的新的要求，我们的改革就会有的放矢，就能取得事半功倍的效果。

二、加速改革步伐，提高人才培养质量

我校的本科教学工作，要在过去几年改革工作的基础上，进一步研究改革课程结构、加强基础理论、加强实践环节、注重能力培养，继续贯彻因材施教，让优秀人才脱颖而出。

首先，在课程结构方面。已经安排了现代设计方法、信号与系统、控制理论、材料科学与工程基础、科学管理及系统工程基础、电子电路基础以及物理、化学、外语、高等数学系列课程、计算机系列课程等十一门课的建设，并在混合班、提高班或其他点上试教，以取得经验，在选用教材、配套实验等方面较为完善后逐步推广。对于基础课程的教学，起点要高，内容要新，学时要少，而基本概念、基本原理、基本方法所谓“三基”的教学，非但不应削弱，而且更应加强。现在，一些课程的作业量不够，原有的行之有效的习题课也有所削减甚至取消了。要把习题课切实地恢复起来，要布置经过精选的有一定分量的课外作业，同时要组织力量对作业认真批改，对作业格式、质量要从严要求。

各门课程都要逐步做到分层次设置。同一门课可以开出高、中、低三种档次；多学时的课也可分基本部分、扩展部分和提高部分几个层次，例如某“课程Ⅰ”、“课程Ⅱ”、“课程Ⅲ”。这样做，便于学生根据专业要求和自身能力选修，合理组织知识结构，也便于教师精选内容，合理地计算工作量。近几年来，选修课程广泛开设，为开拓学生知识面、发挥学生学的主动性和教师教的积极性，起了良好的作用。但是不可否认，选修课中也存在质量差异较大，规格、层

次、内容比较混乱，课程门类不完整等缺陷。因此，计划对选修课进行一次整顿，在分清层次、门类的基础上，进行调整、精选和补充，使选修课系统化、科学化。

课程改革的另一重要方面，是对一个学科、一个专业的所有课程作系统的考虑，优化设计总体的课程结构，也就是课程体系问题。无线电系已经开始进行这项工作，在拓宽专业面、明确培养目标的前提下，研究主干学科和课程的设置，研究教学内容的更新；计算机系正在参照 IEEE 最新推出的“Model Program”拟定自己新的教学计划。由于工程技术学科基础的扩展，美国和加拿大等国的工科课程设置，流行着一种所谓“Modular Instruction”。这种模式化课程设置，即把包含着独立概念、原理和方法的“要点”，根据其内在的联系组成“单元”，再把有关的“单元”构成“模块”，每个模块则包含课程的一项主题。结构化模块的出现，或多或少地改变了关于课程的传统概念。IEEE 的“Model Program”则干脆用 Subject Area 这一新概念，取代了传统的 Course。与此相应，也不再有主干课、非主干课之分，代之以核心课程和提高课程两类必修课和选修课。这样，除极少数专业的课程有这种实践外，多数还难以达到这种科学化程度，需要探索和试验，并对学生加强选课指导工作。

在课程改革方面再一个重要问题，就是进一步提高数学、外语、计算机和教学质量。我校外语教学曾一度在全国领先，生源质量和教学质量较高，但由于各校进步很快，近年来相对水平有所下降。语言系已在认真研究采取切实措施，尤其要强调的是公共英语基础阶段以后的专业英语教学。要求各系各专业至少选择一至两门主要课程，采用适当的外文版教材，以保证毕业时能达到顺利阅读专业有关文献的基本要求。计算机上机时数要争取四年达到 200 小时以上。这次对化工、电机、计算机系 10 个专业的教育评估试点工作表明，除计算机、自动化专业外，多数还没有达到这个水平。计算机光读书不行，还是要多用、多实践。我校数学系在工科院校中是强的，目前还是缺编，除补充年轻师资外，看来也要发扬老浙大的传统，教授、副教授要讲授公共课。

第二，在能力培养方面。我们明确提出，要加强开发创造型人才的科学与工程训练。过去常说的“工程师基本训练”，自 1978 年以来是明显削弱了。实践性教学，工程基础知识包括工程图学和工艺类课程的教学，课程设计和毕业设计这些综合性的环节，被压缩了学时，又受到研究生考试的冲击。再看看本科毕业生的实际情况，这几年大约一半人进工矿企业，一半人进研究所或攻读硕士学位。其中出类拔萃者固然不乏其人，但普遍的则是“上不着天、下不着地”，眼高手低，轻视实践，真正工作起来，既缺少实际科学工作和工程技术工作的技能，也并不具备开发型人才的创造能力。对这种状态，工厂不满意，研究所不满意，许多研究生导师也不满意。当然，我们的毕业生也有不少长处，思想活跃，懂一点计算机技术，外语水平普遍提高，理论基础特别是研究生应考的几门课的基础比较扎实。但用全面的质量要求衡量，则不能不看到问题的严重性。我们去年曾就加强实践环节、注重能力培养问题制订了若干措施与办法，如设计性实验、大型综合实验的开设，实验教学的分层次系列化，课程设计数量的增加，毕业设计时间的延长，第三学期和各类实习的安排；又如对报考研究生实行质量控制和加强管理，进一步稳定本科生教学秩序等等。要切实地落实这些措施与办法，除了相应的政策保证外，看来仍然有一个涉及教育思想和人才观的根本问题。

知识和能力虽是两个不同概念，但不可以把知识传授与能力培养割裂开来，把能力培养当做传授知识以外的另一问题，单从实践性环节的安排上找出路，或者单从教学方法上找出路。如果这样理解，可以说是不正确或不确切的。知识传授和能力培养不是两个问题，而是一个问题，应当理解成让学生学习什么才能真正提高能力的问题。例如实验，无论单独设课还是隶属某门课程，都应理解为知识和技能传授与培养能力之统一。因此着眼点不应放在是否单独设课的形式上，而是着重考虑在专业人才的完整的知识能力结构中，应当开出哪些实验，使之成为连贯的有层次的实验系列组成，由简到繁，从模仿到设计。这样去看问题，我们就不会感到加强实践环节是个额外负担，也就不会产生实践教学比理论教学低下的偏见。

第三，要弄清楚科学、技术、工程这三个有联系的但是并不相同的概念。我们长年与这三者打交道，大概由于司空见惯，却往往很少去分辨它们之间的差别。其实，事情不那样简单。科学与工程的最根本的差别，是分析与综合的差别。科学的主要兴趣在于探讨在给定原因下有什么样的结果发生，在于探讨自然现象或社会现象是什么和为什么。换句话说，科学对各种事和物进行分析，并探讨在一组条件下可以期望得到什么样的结果，或对观察到的自然现象进行分析、归纳和综合，发现其中的规律。但是工程要做的则大不相同，工程的兴趣在于组合人力、物力等去创造所要求的 product，产物、产品或结果。这是一个技术和经济综合的过程，即考虑技术的可行性和经济的合理性，以实现一个确定的目标的过程。在我们的课程设置中，差不多都教给学生科学分析的方法，较少教给综合的方法，而大学毕业后的实际工作恰恰不仅要求分析，更重要的是进行综合。这种差别还是比较容易理解的。“科学”的概念可以与传统的“理”对应，“工程”直接与“工”对应。我们常说浙大有着理工结合的优势，那么什么是“结合”呢？这个结合是一座桥梁，科学与工程的桥梁，理与工的桥梁。这就是我们所称的“技术”(technology)。

事实上，技术这个词被应用得太广泛了。人们说“技术改造”，这里的技术主要指生产装备；赞扬一个人“技术水平高”，这里的技术又主要指专门能力；而讲到“新技术、新工艺、新材料”时，这里的技术又可能主要指知识，关于做什么和怎样做的知识；广告上也常说：“本厂设备精良、技术力量雄厚”，这里的技术或许又成了技术人员和工人。而我们所说的 technology，涵义比较狭窄，它指的是 Technical science，也包括 Science of techniques。技术作为桥梁，它的特点之一就是分析与综合并重。关于技术的涵义、地位和作用等问题，这些年来，国内外哲学界正在进行着热烈的讨论。我们看到，至少在科学学这门新学科中已经取得了较一致的认识，即技术与科学、技术与工程是互有区别的独立的概念。我们注意到，美国高等教育界在需要确切表达上述狭窄意义的“技术”的地方，常常不直接使用“技术”这个词，而是用 Science and engineering 这一词组，恐怕也正是为了避免误解。出于同样理由，我们在前面提出加强科学与工程训练，以区别于纯粹科学训练和纯粹工程训练。如果说到浙大人才的特色，也可以说我们力图培养的是技术科学（Technical science）人才，这种人才既擅长于理论到实践的应用和创造，又擅长于实践到理论的科学总结和提高。当然，对于不同的学科和个别具体的受教育个体可以有所不同。

最后，在因材施教方面。1984 年我们创办“混合班”，对工科学生加强理科训练，正是基于上面知识与能力统一、科学与工程结合等问题的认识。混合班、提高班的教学，虽已取得了一些成绩和经验，但到目前为止还仍然是一种试验，一种很有希望的教改实践，人数也仍限于每年入学的 5% 和 15% 左右的优秀学生。从试点班取得的可贵经验要逐步地推广，混合班的思想政治、教学、管理各方面的工作都要继续加强，并逐步形成稳定的师资和管理队伍。对于大面积的普通班学生也有一个因材施教的问题。学分制是我们主导性的教学管理制度，其他配套性的如双学位制、选课制、免修制、直接攻硕制度、奖学金制度等等，要逐步完善起来，以保证学分制优越性的发挥，让更多的优秀人才脱颖而出。

这里特别要提到淘汰问题。让优秀人才冒尖和让不合格的学生淘汰，是提高人才培养质量这一个问题的两个方面。生存竞争，新陈代谢，自然界有之，生物界有之，人类社会同样有之。这是自然、人类和社会进化与发展的机制。我国每年高考选拔就是一次淘汰，上百万中学毕业生只有几十万进入大学，进入重点院校的人数更少。我们的混合班也是高淘汰。不适应高难度教学的，成绩平平或不合格的，每年总有三分之一左右退到提高班或普通班去。提高班、普通班也应有一定的淘汰率，比如说普通班有1%左右的淘汰率。"一门进、多门出"，也包含着淘汰的意思。一包到底的政策不是好办法。这个1%左右的淘汰主要对低年级，高年级可适当放宽。为此，相应地要改变我们的考试和评分办法。出考卷时就要注意试题的可信度、难度和可靠度，研究考卷的科学性。总体上难易适当，既不要人人愁眉苦脸，也不能个个皆大欢喜，考试结果应该呈正态分布或接近正态分布。上学期毕业答辩，教务处规定了优秀和不及格的限额，结果评上良好的异乎寻常地多，评上及格的寥寥无几。我们不赞成把学生成绩与教师教学水平挂钩，以不及格的多少看教学效果的好坏，因为它是不科学的，无益于学生和教师双方努力进取。以后我们要进一步拟定考试、毕业设计(论文)、课程设计等评分标准及等级比例，并逐步建立起考试资格审查制度。从下学期起，我们还要逐步实施基础课统一考试，主要技术基础课统一考试，统一评卷。

以上各个方面都与教师有关。我们要大力表彰为提高人才培养质量而积极探索、改革和努力工作、教书育人的优秀教师，表彰那些辛劳耕耘在教育园地上，培养出优秀拔尖人才，为学校争得荣誉的教师个人或教学集体，发给教育研究成果奖证书和奖金。这是与自然科学成果奖同等分量的奖励。

三、发扬浙大传统，重视学风建设

学风问题是教学工作与思想教育工作的结合点。学风是一个学校的精神财富，是学校精神文明建设的重要组成部分。浙大“求是”学风源远流长，我们要继承“求是”学风，并在新的历史条件下发扬光大实事求是、艰苦踏实、奋发进取、勇于创新的良好学风。

我们要从新生入学的始业教育起，一手抓教育，一手抓管理，就是抓好思想政治教育，抓好理想纪律和法制教育，抓好献身人民、献身祖国四化建设、献身科学的教育，抓好求是学风教育，抓好浙大优良传统教育，抓好宣讲新学则、贯彻好新学则。新的学则将随着新生录取通知书直接寄到新同学手上。在我们的学生中，的确存在那样一部分人，要求不严，目标不高，平时松松垮垮，考试违纪作弊，以为佩上浙大的校徽，就等于保证拿到浙大的文凭。新学年起，我们要进行考试方法改革，确立相对评分标准，建立限额淘汰制度，实行考试资格审查。一切从高标准严要求出发，严字当头。

学风是校风的重要组成部分。学风的好坏关系到教育改革的成败，也是决定学校教育质量的关键性因素之一。全校教师、干部和其他职工，都要努力成为自己的教学和服务对象的表率。要让我们所培养的人才从进浙大的第一天起，就受到良好气氛的熏陶，受到浙大精神文明的感染，受到浓厚的学术空气、刻苦的学习空气和改革、创新空气的激励和鼓舞。

抓好两个中心建设，努力提高教育质量和科研水平

这次会议的议题是，根据党的十三大精神和深化高等教育改革的形势，认真分析我们学校的现状，进一步统一认识，端正办学的指导思想，研究如何加快和深化学校改革的步伐。同时，对下学期的工作要点和学校发展的中期规划作一些初步议论，听取大家的意见。我讲四个问题。

一、紧紧抓住提高教育质量这个核心，始终不渝地把培养和适应社会主义建设需要的高层次高水平的专门人才作为学校的根本任务

浙江大学是国家教委直属的 36 所重点大学之一，是一所高层次的学校。担负着培养社会主义建设需要的高层次高水平专门人才和发展我国科学技术的双重使命。而培养高层次高水平的专门人才则是我们的根本任务，我们必须始终不渝地坚持这个办学目标。衡量学校办得好不好，水平高不高，主要是看能否培养出社会主义建设事业所需要的高层次高水平的合格人才。这要作为我们考虑一切问题的出发点和归宿，学校各个方面的工作都必须服务于

注：本文是 1988 年 7 月路甬祥在学校中层干部会议上的讲话。

这个根本任务。培养高层次高水平专门人才的关键是紧紧抓住提高教育质量这个核心，树立德、智、体、美全面发展的质量观。从适应国民经济的需要和顺应科学技术发展的大趋势出发，全面提高教育质量。首先应该培养学生具有建设四化的责任感和献身改革的使命感，要认真组织和引导学生深入社会，投身改革实践，接触工农群众。重视对学生进行马列主义基础理论和党的基本路线教育，引导他们正确分析和认识改革形势，加深对国情和现状的了解，对“一个中心，两个基本点”的理解，使他们在校期间就打下以四化为己任，与改革共命运的思想基础，形成良好的道德品质，培养一批掌握马列主义立场、观点、方法的专业人才。同时，要通过深化教学改革，面向现代化、面向世界、面向未来，使学生能够更好地系统地掌握现代科学文化知识，具有合理的知识结构和较宽的知识面，提高他们分析、解决实际问题的能力和创造精神。

教育上要围绕保证质量、适应需求的原则，深化教育改革，引进竞争机制，逐步形成浙江大学的办学特色。

培养高层次高水平的专门人才，必须建设一支政治、业务素质高的教师队伍，尤其是拥有一批有实力的学科带头人，这是提高教育质量的关键。同时，还要努力发展科学研究，提高学校科学研究总的水平。因为教学与科研相互依托、相互影响，人才培养的质量和科学研究的规模和发展水平总是相辅相成的。学校科学研究水平，是培养高层次高水平专门人才的必备条件。良好的学术环境、浓厚的研究气氛，对学生业务素质的提高和创造精神的训练同样具有不可估量的作用。总之，教学与科研紧密相结合，不仅有利于不断提高学术水平，也有利于培养高水平的专门人才。因此在深化教育改革的过程中，我们必须着力抓好两个中心的建设，全面提高教育质量，努力提高科研水平，并逐步建立与之相适应的教学、科研组织模式，从体制上确保两个中心建设的健康发展，形成自身发展的活力和动力。

二、改革和加强思想政治工作，探索新形势下加强思想政治工作的有效方式

培养德智体全面发展，能适应社会主义现代化建设需要的合格人才，是我国社会主义性质所决定的。思想政治教育决定着人才培养的社会主义方向，是高等教育的一个重要组成部分。为了适应改革开放的新形势，我们要努力加强思想政治工作，努力提高学生的思想道德品质。当前特别要注重在师生员工中进行确立实现四化、振兴中华的志向和正确认识改革形势的教育。

10 年改革，使我们的国家和社会发生了具有历史意义的变化：由一个本来处于停滞与动乱状态的社会，开始变成一个既充满活力又基本稳定的社会；由一个长期闭关自守的社会，开始变成一个对外开放，勇于迎接世界挑战的社会。是改革给我们全社会带来了深刻的变化，带来了思想的解放和生产力的解放。

同样，10 年改革也使我们教育和科技战线发生了前所未有的变化：由动乱、荒芜的教育科技园地，转变成百花争艳的教育和科技的春天；知识分子的地位也有了天翻地覆的变化；国家恢复了高考制度、学位制度，增加了教育投资，学校的条件有了很大的改善。教育改革的步伐正在步步深入，这都是有目共睹的事实。当然由于国家还处在社会主义初级阶段，百业待兴，也由于人们对教育科技的认识还有待于深化，国家科技事业的发展和投入还不尽如人意。但这毕竟是改革和发展中的问题。随着经济和社会的发展，教育和科技的发展条件得到进一步改善的前景是乐观的。

另一方面我们也应该看到教育战线内部的确还存在着许多不适应改革步伐的地方。无论在教育体制、教育内容、教学方法等方面都有待在改革中不断完善和提高。教育关系国家的未来。培养21世纪的栋梁，这正是我们在教育战线同志的重任。我们要看到成绩和希望，要感到责任和重担，当然也要有改革开拓的勇气和力量。要有紧迫感和责任感，要和中央同心同德推进和深化改革。

改造和加强思想政治工作，必须努力解决好思想政治工作与业务工作脱节的“两张皮”问题，探索在新形势下，研究和创造思想政治工作的有效方式。要加强对学生进行马克思基础理论、思想品德教育，重视和组织学生参加社会实践，开展各种有利学生身心健康成长的有益活动。要努力继承和发扬“求是创新”的优良校风，发挥广大教职工教书育人、服务育人的重要作用，建立良好的校园文化生活环境。发动学生自己教育自己，注重培养学生的自我教育、自我管理、自我约束能力。同时还必须严格管理、严格要求，严肃组织纪律。要健全各项法规和制度，从制度、法规建设和政策上来激励学生奋发向上、积极进取的学习热情，走出一条靠思想教育、道德和舆论规范制度、法规约束相结合的改造和加强思想政治工作的新路子。

改造和加强思想政治工作还必须有强有力的组织保证。我们要努力探索，逐步建立适应校长负责制的党政齐抓共管的思想政治工作的新体制。建设好一支精干的、有力的、专职兼职相结合的思想政治工作队伍，以适应新形势下对加强思想政治工作的要求，保证学校的安定，保证学生政治思想素质的不断提高。

三、加强师资队伍建设，首先要着力抓好青年学术带头人的遴选工作

我校现有教师 2500 余名。几年来，虽然补充了 800 余名青年教师，使师资队伍的年龄结构得到了一定改善，学历层次有了一定提高。但目前教师队伍年龄老化、学术带头人青黄不接、结构层次不合理的情况仍然十分突出，应该引起我们足够的重视。这里我摆一点具体情况，提供大家一起分析研究：一是我校高职教师年龄结构。全校教授共 120 名。50 岁以下 9 人；51—55 岁为 29 人，56—60 岁为 52 人；61—65 岁为 18 人，65 岁以上为 12 人；其中 50 岁以下仅 9 名，占总数 7.5%。56 岁以上共 82 名，占总数 68.3%。副教授 50 岁以下 163 人，占总数 27%，56 岁以上 150 人，占总数 25%。二是我校现有 29 个博士点，41 名博士生导师，50 岁以下仅 2 人，占总数 4.9%，51—59 岁 14 人，占总数 34.1%。60—69 岁 22 人，占总数 53.7%。70 岁以上 3 人，占总数 7.3%。41 位导师的平均年龄为 60.54 岁。三是博士生导师分布情况，其中两个博士点没有导师（博士点面临被取消的危险），还有两个博士点合并一位导师，其余 14 个博士点各有一位导师，只有两个博士点各有四位导师。四是从博士生导师的数量来看，目前全国共有 1830 个博士点，导师 3798 人。平均每个点有导师 2.08 人，而我校平均仅为 1.41 人，只及全国平均数的 2/3。以全国 13 所重点理工科院校作比较，我校每个博士点导师人数的配备，排在倒数第三位。五是这次各系申报的增补导师的年龄绝大多数均在 55 岁以上，有个别的甚至比原来导师的年龄还大。从各学科点确定的主要研究方向带头人看，年龄也均在 55 岁以上，50 岁以下是极少数，甚至可以说是个别的。

以上情况，可以十分清楚地看到，我校现有的学术带头人不仅数量上远远低于全国平均水平，严重不足，而且学术带头人老化、后继乏人的情况已经十分突出。假如按这种情况继续下去。不采取有效断然措施，切实解决好这个问题，那么，再过五年、十年，必将失去目前具有的优势和浙大应有的地位；我们将会远远地落在兄弟院校后面。我们要培养高层次高水平的专门人才，也将成为一句空话。面对这样严峻的现实，我们能不感到紧迫和危机吗？对此必须警觉起来。从现在开始着力去解决好这个问题。

为了能采取有效措施，逐步解决好这件关系到浙大发展的全局性、战略性、基础性的大事，我认为，要认真做好以下几方面工作：

第一，要统一思想认识。

一是必须看到学科建设在学校发展中的战略地位和极端重要性。学科建设可以说是重点高等学校的基本建设，而抓好学科建设的关键是遴选好学术带头人并建设好学术梯队。这一点要成为规划师资队伍建设的根本指导思想。二是要正视我校学科建设的现状，一定要有紧迫感和危机感。如缺乏这种认识，我们就会贻误时机，犯历史性的错误，辜负党和国家的期望。对此，首先是中层干部要统一认识，然后通过我们的工作和教育，造成强大舆论统一全校教师的认识。这样，为了解决这个问题所采取的措施，才能得到广大教师尤其是老教师的支持和理解。浙大有一批可敬可佩的老教师，几十年来他们辛勤耕耘，为学校的建设和发展做出了重大贡献。对他们，仍要重视维护他们的知名度和影响力，发挥他们对中、青年教师的传、帮、带作用和对外交往中的重要作用。我深信只要讲清道理，老教师们一定能通情达理，顾全大局，积极热情地支持这项工作的。我们的做法，一定能得到他们的理解和支持。只有统一了认识，才能形成有利于优秀中青年脱颖而出的气氛和环境，才可能形成上下一致的行动。这一点是十分重要的。

第二，要引入竞争机制。

促进教师队伍的结构优化和中青年学术带头人脱颖而出。教师职务聘任工作一定要冲破“论资排辈”、“平均主义”传统观念的束缚，强化竞争意识，按照“按需设岗、按岗定编、择优聘任”的原则来进行。要通过聘任工作，引导师资队伍的合理分流。同时，要采取有效措施，给优秀中青年教师创造条件，让他们脱颖而出，跻身于国内外学术舞台，成为学术带头人。要通过国内外公开招聘优秀中青年人才，扩大博士后流动站等大胆引进中青年学术带头人。要通过多方面的努力，引入竞争机制，增强师资队伍建设的活力和动力，引导师资队伍的结构优化，让优秀中青年教师脱颖而出，成为学术带头人，才能形成合理的梯队结构。

第三，建立和健全一整套有利于中青年优秀人才脱颖而出的制度。

除了统一认识，明确学科建设在学校发展中的重要战略地位；引入竞争机制，增强师资队伍建设的活力和动力，引导师资队伍结构优化，大力遴选优秀中青年人才外，还必须建立和健全一整套制度，从法规建设上来加以保证。要在充分调查研究的基础上，制定和建立博士生导师遴选和增补制度、学术梯队建设制度、中青年学术带头人遴选制度、优秀人才职务聘任特别审批制度、引进和招聘优秀人才评审制度、中青年学术骨干培养制度、选派出国考察与进修人员制度等等，都要做到有章可循，并逐步实现培养、选拔、职务聘任一体化，形成经常性、制度化的成才、聚才、用才环境。只有这样，通过几年或更长一点时间大家的共同努力，浙大一定能人才辈出，涌现一批优秀的在国内外学术界享有一定声誉的中青年学术带头人，重振浙大之雄风。

四、逐步建立适应两个中心建设的教学、科研组织模式

教育为社会主义建设服务，这是我们办学的根本指导思想。随着经济和社会的发展，各项改革的逐步深化，社会对人才的培养和需求都出现了新的情况。为了适应这种变化，必须改革目前的教学、科研组织模式。目前，我校基本上是处于专业办学的状况，培养的学生知识面较窄、知识结构不合理，不可能适应社会对人才培养的要求。另一方面，现在我校研究所、室的体制，绝大多数是系、所合一的，研究所、室不是实体，因此缺乏活力和动力，既不利于学科建设，也不利于研究所、室向自主、开放和竞争的方向发展，不利于合理分流和发挥各类人员的积极性。因此，我们考虑要有计划、有步骤地建立适应学校任务和要求的新的教学、科研组织模式。

要切实从专业办学转变为系办学。系负责组织制订教学计划和大纲，实施教学工作，聘任教师，逐步取消教研室一级教学基层组织。根据学校发展方向，组建一批相应的研究所、室。研究所、室的任务是加强学科建设，制定科研发展规划，组织实施科学研究工作，并设立教学小组，承担相应的教学任务。使研究所、室成为教学、科研紧密结合的实体，成为人才培养和发展科学技术的基地。研究所、室实行学术带头人负责制，建立精干的学术梯队和教学骨干队伍，同时，有一部分硕士、本科毕业生作为流动编制人员，参加科研和教学工作，以充分发挥学校独特的人才优势。中等以上规模的系，一般不在系一级建所，研究所、室可建立在二级学科上。全校拟先在有条件的学科点建立 40—50 个研究所、室。到 1990 年希望能发展到 70—80 个研究所、室。学校将在财力、物力、人才许可的情况下对新组建的研究所、室给予支持。对关系到学校发展、重点学

科建设，对学校地位和声誉有重大影响的研究所、室，要给予重点支持。学校已考虑要调整教学、科研用房，同时，还要调整和重新确定研究所、室的编制定额，科研编制的使用要逐步实行有偿使用，即每使用一个科研编制，应向学校交回一定的经费。学校正研究筹集资金调整现有设备设施的管理体制等，支持一批研究所、室。

要实施这种转变，还要制定相应的政策和一整套管理办法。对这个问题的实施，还有许多具体问题要考虑，学校还要进行专门的深入研究，制定具体的实施方案和计划。这也是一项带有基础性、战略性的改革措施，我们要积极而稳妥地逐步推进。处理好教学和科研如何结合的问题，在过渡时期可先考虑教研室和研究所并存，研究所所长可兼任教研室主任。不搞一刀切，不搞一哄而起，成熟一个建立一个，真正把我校教育和科研水平的提高建立在稳定的充满活力的基层结构上。

贯彻党的教育方针，开拓创新，办好浙大

我校的中心工作是贯彻党的教育方针，培养社会主义的建设者和接班人，这个思想要牢固树立在校、系两级领导和全体教职员工的心中。学校的后勤、科研、生产、管理都为这一个目标服务。所以，在学校，教育是第一位的，这一点要明确起来。浙江大学是全国重点高等学校。邓小平同志曾经提出把全国的部分高等学校建设成既是教育中心，又是科学研究中心，即“两个中心”。科研工作要为教育服务，为培养社会主义建设高级人才和优秀人才创造条件。学校不仅仅是传授知识的场所，更是培养接班人的重要阵地。这在不同制度的国家都是这样的。教育向来有它的政治属性。社会主义的大学，培养的就是社会主义接班人，所以要把学校真正办成一个培养人才的基地，培养接班人的基地。高等学校也是社会政治稳定的一个重要阵地，是党和政府可以依靠的力量。我们的责任是很重大的。我们培养的人才今后过 10 年、过 20 年都将成为国家各方面的中坚力量。人才质量的好坏直接关系到国家今后的发展。国家的富强，人民的幸福，都跟我们的工作息息相关。从这意义上来说，我们这个阵地是非常重要的。

注：本文是 1990 年 3 月 15 日路甬祥在学校教育工作会议上的讲话。

一

近几年浙大有了较大的变化。总的来讲，我们的队伍是好的，是努力工作，是为国家的人才培养积极奉献的。讨论中大家对今后的工作提出了非常好的意见和建议。

第一，就是贯彻党的教育方针，要真正搞好教育，就要调动发挥教职员工的积极性。浙大的队伍历来是有传统的，拥护党的领导，拥护社会主义制度，有勤勤恳恳踏踏实实的求是学风，是努力工作的，而且经过多年的积累，我们在学术水平、教育经验方面都在全国前列。但是当前教师当中也存在许多迫切需要解决的问题，老年教师有老年教师的问题，中年教师有中年教师的问题。中年教师在工作当中负担重，家庭负担也重，是我们的中坚力量。青年教师现在占 30％多，有一个接班的问题，青年教师还有教心不稳的问题。我们应该真正地经过调查研究，分析了解各类不同教师的现状，了解他们的疾苦、愿望和要求。不仅了解各类教师个体方面的问题，还要了解教师作为一个总体队伍的结构问题，它的层次结构，它的年龄结构，它的知识学科结构，从而采取有效措施，真正地把广大教师的教学积极性调动起来。我想不外乎几个方面工作要做。

一是要加强教师的思想工作，特别要做好先进典型的发掘表彰工作，同时也要引导教师学习马列主义，学习邓小平同志一系列的重要讲话，武装我们的思想。

二是在政策上，要有正确的导向，要引导教师献身于党的教育事业，在工资、职称、评奖评优等各方面都要坚持德才兼备、重视实绩的原则。今年职称晋升中要更进一步完善升职晋职标准和条件。要着重考核教师在教育工作第一线，基础教育和教学管理工作各方面的贡献和实绩，当然同样还要评价教师学习的积极性，要考核教师的教书育人的教风和职业道德。国家教委已批准我校进行人事与分配制度改革。我们在定编，在校内津贴等方面，都要注意有利于调动教育第一线同志的积极性，有利于调动基础课教师的积极性，让他们能稳定从事本科教育、研究生教育的基础教育。学校要努力增加教育方面的投入，不断改善教师的工作条件与生活条件。学校想集中花两三年时间解决中青年教师的住房问题。

三是在调动教师积极性方面，还要建立科学的规范化的奖惩考评制度，使无私奉献、兢兢业业工作的同志得到应该有的荣誉和表彰。要以教育为荣，以教师为荣，要造成一个全校更加尊重教师，全校都要为教育第一线服务，为教师服务这样一个好的风气和环境。如果全校教师的积极性调动起来了，我想教育改革、教育质量的提高就有了根本的保障。

四是校系两级领导同志都要深入下去，要和教师交朋友，直接听取他们的意见，了解他们的疾苦、要求和建议，解决他们的实际困难。有些问题一时不能解决的，也要负责地作出解释，取得他们的理解，使广大教师感觉到学校是关心他们的，学校是了解他们的，他们是学校的主人。学校是努力帮助教师在业务上不断地进修提高，在工作上能够给他们有施展才干的机会，在生活上尽了最大的力量帮助他们解决实际困难的。

第二，许多系主任也都谈到希望要发挥校系两级的积极性，不要学校在上面出主意，发号施令。这里如果要作检讨的话，我本人要作检讨。我觉得我到了学校领导岗位工作以后是想努力把浙江大学办好。前段时间考察组给我提意见，说我兼职是不是可以少兼点。我当然愿意少兼点。但有一些兼职我不能不兼。我不去兼职就失去许多社会活动的条件，对我们办学，行使我校长的职务是不利的。我自己思想上这点是明确的，兼职都是为浙江大学服务。我本人也是从教师当中来的。这么个大学的摊子，怎么样真正能够做到走党的群众路线，在重大的决策和决策过程中都能够依靠群众，相信群众，从群众中来到群众中去，这点我做得还不够。有的地方自己往往主观上想得比较多；有一些不符合实际；有一些不太考虑到教学第一线工作同志的困难，要求过急；有一些从全校角度看，大的学校情况千差万别，各系情况不平衡，全面考虑得不够，总之主观和客观不太符合，同志们提的意见我虚心接受，我相信我们班子的同志也一定会虚心接受的。前一段时间在学习反思时，考察组对我们的意见其中也有一条，就是希望我们能够更好地密切联系群众，能够到基层中去。这意见是中肯的。我想有了这条，我们才能够做到发挥好校系两级的积极性。什么事情都要给系主任、系一级留有余地。有一些决策注意一些细节的意见，当然也要听取更直接同志们的意见。所以我想学校各部处、学校各级领导都要更好地树立面向基层、面向教师、面向教育第一线的指导思想。希望部处同志互相监督，也希望系主任、广大教师都对我们加强监督，多提出意见，我们以后作决策和执行学校的决策，都要反复地做调查研究。系作为校内的一级行政管理机构，要尊重系的创造性，要给系留有足够的余地，不要做事情都一刀切。全校各个系的情况都不一样，有工科、理科，有大系小系，有经济情况好的，比较差一点的，教师结构有年轻点的也有年纪大一点的，都不相同，不能一刀切。

二

我们学校是多层次办学，有本、专教育，有研究生教育，有成人教育，重点是本科。本科是代表浙大水平的基础，首先要把本科教育办好,这点首先要明确。当然我们也是一个高层次院校,有研究生院,而且是第一批办研究生院的学校,也同样要把研究生教育办好。研究生教育的质量基础还是在本科。如果本科教育不好,研究生院也不可能办好。所以要提倡优秀教师、高层次的教师要上好课,特别要上本科生的基础课和技术基础课,形成一支稳定的高质量的本科教育队伍,建立比较完善的本科教育条件。教育基金的投入主要放在本科,这点是要明确的,以后继续这样坚持做。研究生教育方面的投入主要依靠科学研究,主要把科研费转入,当然对理科和文科要适当兼顾。对文、理科研究生基础教育方面也要适当投入。

成人教育是学校为社会服务的一个方面,对于加强学校与社会联系是有好处的,而且可以发挥学校的潜力,为提高劳动者素质作贡献,也是我们不可推卸的责任。但成人教育要控制规模,注重提高质量。成人教育要防止从经济目标出发,而降低水平和要求。所以成人教育以后尽量要少搞学历教育。学历教育必须严格按照国家计划。非学历教育必须发挥学校的优势,要提高办学的层次和水平,成人教育不能冲击本科教育,冲击研究生教育。所有的经济政策一律参照本科教育来进行,把经济上不正确的机制去掉。但非学历教育这块也要明确。比如去年为宝钢办学,花的时间不多,文科为主,但是对开拓我们与重点企业之间的联系,起了很好的作用,对学校总体发展是有利的,这样的办学就可考虑。

三

对外教育与科研交流,特别是对外教育交流方面,要坚持全面贯彻“一个中心,两个基本点”的方针。大学当然是一个对外开放交流的重要窗口。我们这些年之所以有这样大的发展，也是跟开放、改革的条件分不开的。窗打开以后，我们了解了国外的许多先进科学技术，吸收了许多有益的教育方面的经验。但是对外交流工作中也要坚持独立自主、为我所用的方针，就是要坚持独立自主、洋为中用方针，要有选择地消化吸收国内外有益的教育和管理经验，吸收一切先进的科学技术。因为教育和管理还有很强的社会属性，但不能完全照搬照抄。另外，在人员交流方面，要坚决地按照“按需派遣，学用一致，保证质量”的原则。派遣的目的是人员回归，为了提高师资水平，而不是为了输送人才。所以我们在选人、派出的目标上都要有一个全面的慎重的方针，而且要建立完善的行之有效的选派和吸收回归的管理程序。不要只看到有利情况，哪里有钱往哪里派，什么人托福成绩高就什么人先走。如果这样的方针，不但不利于师资队伍质量的提高，反而有可能冲击国内教师队伍的稳定，不利于教师的稳定，就会引导到一个错误的方面。而且交流也不能光向着外面，还要注意国内的交流，跟国内的企业界、兄弟院校、研究机构之间开展交流。前几年光讲了对外交流就是对国外，我看对外交流的概念应该是对校外交流，包括对国内一些好的单位和国外的一些单位。

四

我们实行系办学，在二级学科上建立研究所、室，担负起教育和科研工作。研究所、室科研方面职权大一些，教育方面主要是在系的统一领导下，承担课程，指导实验，培养研究生。所以在体制上要进一步完善，职能上要进一步明确。有一些研究所、室可以挂两块牌子，既是研究所又是教研室，也可以设专职分管教育的副所长和副主任，要把教育工作落到实处。我们搞体制改革的时候，担心的就是在调整的过程中教育是否会被削弱、落空。现在看来有一些系、所已经反映了这种情况。如果机制上不健全的话，就需要补充，要设副所长和副主任的话还是要设。各系可以依据具体情况相机处理。学校的中心工作是教育，科学研究必须与教育工作结合起来，要为教育服务。浙江大学办的所有机构都是要为教育、育人服务的。我们的学校是以工为主、理工结合、设有文管的学校，教育工作要兼顾各个不同学科的特点，为系为基层提供相应的条件，在这点上进行分类指导，希望各位业务部处负责同志充分注意这一点，不要以一个模式、一个公式来计算各个系的编制、职称、房屋和奖酬金定额，否则系和系之间的苦乐就会不匀，有些系可能得到了发展，有些系受到了抑制，这样就可能不行。像数学系，数学完全是一个思维性质的科学，它和别的学科是不同的，在科研经费投入方面可以少一些，但是它分支很多，在编制职称上面，在稳定教师队伍方面要解决一系列问题。再如建筑系，它开设的课程，许多都要很大的场地，图板就很大，都是零号图板。另外要求教师在毕业设计时，要一对一进行辅导，很花时间，这也有它的特点。又如文科系的资料很短缺，应该有适当的补充。我们的图书馆过去是以理工为主的，文科方面的资料不全、不够，所以今年特列了个文管基金，目的就是为了照顾到文管的特点。不要以为我们理工很强，可以把文管挤掉，如果这样，理工为主、理工结合、设有文管的特色就不能够发挥。我们已经跨入了 90 年代，培育的人才到 2000 年以后将成为国家的栋梁，他所需要的知识结构，不能单单是某一个专业的，要理工结合，兼有文管。

我觉得浙江大学这几年发展是好的。展望未来，我更是充满信心，党政班子同志们也是充满信心的。我们有一个团结协调的校系两级班子,有这样好的一支队伍,又是国家教委批准的综合改革试点院校,我想只要国家稳定,学校稳定,我们是大有希望的,是可以大有作为的。我们一定扎扎实实每年帮助基层解决一些问题,推动学校的发展,大家为了一个共同的目标,为了完成党、国家、人民赋予我们的任务,做出应有的贡献。

向新科技革命进军，建设教育与科研两个中心

党中央和邓小平同志高瞻远瞩地指出“科学技术是第一生产力”，吹响了向新技术革命进军的号角。新科技革命即将带来的是全新内容、全新结构的产业大革命。向新技术革命进军，是在新的历史环境中进行的，因此，它绝不是单项技术的单兵独进，或个别产业的技术更新，它的成果也不再是已有技术装备的推广和外延，它是一次全面、深刻、持续的产业革命和宏伟的社会系统工程。

在这样巨大而又复杂的社会系统工程中，支撑科技和社会经济发展的教育是不可或缺的重要因素。我们必须用辩证唯物主义和历史唯物主义的观点认识、把握教育、科技、经济和社会的关系，并在实际工作中自觉地加以运用，进一步发挥社会主义优越性，推动社会进步，缩短与发达国家的差距，从而在“两个挑战”面前赢得胜利。

一、迎接新科技革命挑战，离不开教育事业的超前发展

江泽民同志最近强调指出，党的十一届三中全会决定全党工作

注：本文原载《中国高等教育》1991年第12期。

重点转移到社会主义现代化建设上来，这是一次具有战略意义的转变。把经济建设真正转移到依靠科技进步和提高劳动者素质的轨道上来，是党的十一届三中全会决定的工作重点转移的进一步深化，是把这个转移提到一个更高的阶段，同样具有战略意义。这是中央关于“教育必须为社会主义建设服务，社会主义现代化建设必须依靠教育”指导思想的深化和发展。

但是，在实际工作中，中央的战略还未能真正化为各级各部门协调一致的行动。从宏观角度来看，我国的教育科研投资水平还低于世界平均水平。据 80 年代中后期一个国际教育投资研究报告称，世界上人均国民生产总值为 310 美元的国家，教育投资占国民生产总值比例的平均水平为 3.31%。一些发达国家此数值达到 4%左右，而我国还徘徊在 3%上下。因此，需要在全党和全社会呼吁深化对教育和科研在经济发展中地位的认识，全面贯彻“科学技术是第一生产力”的思想。

在科学技术转化为直接生产力的过程中，必须特别注意处理好两个关系，一个是科学技术与物的关系，一个是科学技术与人的关系。这两个关系处理得当，科学技术才会顺利地发挥生产力作用。科学技术与物的关系，就是科学技术如何以知识形态在生产资料和劳动对象中物化的问题。科学技术发现和创新材料，节约物质和能量消耗，提高生产工具的效能，现代信息还大幅度提高了资金的利用和周转效率，从而提高劳动生产率，在全社会实现“劳动时间的节约”。

教育在科学技术与人的关系中占有特殊的地位。科学技术要依靠人去创造和应用，而人则是通过教育接受科学技术，才成为新生产力中的决定性因素。教育是科学技术转化为生产力不可替代的媒介。现代高等教育注重与科学研究相结合，在传播科技的同时发展科技。因此,教育不仅是上层建筑的一部分,而且已成为生产力的媒介因素,影响和制约着生产力的发展。

李斯特指出:"教育是未来生产力。"首先是因为它已成为科学技术再生产的必要条件。科学技术的发展具有很强的继承性和连续性。科学技术的继承、传播是科学技术发展的基本前提。教育因其本身的性质和功能成为这种继承和传播的手段。基础教育为全民族科学文化水平提高奠定基础;职业技术教育要传授生产劳动知识和技能;高等教育造就掌握现代文化科技专门知识和技能的高级人才;继续教育不断更新、拓宽和提高在职人员的文化科学技术水平。教育水平的高低,不仅影响到当前科技成果的应用,而且决定科学技术的进一步发展,并为未来科学技术生产力奠定基础。

其次,教育是劳动力再生产的条件之一,直接影响和制约未来生产力的首要因素——人的质量。在现代社会化大生产和科技革命背景下,人的劳动能力和素质主要由劳动者掌握科学知识和智力劳动能力所决定,劳动者智能已成为劳动者参与经济活动的首要条件。因此,智能的投入对未来劳动力的素质提高也是首要的决定因素。

总之,教育是现实生产力充分发展的制约因素,更是对未来生产力必要的超前投入。这不仅是被理论界,而且是被世界各国发展的历史所证实了的科学结论。忽视当前的教育投入,当然是一种短视的行为。在当前面临的形势下,更需要全党、全社会对这一历史事实加以充分重视。要在方针政策上、组织体制上和物质投入上保证经济建设顺利转入依靠科技进步和提高劳动者素质的轨道。

二、迎接新科技革命挑战，重点高校要成为“两个中心”

高等学校，特别是重点高校是我国高级专门人才立足于国内培养的重要基地，是我国科技力量的聚集之地。无论现有人才及设备，还是历史传统和内在潜力方面，高校都是我国科学研究的重要方面军。在新科技革命和国际经济竞争的挑战面前，重点高校如何应战，在整个向新科技革命进军和现代化过程中具有特殊的重要性。

面向经济建设实际需要，把高校办成既是教育中心，又是科研中心，是邓小平同志在1978年就提出来的思想。这一论断，为我国高等教育发展指出了正确的方向。重新认识邓小平同志这一科学思想，对深化高等教育改革，迎接新科技革命挑战具有重大的现实意义。

我认为，在发展生产力，面向经济建设的总目标下，科技与教育的功能互相影响、互相制约、互相促进，两者是一种辩证统一关系，而科技与教育应当在重点高校找到统一的外在形式，重点高校应当成为科技与教育的结合点——既是教育中心又是科研中心。

当然，从全局讲，满足全社会对拥有现代科技知识的受过专门训练的各层次技术人才需要，仍是高校的主要任务，可是在高科技及其产业迅猛崛起的今天，高校仅仅满足于一般专业人员的培养已过于褊狭了。

社会迫切需要一批科技和教育力量相对雄厚的学校，主动担负起培养能跟踪国际高科技和实施产业化的高级研究、开发、生产和管理的人才，建设教育、科研两个中心，推动教学与科研的紧密结合。这是重点高校内在的要求,同时也反映着国际高等教育改革的历史性趋势。西欧高校教学与科研实行结合始于19世纪初的德国。当时洪堡改革高等教育,创办柏林大学。他的经验后人总结为“洪堡传统”:一是提倡教学与科研自由;二是提倡教学与科研相统一。按洪堡思想进行“现代化”的德国高等教育一改落后面貌,而跃起成为“世界现代大学的楷模”。

1984年联邦德国科研报告称,高等学校的科研是“联邦德国科研的基础”。据统计,1983年高校拥有科研人员占全国总数的60%,高校科研经费占国家公共拨款总数的一半还要多,除一些高校无力承担的大型基础项目外,高校科研面覆盖所有科学领域,大部分的基础理论研究项目由高校承担。从全世界范围来看,除继续提倡“洪堡传统”外,现代高等教育注重教学、科研、生产三结合的问题。日本大力推进“产学结合”,美国提出了“重建大学—工业伙伴关系”,这种发展目前仍方兴未艾,许多国家甚至把它提到了挽救国家科技经济危机的战略高度。

科研的需求绝大部分来自直接的社会生产实践,在重点高校内部提倡教育与科研并重,同时在外部加强教育科研与生产一体化建设,高校就找到了一个与社会经济活动联系的稳固纽带。教育必须为社会主义建设服务,从这层意义上讲,建设“两个中心”不仅是大势所趋,而且是高校自身提高水平、调整结构、增强活力,造就社会主义建设人才和接班人的内在需求。

学校与企业挂钩联合办学办科研,与技术和商品市场挂钩,也从宏观上有利于通过成果和人才的结合转移,推动一批高新科技的发展和传统产业的技术进步,有利于提高产业结构的层次和国民经济整体效益。

重点高校的任务除满足社会对人才的近期需求外,还要为国家未来，为21世纪社会主义现代化建设培养高级专门人才。我们必须坚持德育为首、全面发展，抵制国外敌对势力的和平演变战略。师生直接面向社会参与科技实践，感受新科技革命的挑战和社会主义建设的实际需求，加以正确的政治思想引导，便更能激发他们的爱国主义感情和自力更生、发愤图强的精神。只要我们坚持用马列主义、毛泽东思想教育学生，按无产阶级的世界观和人生观教育人，坚持教育与生产劳动相结合，使他们在德育实践、科研实践和生产实践中锻炼成长，我们就可以培养出能面对“两个挑战”，在坚持和完善社会主义生产关系的同时推动生产力进步的新一代接班人。

科研与教学相结合，还有利于处理好长期困扰教育界的几个问题：(一)理论与实践相结合的问题。大学的职能不仅是传授知识，更重要的是发现和创造新知识。书本仅仅是知识之流，知识之源在实践。理论需要实践的验证，实践又不断地向理论提出新的质疑和挑战，同时接受理论的指导。教师在教育实践中深化理论，在科研实践中发展理论，“两个中心”的环境将为他们提供一个理论与实践有机结合的有效途径，建设“两个中心”也是高水平师资的必由之路。(二)知识传授与能力培养的相结合问题。我们的教育方式长期存在重知识传授忽视能力培养的弊端，师生参加科研、生产实践，将有利于他们锻炼能力，提高素质，增强创新和独立工作能力。(三)充分发挥高校社会职能问题。培养人才与进行科学研究，推动社会的科技进步是高校社会职能的两个方面。部分科技开发研究也有明显经济效益，可以缓解教育经费紧张状况，改善办学条件，增加教师收入，调动广大知识分子潜在的积极性。

高等学校作为社会主义精神文明建设的重要阵地，也是一个民族文化传统的继承和发展阵地，进行国际文化科学技术交流的阵地。中华民族上下五千年的历史，有着灿烂的文化，光辉的传统。

我国重点高校沿着这条历史的轨迹走过来，内部积淀着华夏优秀的文化科技成果，通过教育与科研的结合，通过汲取国内外科学技术富有生机的“营养”，可以造就中华民族新一代的学术大家，也可以光大华夏文明，为建设有中国特色的社会主义精神文明做出更大贡献。

在正确的政治方向指导下，重点高校建设成为“两个中心”后，国家就从宏观上拥有了五个基地：坚持四项基本原则、有利于社会政治安定团结的基地；培养建设社会主义高级专门人才和接班人的基地；承担基础科研和国民经济所需课题、发展高技术实现产业化的基地；不断改善社会劳动主体智能、实施终身教育的基地；弘扬中华民族文化、发展社会主义精神文明的基地。

三、搞好综合改革，迎接挑战的几点建议

要使重点高校的办学方向调整到面向现代化建设，真正办成既是教育中心，又是科研中心，这是学校从单纯的教学型到研究教学型转变的历史性标志。我们只有通过综合改革，包括学校内部和外部环境各方面的机制变革，才能保证和促成这种变化顺利进行。在此提出几点建议：

（一）按照“两个中心”的要求，加速建设一批重点大学

目前，我国的高等教育层次结构经过10多年改革已有较大改善，但是仍然存在层次结构不够明晰、不够合理的问题，高层次的和专科层次的都不能满足客观需要。这对迎接新科技革命的挑战，发展高技术，提高国民整体素质是不利的。今后我国的高级科技人才的成长必须立足于国内培养，建议国家在落实“八五”计划和十年规

划时，加速建设一批重点大学、重点学科，集中相应财力物力，改善其办学条件和教职工的生活条件，使他们真正成为我国的教育中心和科研中心，真正成为在科研文化领域赶超世界先进水平，加速社会主义精神文明和物质文明建设的中坚力量。

（二）国家要加强对高校的科研投入

现在国家每年自然科学基金仅1亿多，全国R&D的国家财政拨款也仅占国民生产总值的0.7%。而目前发达国家已接近或超过4%，一些发展中国家也达到2%。从亚当·斯密开始，经济学家们就已认识到教育和研究支出应被看做一种投资。到20世纪50年代后，计量经济学家们则从数量上证明了教育和研究对经济增长的决定性作用。我们希望社会各界增强科技意识，国家要增强对基础研究和一些重大的、长远的高新科技研究的投入，而且科技投入应多向高校倾斜。高校实行教育和科研相结合，是一个低投入高产出的地方。仅以1987年为例，高校获各项国家科学奖占全国总数的比例分别为：自然科学奖的50.6%、国家发明奖的33.3%、科学技术进步奖的25.2%。而该年高校的科研经费仅占全国的4.3%。进一步改善高校科研条件，高校的科研潜力将会得到更大的释放。

（三）加速建设一批工程研究中心

据国家教委、科委、中央办公厅对14所高校的联合调查，推广成果属于个别应用和小批量生产的约占75%，属于行业推广应用占10%左右或10%以下，不到5%，高校的科技成果推广还大有潜力可挖。为有针对性地推动科研成果转化，建议选择少数大学，根据学术带头人条件和学科发展水平，通过国家、行业或企业集团集中一部分人才、物力，建立一批与企业密切联系和合作的深化科技开发的工程研究中心。这些中心结合工程基础研究、综合性关键技术开发和中间试验，直接进入技术市场或生产单位；有的还可以兼办科技企业，加速高校科技成果的商品化与产业化。

四、努力使教育体制改革与科技、经济体制改革同步深化

目前，影响科技生产力释放的最大障碍在转化环节。据估计，专利技术实施率仅为30%。这里有高校和科研单位内部的问题，但更多的是经济和科研体制的障碍，需要通过深化改革加以完善。企业中存在的一个很大问题是行为短期化，不愿投资进行技术改造和新技术、新产品开发。经济体制改革要致力于完善企业吸收技术和人才的自我发展、自我激励机制，进一步培育和完善社会主义市场。要通过法律手段、行政手段和经济手段，保护知识产权，使科技人员的劳动得到尊重、权益得到保护。在科技体制中，条块分割的历史影响仍然存在，一些部门、地方采取“保护主义”政策，在科学研究和成果转让等环节人为地筑起“壁垒”。要尽快按照“公平竞争、择优支持、促进协作”的原则，统一科技政策。同步深化改革的另一个重要方面，就是要建立技术引进、消化、发展三种计划的配套机制。前些年，我们片面看重技术引进，但却没有或很少有消化与发展的计划和投入配套，结果只能使用，很少开发乃至重复引进，痛失主动权。

五、按照面向经济建设、搞好“两个中心”的要求，改革高校内部机制

建议少数工科院校试行五年学制，其中一年到生产实践中去从事

科学和技术工作。这样有利于培养更多符合社会经济建设要求的高级人才。进行“两个中心”建设的高校，要实现从培养本科生为主到本科生教育与研究生教育并重的转变，重点高校还要把继续教育作为“教育中心”中不可缺少的一个重要功能，以适应新技术革命的要求。

浙江大学在国家教委的领导下进行了综合改革试点，目的是更好地坚持社会主义办学方向，建立和完善与现有计划商品经济相适应的运行机制、发展机制和自我约束机制。首先，我们主动把师生从学校推向国民经济主战场。一个重要的途径是与大企业、与国家各部委、行业建立直接联系。例如与中国石化总公司、轻工业部、宝钢、鞍钢、胜利油田等单位建立了各种联合办学、办科研的实体或协作关系，使学校更多地得到社会的支持，也推动了学校更主动地适应国家建设需要，进行教学和科研方面的调整、改革。近几年，我们按照科研、生产与教育结合的原则，调整了内部结构，建立了按系办学，在二级学科上建立研究所的研究教育新体制，研究所既进行科学研究，又实施教学，推广技术成果，使教育、科研、生产相结合有组织的保证。我们还通过改革校产体制，组建了杭嘉湖科技开发公司和一些专业科技集团，依托高校的科技优势和核心成果，加快科技成果转化，为地方产业发展服务。

我们在实践中体会到，在改革高校内部机制时，还必须注意处理好坚持改革和坚持四项基本原则的关系，坚持对外开放和自力更生的关系。改革的目的是社会主义教育的自我完善，既要创造一个相对自由、开放的学术环境，又要坚持社会主义方向；既要提倡学术自由、百花齐放，又要教育科研人员坚持以马列主义、毛泽东思想为指导，坚持四项基本原则；既要抓紧抓好建设教育、科研两个中心，又要坚持党组织在学校内的政治核心地位，保证学校教育的社会主义方向。

高等学校如何为经济、科技发展服务

问：七届人大四次会议批准的《中华人民共和国国民经济和社会发展十年规划和第八个五年计划纲要》对高校提出了新的要求，高校应如何进一步面向社会，推动社会经济和科技的发展？

路甬祥：从理论上说，高校为经济发展服务有广义与狭义之分。由于科学技术在现代经济发展中的作用日益增大，社会迫切需要大量有现代科学知识武装的受过专门训练的高级人才，大学通过学历教育、继续教育满足这种需要，为社会经济建设提供作为第一要素的人才，这种服务是广义的，间接的。狭义的服务即是指直接的服务，直接承担国民经济发展中的重要课题。现在大学科研的内容已调整到为经济服务的轨道上，从国民经济发展中找课题。而国家基础科研经费分配基金制，应用性项目采取国家有计划招标，公平竞争，优势互补，择优支持的原则。在这种情况下，如果你不主动适应经济发展需求，就难以拿到科研项目，得不到科研经费。这实际上也是我们几年来经济体制和科技体制改革的成果，它大大地推动了大学把主要科技力量投入经济建设主战场，并积极组织精干力量开发高新技术，为国民经济发展准备技术后劲。

问：这些年来，高校在为经济建设服务方面做了哪些探索，取得

注：本文原载《光明日报》1991 年 6 月 20 日，通讯员：徐斌、徐有智，记者：叶辉。收录时有删节。

哪些经验?

路甬祥:这几年我校在面向经济建设服务方面,除了在国家教委领导下贯彻正确的办学方针之外,很重要的一个途径是与国务院各部委建立直接联系,建立联合办学的各种组织形式。从而使学校培养的人才更直接地面向社会经济的需要。与此同时,还与许多大型企业联合办学,使学校更多地得到企业的支持,同时反过来也推动了大学更主动地适应国家经济的需要。通过调整办学结构、专业方向、培养目标,建立主动适应社会主义商品经济发展需要的引导、反馈机制和调节机制,使学校更好地为经济的发展服务。通过调整内部结构,使学校从教学型转为研究教学型,建立按系办学、在学科上建立研究所的科研教育新体制,以拓宽、更新学生知识层次、结构,加强工程实际训练。系办教学,在二级学科建所,把教研室转变为研究实体,研究所既进行科学研究,又实施教学、培养人才,使教学和科研更紧密地结合。推广科研成果,使之转化为生产力。为此,我们改革校办工厂的体制,组建了杭嘉湖科技开发公司,以加快科技成果转化,为地方经济服务。依托高校的科技优势和核心成果,成立了一些专业高科技集团。可见,高校为经济服务的潜力是巨大的。

问:在高校为经济服务的问题上,国外实践过程比较长,有哪些可供我们借鉴的经验?

路甬祥:我在国外访问时曾专门考察过教学与科技经济联系的形式。第一种是像美国的硅谷,由政府出面组织,有大企业参加,在重点大学附近建立高科技开发区,对关键性的高新技术领域进行突破性的研究。从而带动整个科技经济的发展。第二种是建立工程研究开发中心。国家、企业和学校共同承担任务,开发成功的软件、硬件以及人才共同转入市场,形成生产力。第三种是一些中小企业与大学建立共同的合作关系。企业根据自身发展需求提供课题，进行立项，大学发挥人才和多学科结合的优势帮助企业解决难题。通过这三种形式，学校在为社会提供服务时，也锻炼了队伍，培养了人才。

问：就学校内部来说，应如何处理好基础教研与经济开发的关系？在经济收益分配上应怎样处理好国家、集体、个人的关系？如何更进一步调动教师参与经济开发的积极性？

路甬祥：面向经济建设主战场，搞好开发研究，这是学校为现代化建设服务的一个重要方面，也是提高师资水平，培养高层次人才的必要途径，是改善办学条件、增加学校发展后劲的重要手段。尽管科研与教学在时间上有矛盾，但用辩证统一的观点看，两者是相互依存、互相促进的。这些年我们的办学思想已做了很大的调整，按邓小平同志讲的，真正把学校办成既是教育中心，又是科研中心，使学校从单纯的教学型转变为研究教学型，这也是世界重点大学发展的趋势。大学的职能不光是传授知识，更重要的是发现和创造新知识。

对科研项目小型化、分散化、个体化这个问题应该历史地、现实地来看。在我国的国民收入中，传统产业占70%，因此，加强对传统产业的技术改造就很有必要。浙大每年承担的1200多项科研项目，80%是要解决传统产业技术问题。尽管这些项目研制经费数相对小些，但却是学校科研经费的稳定来源和基础。相比之下，一些计划性的大项目则有明显的涨落。当然，对一个高层次大学来说，不能光搞短平快项目，还要承担更多国家重大攻关项目，参与重大项目的研究和开发。辩证地认识和正确地处理短平快科研项目与承担国家重大项目之间的关系，还要根据国家经济和科学技术发展的水平不断进行调整。

分配问题是很复杂的问题，从目前看教师和科技人员的待遇偏低，这要发挥国家和学校两方面的积极性，逐步创造条件解决这一难题。在分配方法上要坚定不移地完善按劳分配，打破平均主义，引入竞争激励机制，在广大教师和科技人员身上体现多劳多得的方针。这也是知识劳动的特殊性所应格外注重的一点，这样才能更好地调动教研人员潜在的积极性和创造性。

问：目前，高校进一步与经济相结合方面还存在哪些体制与政策上的障碍，怎样进行改革？

路甬祥：我认为，高校为经济服务中有个"体制改革同时深化"的问题，就是说高校不合理的体制要变革，社会方面某些体制障碍也要发生相应更动。比如，目前社会中体制条块分割的历史影响仍然存在，一些部门对自己管辖的领域采取"地方保护主义"，在吸收人才、确立科研项目的时候，不采取公平竞争、择优而用的方针，而是一味照顾自己所属单位的利益。这样就影响了优良技术的推广与应用，也给高校科研成果转化为生产力设置了障碍。同步改革的措施在于建立技术引进、消化、发展三种计划的配套机制。前些年，我们看重技术引进，但计划中却没有消化与发展的要求，结果却是被动。其实，消化吸收工作我们在五六十年代有过成功经验，现在反而被忽视了。

谈高校改革大趋势

高等教育如何加快改革步伐？日前，即将赴京出席党的十四大会议的中共中央候补委员、十四大代表、浙江大学校长路甬祥接受了记者的采访。

问：路校长，这是您第三次参加党代会了，作为教育科技界的代表，您能否谈谈当前高校改革的形势和任务？

路甬祥：高校改革的形势发展很快，但也很严峻，当前国际上科技、经济竞争非常激烈。如果我们不能在今后的几十年里紧紧抓住经济建设这个中心，在经济和科技发展上隔几年就上一个新台阶的话，那就会处于非常被动的地位。因此，高校改革一定要解放思想，加快步伐，力争在近几年内使教育发展上一个新台阶。

问：作为国家教委的改革试点，浙大近年改革取得哪些成效？

路甬祥：近年来，浙大在教育、科研、人事、后勤等全方位进行改革，成效是显著的。首先是教育科技体制方面的改革，对学科结构、教学层次进行调整，形成了以工为主，理工结合，兼有文管的学校发展大格局，形成了学科门类综合，教学科研紧密结合，多层次的办学特色。这个大格局和特色，能够很好地适应经济和社会发展的需求，同时又能够面向未来培养高层次的人才。与此同时，在培养模式上开始突破传统的统一模式，逐步建立了主动适应社会需求、充

注：本文原载《光明日报》1992 年 10 月 11 日，作者：徐有智、叶辉。

满生机的办学新模式。其次是增强了学校综合办学实力，这几年科研的规模和水平上得很快，1988 年到 1991 年科研经费增长 150%，人均科研经费 5.1 万元，居全国高校第一位。成果转化的速度也加快了，产生了很好的社会经济效益。学校办学经费 1991 年首次突破亿元大关，比改革前翻了一番多。再次是机制正在逐步转换，初步建立起能够主动适应经济和社会发展的科学管理体制和运行机制，学校有了活力和动力。

问：在新形势下，您认为高校改革应坚持什么样的方向？

路甬祥：我认为很重要的是，为社会主义经济建设服务，这是高校改革必须坚持的方向。在实际工作中，要始终坚持教学和科研两个中心，坚持培养社会主义事业的建设者和接班人这个根本，学校的各项改革，各方面的工作要服从和服务于这"两个中心一个根本"。凡是有利于学校"两个中心一个根本"的，有利于增强学校综合实力的，有利于师生生活、工作条件和办学条件改善的改革措施，都要大胆设想，大胆探索，敢于试验。

问：社会主义市场经济已开始在我国确立，高等教育如何适应社会主义市场经济的需要？浙大有何新的举措？

路甬祥：就当前来说，加快高校改革，关键是要解放思想，转变观念。在人才培养上，再搞单一的应用型或学科型，再搞基础加专业课就不够了，我们培养的人才的知识结构必须是"理工、文、管"三位一体，是复合型的。对高校功能的认识，过去只是讲教学和科研基地，现在要扩展，高校还要成为高新技术产业的重要基地和辐射源，消化和吸取国外先进成果的重要窗口。对高校投入问题上，也要改变过去单纯依靠国家投资的旧观念，树立"一靠国家，二靠自己，三靠社会"，多方集资的新观念。当前，重点是改革体制，理顺政府与学校的关系，学校与社会的关系。政府应扩大高校办学自主权。例如招生和毕业生就业制度的改革应当加快。在国家宏观指导下,学校应当有权根据社会需要和办学能力,扩招一定比例的自费生、委培生,并有权调整各类学生的比例,逐步实行"缴费上学,奖贷结合,优生优分,双向选择"的求学、择业制度。我相信,党的十四大之后中国的改革会进入一个全新的阶段。高校在市场经济中的地位日渐重要。高校建立新机制,是社会化大生产发展的需要,符合国际教育发展的需要,也符合国际教育发展的大趋势。当然这是一个渐进、长期的过程。等待观望不行,盲目超越也不行。要大胆学习和吸取国外高校发展的有益经验和文明成果,加速高等教育的发展。

高等教育应主动适应社会主义建设的需要

在金秋送爽的季节，记者在求是园采访了浙江大学校长路甬祥。在短短的半小时中间，我们围绕着高等教育体制改革这一话题进行了交谈。

问：您在去年提出了“高校的教育应主动适应社会主义市场经济需求”这一观点，您觉得高校的教育体制应该在哪些方面进行改革？

路甬祥：首先，改革应当从当前整个社会的需要出发。我国当前正着手建立社会主义的市场经济，同时我们也面临着21世纪的到来，面临着新科技革命的挑战和经济方面的激烈竞争。这就要求高校在学科结构上进行适当的调整，除了拓宽和更新旧的学科以外，还要扶植一批新学科。如在生物、能源、环境、通信、材料等方面的新学科应加快建设，以适应社会的需要。

其次，旧的人才培养观念已不能适应社会需要。我们要加速培养“理工、文、管”三位一体的复合型人才，必须大力发展经济类和管理类学科，发展一部分应用人才学科。

问：在当前形势下，高校在内部和外部的机制上应当做哪些转换？

注：本文原载《浙江教育报》1993年10月14日，记者：王卫明、任少波。

路甬祥:我认为,在内部机制上,应当加快教学管理和科研管理机制的转换,建立起适应改革开放和社会主义市场经济环境的,同时又符合教育规律、科学规律的校内管理机制,建立起更完善的,以提高教学质量和教育水平为主旨的内部激励机制。在人才培养上,浙江大学要在抓好本科教育的基础上,大力发展研究生教育,三年内在校博士生增加到1000人,硕士生增加到2000多人,本科生同研究生的比例达到3∶1。

在外部机制上,学校要加强同社会各界的联系。这要求学校要不断挖掘内部潜力,开展适应地方经济发展需求的教育。要大力发展成人教育,同时要通过多种形式发挥学校高科技产业辐射源的功能,积极促进科学研究为社会服务,通过学校办产业,学校同企业联营、技术转移、参股、人才输送等形式服务于社会。此外,可通过组织办学指导委员会、社会和企业联办研究院或联合办学等方式,使学校更多地从社会得到人才需求的信息,促进物资、信息和人才的交流。

问:您认为当前高校在教育改革中存在着哪些困难?

路甬祥:第一,教育经费投入不足,远不能适应提高教学质量、教学水平的需要。第二,国家所给予教师的待遇较低,这使得学校不得不动员一部分教师去搞创收,这样做虽在一定程度上对高校的人才分流和精简人员有一定益处,但也会分散教师对教育和科研的精力。第三,由于教育经费较长时期投入不足,而使学校教育基础设施及师生基本生活条件偏差,如住房比较困难、图书资料不足、科研实验设施陈旧落后等。此外,在基本设施方面,如道路、交通、通信、卫生建设及能源供应等,都欠账较多。这对高等教育的发展是相当不利的。

问:请问浙大发展的具体目标是什么?

路甬祥：我们希望经过全体师生若干年的努力，使浙江大学成为我国高级科技人才立足国内培养的重要基地之一，成为我国高新科技研究开发的重要基地之一，成为长江三角洲和东南沿海地区思想文化和高新科技企业的辐射源之一。具体目标分三步实现：到本世纪末即建校100周年，教学质量、科研人才稳定地、全面地居国内同类大学前列；第二步，到建党100周年，成为国际上比较有影响的大学；第三步，在建国100周年之际，成为国际上的一流大学。

综合改革篇

□ 综合改革所要达到的总体目标是:根据四化建设的实际需要和现代科技发展的趋势,以及我国现阶段的社会、经济状况,探索全面提高教育质量,提高科技水平,提高学校管理水平,提高办学整体效益的新路子。

□ 逐步建设符合高等教育发展规律,符合我国国情,符合浙江大学实际的科学、高效的管理体制。

□ 把浙江大学建设成为具有中国特色和自身特色的,以工为主,理工结合,设有文管,教育质量和科学研究水平稳定地全面地居于国内同类大学前列,在国际上有影响的综合性理工科大学。

全面推进和深化教育改革，增强学校主动适应现代化建设的动力和活力

不久前召开的全国高等教育工作会议，根据党的十三大精神，认真总结了党的十一届三中全会以来我国高等教育工作的基本经验，确定了高等教育发展和深化改革的目标、方针和任务。当前，我们要以党的十三大精神为指导，认真贯彻全国高教会议的精神，进一步研究和明确浙江大学发展的基本方针，确定学校加快和深化改革的任务与措施，全面提高教育质量和科学水平，增强学校主动适应经济与社会发展需要的动力和活力。

一、面临的形势和我们的任务

党的十三大明确把发展科学技术和教育事业放在经济发展战略的首要位置，使经济建设转到依靠科技进步和提高劳动者素质的轨道上来。同时进一步指出，百年大计，教育为本。从根本上说，科技的发展，经济的振兴，乃至整个社会的进步，都取决于劳动者素质的提高和大量合格人才的培养。高等教育担负着培养高级专门人才和发展科学技术的双重任务。高等学校的办学水平将在很大程

注：本文是 1988 年 4 月 23 日路甬祥在浙江大学一届三次教代会上的讲话。

度上决定我国生产力的发展水平和现代化建设的进程。我们每个教育工作者都应充分认识到自己肩负的历史重任。

同时，我们也必须清醒地看到，当前高等教育面临着紧迫的、严峻的挑战：

——全面深化和加快改革是我们的总方针。随着社会主义市场经济的发展和经济体制改革的深化，人才的培养必须适应经济建设和社会发展的需求，学校将直接面对人才市场，面对“双向选择”优胜劣汰的激烈竞争。

——对外开放是我们的基本国策。随着进一步扩大对外开放的广度和深度，高级专门人才的培养，从过程到目标，教育思想、教育内容和方法都必须改革，全面提高思想道德素质和科学文化素质，以适应开放的社会环境和不断发展对外经济技术交流的要求。

——当今世界，新技术革命迅猛发展，高级专门人才的培养，不仅要适应商品经济发展的需要，特别是我校这样高层次的重点学校培养出来的人才，还必须具有国际竞争力，到21世纪中叶能够把我国科学技术水平推进到发达国家的行列。

——社会主义初级阶段，是逐步摆脱贫穷、摆脱落后的阶段。由于现阶段我国生产力水平较低，国家财力有限，对高等教育的投资不可能有较大幅度的增长，给高等教育的发展和学校办学带来一定困难。这就决定了高等教育发展的长期性和艰巨性。因此，高等学校必须在努力提高办学效益的同时，合理组织教学、科技人员，统筹兼顾，发挥优势，扩大为社会教学和科技服务，主动争取社会多方面的支持。

为了适应我国高等教育发展的要求，我们必须根据党的十三大提出的党在社会主义初级阶段的基本路线和现代化建设的宏伟目标，进一步端正办学思想，明确发展方向，确定改革方针，建立与社会主义市场经济和现代化建设相适应的新的教育体制。在当前和今后几年里,我们的主要任务是:进一步动员和组织全校师生员工深入学习党的十三大文件,认真贯彻全国高教会议精神,以社会主义初级阶段的理论为指导,坚持四项基本原则,正确分析和认识我国国情和学校现状,实事求是总结办学经验,深化各项改革,坚持把培养社会发展需要的合格人才放在学校的中心位置,尽快建立并不断完善学校主动适应现代化建设需要的新机制。坚持全面改革是学校工作的总方针。我们要在深化改革中求提高,在深化改革中求发展,在深化改革中创造良好的育人环境和办学条件,在深化改革中办出特色和水平。要发奋图强,长期努力,通过改革,把浙江大学办成教学质量和科学研究水平稳定地、全面地居国内同类学校前列的社会主义新型大学。为此,我们必须确立以下几个方面办学的长期指导思想:

——树立全面质量观,把培养社会主义建设需要的合格人才作为学校的根本任务。我们必须面向现代化、面向世界、面向未来,紧紧抓住提高教育质量这个核心,为 90 年代乃至下世纪我国社会和经济的发展,培养大批能够坚持社会主义方向,具有献身精神,高尚的道德、情操,体魄健全,掌握现代科学文化知识,具有改革开放意识,实事求是,独立思考,勇于创造的科学精神的各类合格人才。衡量我们学校办得好不好,水平高不高,主要是看能否培养出为社会主义建设事业所需要的、德才兼备的大批合格人才。我们要在深化教育改革的实践中进一步端正办学的指导思想,从整体上提高教育水平,始终坚持把培养社会主义建设事业需要的合格人才作为学校的根本任务。学校的各个方面、各项工作都要服务于这个根本任务。

——必须把科研工作的重点坚决地转移到为经济建设服务的

轨道上来，更好地与人才培养相结合。我校作为全国重点大学，学科门类较齐全，内外联系广泛，具有较好的设备条件，集中了众多的专家、教授，担负着为国家培养高级专门人才和发展科学技术文化的双重任务。我们要把学校的科技优势、地理位置优势和长江三角洲地区外向型经济发展优势结合起来，把科研工作的主要力量组织到为经济建设服务的主战场上来，建立和完善学校科研工作适应社会主义市场经济发展的新体制，更好地为人才培养服务，形成科技发展和人才培养的综合优势和特色。要建设一批具有国家级水平学术梯队的重点学科研究基地。造就一批国内外著名的专家教授。还要重视科学技术的储备，抓好基础研究、新技术和高技术研究，从总体上提高学校科技发展的水平和效益，既出成果，又出人才。

——合理调整教育结构，更好地适应教育为社会主义现代化建设服务的要求。面对经济体制改革的深入发展，产业结构、技术结构必然发生巨大变化，我们必须适应这种变化，根据社会需求，办出理工结合，以工为主，文、管相互渗透的特色，才能更好地为经济建设和社会发展服务。要把当前需要和长远发展结合起来，在注重质量的基础上求得稳步发展。要合理配置各学科门类及各学科中基础学科和应用学科的比例，通过深入调查分析和人才需要的预测，拓宽和适当调整专业范围，优先发展经济和社会发展急需的应用学科和专业，同时注意新兴学科、交叉学科和文理科的建设。我们在把注意力集中到提高本科教育质量和研究生教育质量的同时，要根据社会实际需要，积极挖掘学校潜力，扩大办学层次。发展函授、夜大，以及其他各类形式的成人继续教育，每个层次都要办出特色和水平。

——坚持勤俭办一切事业的方针，努力提高办学的整体效益。社会主义现代化建设事业需要大批合格人才，但当前我国生产力水平比较落后，国家的财力还不可能对教育事业的投资逐年有较大幅度的增长，因此，我们必须十分重视提高办学的整体效益。要树立长期艰苦办学的思想，学校的各项建设都应考虑需要和可能，在保证教育质量和相应必要的办学条件的前提下，把有限的人力、财力、物力用在最需要的地方。同时，要进一步加强科学管理，坚决纠正在经费使用、设备仪器投资上的浪费现象，使有限的投资，发挥最大的效益。我们还要积极推动校际协作，以促进教育质量、学术水平和办学效益的提高，开展各种有偿服务，争取社会多方面支持。

——坚持对外开放的方针，进一步扩大国际教育和学术交流合作。这几年来，我们在发展对外教育和学术交流与合作方面取得了很大成绩。今后，我们必须进一步解放思想，以更加勇敢的姿态登上国际教育和学术舞台。从我校的实际情况出发，采取各种形式，有计划、有目标地进一步扩大教育、科研的国际交流与合作，吸取适合我国国情的办学经验、先进科技和文化知识。同时积极发挥我校的优势，培养教师和学生参与国际高水平科技和学术竞争的意识，主动参加国际科学技术竞争，为祖国争光，为社会主义建设服务。派遣出国人员的工作必须坚持“按需派遣，保证质量，学用一致”的原则，并要做好派遣、管理、回归、使用工作，注意发挥他们的专长和才干。

——努力建设一个民主、文明、安定、团结的校园环境。社会主义初级阶段是一个特定的历史阶段，根本任务是发展生产力。市场经济的发展和改革开放，对社会主义民主政治和精神文明建设提出了更高的要求。我们要有秩序、有步骤地推进求是园内民主政治的建设，按照“有理想、有道德、有文化、有纪律”的要求。大力提高全校师生员工的思想道德素质和科学文化素质，努力形成有利于现代化建设和改革开放，有利于学生健康成长的理论指导、舆论力量、价值观念、竞争意识、文化条件和安定团结的校园环境，振奋起全校师生员工献身于社会主义教育事业的巨大热情和创造精神。

二、全面推进和深化各项改革，为加强学校主动适应现代化建设需要的动力和活力而努力

推进和深化学校各项改革要有利于全面提高教育质量和科学水平，培养德、智、体全面发展的合格人才；有利于增强学校适应经济和社会发展需要的动力和活力；有利于发挥办学的整体效益。改革的关键：是建立并不断完善学校主动适应现代化建设需要的有效体制，更好地为经济和社会发展服务。当前全面推进和深化学校内部的各项改革，必须着重抓好以下几个方面：

第一，积极推进教学改革，全面提高教育质量。

我国正处于社会主义初级阶段，我们的一切工作既要坚持社会主义方向，又必须从初级阶段这个实际出发。遵循这个“方向”和面向这个“实际”，也应当成为现阶段合格人才培养的出发点和依据。

我们培养的合格人才，首先应具有建设“四化”的责任感和献身改革的使命感，和对市场经济和发展生产力的适应能力，克服脱离社会实际、盲目追求高学历和热衷于出国进修的倾向。为此，必须进一步改善和加强思想政治工作，探索在改革开放的新形势下和商品经济发展的社会环境中思想政治教育的新内容、新形式和新方法。要加强思想政治工作队伍的建设，逐步建立与之相适应的新的思想政治工作体制。当前，要认真组织学生学习党的十三大文件，深入社会，投向改革实践，接触工农群众。重视对学生进行党的基本路线教育，引导他们正确分析和认识我国当前所处的历史阶段，加深对国情和现状的了解，加深对坚持四项基本原则和坚持改革开

放总方针的理解，使他们在校期间就打下以“四化”为己任、与改革共命运的思想基础，增强他们为振兴中华和为人民服务的时代责任感和社会责任感，培养一批能为共产主义事业奋斗终生的优秀接班人。要进一步改革政治理论课教学，加强对学生进行马克思主义基本理论的教育，使学生能运用历史唯物主义和辩证唯物主义的立场、观点、方法去观察问题、分析问题和解决问题，提高对各种错误思潮的比较、鉴别能力，树立科学的世界观和人生观。

同时，还要从商品经济发展的内在规律和客观需要来考虑如何提高培养质量。即要求培养出来的学生不仅懂得工程技术，具备扎实的学科知识，还应懂得经营管理、市场经济，具有竞争意识和经济头脑，理工、文管交叉的知识结构。为此，我们必须考虑如何改革教育思想、教学方法和教学内容，加强实践环节，以实现整个教学过程的整体优化。要十分重视拓宽知识面，加强工程训练，积极组织引导学生参加社会实践，参加军事训练。根据经济建设、社会发展和科技进步的要求，不断更新教学内容，改革课程结构，使我们培养的学生能掌握世界最新科技发展动向和新理论、新技术、新工艺，以激发和启迪他们智慧之光及科学的创造精神。

加强校风建设是深化教育改革的一个重要保证。校风即治校治学之风尚。它反映了教育者和受教育者的精神面貌和思想水准，是培养优秀人才的非智力因素的必要条件。优良校风的熏陶对合格人才的培养具有潜移默化的重要作用。我校在90多年的办学过程中，形成了“求是”的优良校风，启迪和培养了一批又一批优秀人才。今天我们又提出了“实事求是、严谨踏实、奋发进取、开拓创新”校风建设的新目标，大力倡导和培育优良的校风。我们要在深化教育改革的过程中，把校风建设提高到一个新的高度。建设优良的校风包含着确立一个好的教风。好的学风来自好的教风。广大教师必须为人师表,教书育人。要充分发挥教师在教学改革中的主导作用,在对学生传授知识、培养智能和进行思想品德教育的过程中,用自己严谨踏实的治学态度,高尚文明的道德品质,一丝不苟的工作作风,对科学真理不断追求的热情和不懈的精神对学生言传身教。学校要大力表彰教育育人成绩突出、卓有建树的优秀教师。校风建设还必须和科学管理相结合,要健全教育法规和各项规章制度,从制度、法规建设和政策上来激励学生主动积极、奋发进取的学习热情,走出一条靠思想教育和制度约束规范相结合的校风建设的新路子。

第二,积极推进毕业生分配制度的改革。

深化教育改革,学校必然直接面对人才市场,有市场必然有竞争,竞争的规律就是优胜劣汰。当前人才的需求已经呈现出双向选择的状况,毕业生分配制度的改革业已提上日程。我们必须充分估计到毕业生分配制度改革对学校各个方面引起的深刻影响,及早作好过渡的准备,要根据国家教委的部署和毕业生分配中出现的新情况,积极稳妥地加快毕业生分配制度的改革,改变学校没有活力、教师没有压力、学生没有动力的封闭状况。引入竞争机制必然触及学生的利益,国家"统包统配"已经不可能再继续下去,同时,也给学校和教师带来了活力和压力,即必须根据经济和社会发展对人才的需求情况来调整办学模式,专业设置推进教学过程,培养方法的改革。去年以来,经国家教委批准,我们实行了厂校联合培养的预分配试点,取得较好的效果。实践证明,这是一条引入竞争机制,有希望全面提高教育质量,并推进毕业生分配制度改革的有效途径。我们要认真总结经验。教委已批准扩大试点,今年在工科和管理系中普遍推开,要使联合培养预分配的人数达 500 名。此外,还必须积极探索毕业生分配和教学改革的其他途径,加快毕业生分配制度的全面改革步伐,并以此来帮助学校的其他各项改革。

第三,面向经济建设,结合人才培养,提高科学研究的水平和效益。

这几年来,我校的科研工作虽然取得了很大成绩,但研究项目分散化、小型化、个体化的倾向较为突出;科研管理体制上的条块分割、各自为政、力量分散的状况没有根本改变,这样既影响了学科综合、人才优势的发挥,延缓了科研成果向生产力转化的进展,又影响了交叉学科、新兴学科和高技术的发展,以致学校的科研工作在解决国家重大攻关项目和国民经济有重大影响的技术开发中很难大有作为。我们应该清醒地认识到,在科技体制深化的大趋势中,在国内外激烈竞争的时代背景下,在当代科技迅猛发展和商品经济日益发展的新形势下,我校的科研工作潜藏着危机。要改变这种现状,科研工作要进一步解放思想,敢于和强手竞争,积极开展国际交流和参与国际合作,增强教师和科研工作者必须参与国内外科技竞争的使命感、紧迫感和自觉性。

深化科技体制改革,必须使学校的科研工作不仅面向经济,而且要实现技、工、贸相结合,加速科技成果向生产力的转化。要把科研工作纳入商品经济发展和以发展外向型经济为主导的国际大循环的运行轨道,克服脱离生产实际,不讲经济效益的学院式的研究倾向,使科学从过去单纯学术研究转变为研究、开发、推广、应用相结合的新格局。我们要动员和组织广大教师、科技人员走出校门,深入生产实际,进入国内外商品市场,以国际竞争为目标,更好地为推动大中企业的技术进步,为提高中小企业和乡镇企业的技术和管理水平服务。要积极参加“星火计划”,开拓和发展技术密集型产业,为长江三角洲地区发展外向型经济服务。同时要集中主要力量,配备较强的梯队,瞄准一些对国民经济和社会发展有重大意义的项目，与全国各地资源、地理特点密切相关的重点课题，进行联合攻关，务求出高水平、高效益的研究成果，努力完成国家重大攻关项目。要大力加强横向联合，加强国内外科技协作，积极发展与重点企业、重点地区、重点行业的科技协作，扩大教学、科研、生产联合体的建设，要认真总结经验，大力发展科研先导型联合体，筹建以高技术、新技术为龙头的企业集团。此外，我们还应着重考虑把浙大的科技优势和浙江的地理环境优势相结合，创办一些知识密集型和运用科研成果的企业，推广新技术，开发新产品，发展新产业。

科研工作还必须与培养高质量人才结合起来，科研工作是培养高质量人才不可缺少的条件。良好的学术环境、浓厚的研究气氛，对学生业务素质的提高和创新精神的训练具有重大作用。教学与科研的紧密结合，不仅有利于提高科学水平，更有利于培养理论联系实际，具有开拓精神的新一代科技人才。教学和科研必须统一在培养人才这一根本任务上。在深化科研体制改革的过程中，我们要通过厂校联合研究攻关，联合办学、办所，联合引进和消化新技术，开发新产品，建立新产业，联合培养本科生、研究生等方式，把人才培养和开展科研更加密切地结合起来，开辟提高教学质量的新途径。重点学科和重点实验室是培养高层次人才和开展重大科学研究的基地，加强重点学科和重点实验室建设是学校建设的一项战略性任务。学校要选择一些基础较好，能适应经济发展需要，并符合当代科技发展趋势的学科，从人力、财力、物力上给予重点扶植，逐步建设成为有特色、高水平的教学、科研基地。要加强校内学科间的多层次协作和横向联合，积极发展交叉学科和新兴学科，加强交叉研究中心的建设，争取在“八五”期间建设几个国家级工程中心。扶持一批对国民经济和科技发展有战略意义的新兴学科，如材料、信息、生物科学与技术、环境科学与工程等，为 21 世纪学校建设的后劲作好战略布局。要选择有限目标，突出重点，组织精干力量，开展高技术研究和基础研究，以增强学校科技发展的储备力量。对文理科要引导联系生产实际和社会发展需要，积极开展应用研究，深入研究和探索工科大学文理科的办学规律。学校还应采取必要措施，扶植和支持理科稳定发展。

必须同步抓好科技管理体制的改革。要根据科研工作的客观规律和当今科学技术发展的新特点，建立科学化、规范化的科技管理体制，逐步实行目标管理，定期考核的合同制。加强研究成果和专利的申报和学术论文的发表工作，学校拟设立优秀论文发表基金，建立科技信息中心。此外，还应加强科学道德，科技法规和经济贸易法规的教育，注意把竞争机制和市场机制引入科研管理工作，制定合理的奖惩制度，对有突出贡献的教师和科技人员给予重奖；要允许科技人员在校内、系内的合理流动和自愿结合。

第四，提高教职工队伍的总体素质，是学校发展和建设的一项战略任务。

浙大的水平和未来取决于教职工队伍的总体素质。以马克思主义为指导，按照“有理想，有道德，有文化，有纪律”的要求来提高教职工队伍的总体素质（包括思想道德素质和科学文化素质）是办好学校的关键。

当前和今后一段时间内，我们首先要认真组织教职工学习党的十三大文件，加深对坚持四项基本原则和改革开放总方针、总政策的理解，引导大家正确分析和认识我国国情，积极投身于改革实践和社会实践，把改革和自己的事业、前途紧密联系在一起，树立为建设社会主义现代化而献身的坚定信念，增强为人民服务的责任感。每个教职工都要强化改革的“参与意识”和“竞争意识”，把全面推进和深化学校各项改革作为己任。要义不容辞地承担教书育人、服务育人的神圣职责，为人师表，努力做到有严谨的学风、踏实的作风、高尚的思想情操和良好的职业道德。

教师队伍（包括专职科研人员）是办好学校、培养合格人才的中坚力量。抓好教师队伍的建设是学校的一项长期战略任务，应予高度重视。这几年来，我们虽然补充了800余名青年教师（其中具有硕士学位的占80%以上），使教师队伍的年龄结构得到了一定改善，学历层次有了一定提高。但教师队伍年龄老化、青黄不接、结构层次不合理仍是突出问题。我们要采取按需定岗，定期考核，择优选聘等切实可行的政策措施，引导师资队伍的结构优化和整体效益的提高。要全力培植中青年骨干教师，给他们创造必要的条件，让他们脱颖而出，成为学术带头人，早日跻身于国内外学术舞台的前列。要十分重视充分发挥老、中年教师在教学、科研工作中的重要作用和对青年教师传、帮、带作用，先在有条件的系建立指导青年教师的导师制，然后逐步推开，形成制度。青年教师代表着浙大的未来。对青年教师应该从严要求，强化培养，对他们要压任务，压重担，通过工作实践的锻炼，提高他们教学、科研工作的能力和水平。此外，我们还要通过扩大建设博士后流动站和招聘优秀中青年学科带头人等措施，大力发现和引进优秀人才，着力抓好中青年学术带头人的遴选聘任工作，建立优秀人才高级职务的特别审批制度。我们是一所历史悠久的老校，由于高级职称定额的限制，确有一批多年从事教学工作（特别是长期从事基础课教学和实验教学工作）的教师，虽已基本具备副教授任职资格的老讲师，但未能得到晋升。学校要研究政策并报请国家教委同意，按评审的原则和程序，认定一部分老讲师的副教授任职资格，允许他们以副教授身份外出工作和参加学术会议，并创造条件，适当提高他们的待遇。

实验技术人员队伍的建设必须和教育、科研的发展相适应。建立一支事业心强、教学经验丰富，实验技术熟练的实验技术人员队伍，是当前我校队伍建设中的又一突出问题。有关部门要制订规划，认真抓好实验技术人员围绕提高履行职责的能力开展技术培训，建立业务考核制度，不断补充年轻的技术人员。还要制订相应政策，鼓励青年教师长期从事实验技术工作，转聘实验技术系列职务，注意选拔一批具有研究生学历，基础好、实验能力强、善于管理的高水平的中青年实验室主任，改变实验技术队伍的层次结构。

提高管理干部队伍的素质，是建立高效率的科学管理体制的关键之一。要彻底改变对干部“只重使用，不注意培养提高”的状况，有计划、有步骤地通过各种途径，采取短期轮训、系统培养等办法，不断提高各类干部的政策业务水平、思想道德素质和实际工作能力。今后新补充干部上岗，必须经过培训，通过职责考核。干部队伍的培养提高要结合岗位工作，以胜任岗位工作为目的，以业余为主。对干部的使用要做到职权利统一，学校要有相应政策措施，根据他们承担的职责、劳绩和对学校的贡献享受相应的待遇。各级干部的任职和升降奖惩要逐步参照国家公务员制度，并形成我校的特色，贯彻注重实绩，鼓励竞争，民主监督相对稳定的原则来进行，当然，向这个目标前进，需要有 个较长的过程。

后勤工作队伍（包括技术后勤和生活后勤两个部分）是整个教育工作队伍的组成部分，是保障学校教学、科研工作的基础。他们辛勤劳动，不仅在物质上为学校教育、科研创造条件，而且他们的服务质量、工作效率、道德作风、思想面貌也是构成学校教育环境的一大因素，关系到培养人才的质量。这支队伍的建设，不容忽视。当前要抓紧这支队伍的思想道德素质的提高，要使从事后勤工作的每个同志认识自己劳动的重大意义和崇高的价值，不断提高“服务育人”的水平，同时也要关心他们的工作，劳动和生活，真正做到责任到人、严格考核、奖勤罚懒。

总之，搞好教职工队伍的建设是各级领导要时刻放在心上，列入重要议事日程，经常研究，切切实实抓好的一项带有战略意义的重要工作。抓好队伍建设要坚决打破平均主义、论资排辈的传统观念，引入竞争机制，优胜劣汰才能变压力为动力、活力。要鼓励和促进人才流动。让每个人都能在竞争中得到公平的选拔机会，以激励教职工奋发向上、多做贡献的进取精神。今年内，学校和有关部门要对各支队伍的现状逐一进行认真分析研究，制订出切实可行的培养规划，严格科学的考核办法及近三年补充人员的计划。

今日之浙大，正处于一个重要的转折期，我们一定要有深刻的紧迫感和危机感。如果对这种形势缺乏认识，不加倍努力，不加快教育改革的步伐，我们必将落后于兄弟学校，将没有浙大应有的地位，将会辜负党和人民对我们的期望。全面推进和深化教育改革，既要革除目前与社会主义建设不相适应的方面，又要建立和完善与发展有计划的市场经济相适应的教育新体制、新机制和新规范，这是历史赋予我们的重任。困难和希望共存，挑战和机会并现。我们一定要勇敢地站在教育改革的前列，进一步解放思想，振奋精神，迎接挑战，开拓前进，为实现学校的奋斗目标，为实现四化的宏伟蓝图，做出无愧于时代的贡献。

浙江大学实施综合改革的初步做法和设想

全面推进和深化高等学校的综合改革，必须坚持教育为社会主义建设服务的总方针，坚持以提高教育质量和科研水平为中心，把培养适应四化建设实际需要、德智体全面发展的高级专门人才作为学校的根本任务。要积极组织师生员工认真贯彻落实党的十三大精神，以改革统揽学校工作的全局，加快深化改革，发挥优势，适应需求，提高水平，办出特色，不断增强学校办学的活力和动力，把浙江大学建设成为以工为主，理工结合，兼有文管，教育质量和科学研究水平稳定居于国内同类大学前列，在国际上有影响的综合性理工科大学。

一、以分配制度改革为龙头，正确地引入竞争机制，深化教育改革，自觉适应商品经济和社会科技发展的需要

随着我国商品经济的迅速发展，大学毕业生的分配已开始由"派方市场"向"用方市场"转移，人才需求呈现出"双向选择"的新特点。因此在国家的宏观指导下，逐步推进毕业生分配制度的改革，

注：本文原载《中国高等教育》1989 年第 1 期。

实行自愿填报志愿，学校择优推荐，用人单位择优选聘的新制度，已成为高校分配制度改革的必然趋势。经国家教委批准，浙江大学从1987年5月开始进行“预分配—联合培养”试点工作，这一改革方案在87届部分毕业生中试行，效果显著，1989年将扩大试点范围。与此同时，学校从1988年4月开始，在国家指导性计划外，对毕业生实行“供需见面，择优选派”的分配办法，由学校出面邀请用人单位到学校招聘急需的应届毕业生。学校还将继续增加“择优选派”的应届毕业生数量，并建立由用人单位和校方组成的毕业生就业指导委员会，以加强对毕业生择业求职的指导。

我校在毕业生分配改革中，通过正确地引入竞争机制，把“供需见面”，“公平合理择优选派”和“预分配—联合培养”两种改革方法结合起来，逐步探索出有自己特色的毕业生分配制度。

毕业生分配制度的改革，使学校培养的学生直接面向人才市场，由人才市场对学校的培养质量和办学水平进行直接检验和评价。因此我们认为，学校的教育质量和办学水平，成了学校参与人才市场竞争的核心问题。必须抓住分配制度改革这个龙头，大力推进教育改革。一方面要改变学生没有动力，老师没有压力，学校没有活力的沉闷状况；另一方面要通过信息反馈，针对学校教育的薄弱环节，采取必要的措施，深化教学领域的改革，主动适应社会和经济发展需求。

——优化学科专业结构，拓宽专业面。改变基础学科专业划分过细，专业过多的局面，适时地拓宽专业面或转变专业方向；对不能适应社会需求的专业要坚决调整或与其他专业合并；要创办经济和社会发展急需的应用学科、新兴学科和交叉学科专业；坚持浙大理科较强的特色，发展技术学科，拓宽工科专业的口径，加强学科理论基础；坚持理工、文管结合的发展方向，适当增设人文和管理学科的课程;文科要面向社会、面向应用,发挥学校优势,扬长避短,形成特色。

——优化学生的知识结构,按照社会需求调整和修改教学计划。教学计划的修订,要坚持整体优化的原则,明确各层次(本科生、硕士生、博士生)学生的培养目标和基本规格,充分体现加强基础、拓宽专业、重视实践、培养能力的特点。同时要根据用人单位的要求,优化课程结构,实行主辅修制,强化实践训练环节,完善三学期制,使培养的学生不仅懂得工程技术,而且懂得哲学、政治、经营管理、市场经济,形成合理的知识结构。

——加强科学与教学工作的紧密结合,使学生毕业后能尽快进入"角色"。良好的学术环境,深厚的研究气氛,是培养高质量人才不可缺少的重要因素。学校要结合科研工作培养本科生和研究生,通过建设高水平,有特色的重点学科,发展新兴学科,建立交叉学科中心,开辟提高教育质量的新途径,使培养的学生能适应世界科学技术发展的需要,有较强的后劲和国际竞争能力。

——加强教学基础设施的建设。学校每年拨出专款,设立"一类课程和实验发展建设基金",重点抓好基础课、技术基础课和实验室建设,并进行课程质量评估,逐步形成规范。设立教材发展基金,鼓励扶植重点课程的教材建设。严格教务管理,健全各类教学制度。

二、树立全面质量观、深化教学过程的改革,加强和改进思想政治教育,努力提高教育质量

教学过程是高校人才培养的一个主要环节,深化教学改革,必须紧紧抓住提高教育质量这个核心。当前,教学领域的改革,要把

着眼点放在增强学生的社会责任感和激发学习主动性上。把淘汰制引入学生培养的全过程，激励学生主动学习，创造一个有利于学生努力进取、奋发成长的良好氛围。

——贯彻因材施教的原则，实行优才优育，大面积提高本科教学质量。浙江大学自1984年创办了由优秀学生组成的“混合班”，采取“起点高，进度快，内容新，注意能力培养”，全面强化基础课，外语课教学，学习理科课程并进行严格思维训练，实行严格淘汰制等特殊培养措施，创造一个良好的成长环境，使学生知识、能力、素质同时得到了极大提高。其后，又借鉴“混合班”的经验，创办了“基础教育提高班”，扩大了因材施教的面。当前要在继续办好“混合班”，扩大提高班的同时，在总结经验的基础上，以“混合班”和“提高班”的经验指导全校的本科教学改革，要从强化基础训练着手，发挥学校理科教学的优势，大面积提高教学质量，创造有利于各种优秀人才脱颖而出的良好条件。

——进一步完善学分制，改革教学内容、教学方法，增强学生学习的主动性。目前我国高校普遍实行的学分制，基本上还是沿袭学年制的旧模式，这不利于培养社会急需的各种人才。学校要根据教学改革的要求，进一步完善学分制，使之真正成为鼓励学生冒尖，发挥学生个性和特长的一种有效制度。要通过建立和完善学生选课制，增加选修课，逐步推行主辅修制；要鼓励优秀学生自学、参加免修考试、跨专业选课，在完成教学计划规定的必修学分，通过考试，取得最低毕业学分之后，提前毕业或报考研究生。理科系的学生可在二、三年级分流，实行按选课组（专门化）教学，部分学生可转向或辅修相近的工科专业课程，以促进理工结合，适应社会需求。

——加强实践教学环节，注重学生能力的培养。要积极组织和引导学生参加社会实践，投向改革实际，接触工农群众，引导他们加强对坚持四项基本原则和改革开放总方针的认识，加强对国情和现状的了解，增强献身四化，投向改革的社会责任感。同时要加强工程实践的训练，通过课程设计、生产实习、毕业设计、暑期短学期的实践教学，把实践性教学环节的改革抓好，建设好校内校外教学实践基地。通过“预分配—联合培养”的方式，培养学生的实际操作能力，克服理论脱离实际的倾向，提高学生分析问题、解决问题和开拓创新的能力。

——建立并完善“科学评分合理淘汰制”，严格把好毕业环节考核的质量关。我校从 1987 年开始试行“科学评分合理淘汰制”，即在毕业设计(论文)评分时，规定严格的评分标准和评分等级比例，优等占 15%，良好占 30%，中等占 40%，及格、不及格占 15%，按新的五级九等(优、良、中、及格各分 AB 等)制进行评分，并且规定了不及格者必须补做毕业设计，考核及格后再补发毕业证书。毕业设计考核方法的改革，使本科教育最后环节的质量受到严格的检验，长期以来形成的学生毕业“应付过关”，教师考核时搞“平均主义”、“送人情分”等现象得到有力的约束，增强了学生的竞争意识和学习动力。

努力改进和加强思想政治工作。要以提高教育质量和科技水平为中心，以培养“四有”人才为根本任务，建立能适应校长负责制的，党政工团齐抓共管，教职员工共同培育和广大学生自我教育的新体制，形成“提高思想认识和政策、规范引导、法制约束和严格的校纪管理相结合”的新格局。改进和加强教职工的思想工作，提高教职工的思想水平和教学责任心，以教职工的模范行动影响带动广大学生。积极推进政治理论课的改革和思想教育课程的建设，提高学生的马列主义基础理论修养和思想品德修养，认真研究新时期思想政治工作特点、规律、内容和方法，增强预见性、针对性和有效性。把经常性的思想教育和日常的科学管理结合起来，进一步继承和发扬“求是创新”的优良校风，从严治校，从严治学，积极组织和开展各种文化艺术活动，建设一个有利于学生健康成长的育人环境。

三、改革人事管理体制，健全教师评估、考核、流动、招聘、奖励制度，优化队伍组合，建设一支素质好、水平高、效益强的师资队伍

实施综合改革，提高教育质量，教师起着十分重要的主导作用。学校办学水平和培养质量在很大程度上取决于教师队伍的整体素质。因此，建设一支素质好、水平高、效益强的师资队伍，是学校一项长期性、基础性、战略性的工作。当前师资队伍的建设，必须着眼于调动广大教师从事教学和改革活动的自觉性、积极性和创造性。要改变传统的高校人事管理格局，改变“教好教坏一个样”的大锅饭现象，革除阻碍队伍建设的论资排辈、门户之见等陈规陋习，克服安于现状、惧怕变革、思想懒惰、墨守成规的习惯势力，振奋起积极进取、努力向上、开拓进取的精神，建立和完善教师评估、考核、招聘、流动等制度，逐步形成一种公平竞争、双向选择型的高校师资管理新机制。

——建立以“按需设岗，按岗定编，择优聘任”为原则的教师职务聘任制，合理分流，优化组合教师队伍。当前深化专业技术职务聘任制的改革，必须合理地引入竞争机制，制订鼓励竞争、鼓励优秀人才冒尖的政策。根据学科建设和长远发展规划，在岗位设置、编制定额上，应分别主次，保证重点，扶持先进。通过聘任制的杠杆作用，促使老的学科专业拓宽和转向，保证重点学科、新兴学科的建设

需要。要采取差额评审、差额出任、规定任聘期限等措施，建立步步有竞争的机制，提倡优胜劣汰；明确规定各级技术职务的任聘年龄界限，采取公平竞争、公开招聘的方法，建立和完善校内优秀人才特别评审制度；建立校内待业制度和校内外流动制度，促进教师队伍合理分流，等等。总之，要通过聘任制的改革，克服高校师资建设中普遍存在的论资排辈、近亲繁衍等弊端，形成合理的梯队结构，活跃学术思想，增强学术竞争，提高队伍活力。

——建立并完善以“公开招聘、公开竞争、择优选聘”为原则的校内外招聘制度。经国家教委批准，我校从 1988 年 4 月开始，在国内外公开招聘教授和海外留学的博士生，面向社会引进了一批素质好、学术水平高，又具有丰富实际经验的中青年优秀学术骨干。这种面向社会公开招聘高级人才的方法，改变了以往封闭的聘任体系，有利于提高学术水平和开展学术竞争。当前要继续完善这种公开招聘制度，采取一些必要的措施，使之正规化、制度化和科学化，并成为学校人事管理新制度的主要组成部分。同时通过给受聘者以相应的职务和待遇，明确他们的责任和权利，发挥他们的积极作用，以推动学校教学和科研水平的提高。

——设立“流动编制”，建设好以年轻教师为主体的教学科研流动梯队。长期以来，高校人事管理上采取的一次分配定终身的方法，导致了学校师资队伍的不断膨胀和老化，人员难以流动、梯队建设缺乏生气和后劲。为了改变这种状况，我校从 1988 年 5 月开始，在全校教师总编制中划出一块作为流动编制，明确规定，凡新留校任教的本科生、硕士生以及分配来校的同类人员、一律先进入流动编制，由校方与受聘者订立为期三年的聘任合同。聘任期满，双向选择、合理分流，少部分经考核择优续聘留校，大部分可通过二次分配转入企事业单位、高校科研机构工作，亦可继续深造，攻读高一级学位。实行流动编制后，原由固定人员承担的讲师和助教、助研等工作，均由流动人员承担，学校则集中精力抓好以正副教授为主体的教师队伍和一支精干的高水平管理骨干和后勤骨干队伍建设，以利于提高教育和科研质量，培养高质量的学生。

——实行内部工资改革，理顺分配关系。把各类人员的劳绩与经济收益直接挂钩，调动队伍的积极性。学校内部工资改革，原则是贯彻"按劳分配，统筹兼顾"的方针，在搞好教职工定编、定岗，逐步实施层层劳动工资定额包干的前提下，逐步实行"小级差，年年加"，同时对有突出贡献的教师给予破格晋级，优者重奖，差者酌罚，把他们的经济收益与工作效益和质量成果直接挂钩。希望通过内部工资改革，一方面理顺分配关系，改变脑体倒挂及校内分配不公的状况，使在事业上正处于发展创造的最佳年龄，付出的劳动、做出的贡献较大，而经济收入偏低的知识分子得到一定的补偿；另一方面，打破平均主义和大锅饭，调动教师的积极性和创造性，提高教学科研水平、提高学校管理水平，提高后勤服务质量，从而提高办学的总体效益和水平。

认清形势，齐心协力，推进学校综合改革

一、认清形势，统一认识，增强信心

党的十一届三中全会将党和国家的工作重点转到以经济建设为中心上来，开创了我国社会主义现代化建设的新局面。10 年改革和建设取得了历史性成就。与此相对应，由于全党和全国人民对教育的重要地位和作用的认识有了新的提高，我国教育事业也有了很大的发展，教育改革正在不断深入。

浙江大学在中央改革开放总方针的指引下，贯彻落实《中共中央关于教育体制改革决定》的精神，学校在规模基本稳定的情况下有了新的发展。教育、科研及其他各项工作取得了显著的成绩，应该说这 10 年的确是我们发展史上最好的时期之一。

去年以来，我们贯彻落实全国高教工作会议精神，坚持社会主义办学方向，进一步推进和深化教育、科研和管理体制改革，不断建立和完善学校主动适应经济与社会发展的新机制。我们制定了《1988—1992 年浙江大学发展规划纲要》和《浙江大学综合改革方

注：本文是 1989 年 5 月路甬祥在浙江大学二届一次教职工代表会/第十六次工会代表大会上的报告。

案》，今年初国家教委已正式批准，将清华大学和我校列为全国高校综合改革的试点院校。进一步完善了校长负责制，建立和健全了工作程序和决策程序，加快了学校内部领导体制的改革和决策过程民主化、科学化的进程。逐步调整了办学结构和学科门类结构，酝酿了专业结构的调整。对教学、科研的体制改革进行了试点，到目前为止，学校先后批准了化工、信电、科仪、物理、力学、电机、机械、光仪、土木等9个系的改革方案。科学研究工作有了新的进展。去年我校共获国家发明奖4项(其中二等奖1项，三等奖2项，四等奖1项)，国家科技进步奖6项(二、三等奖各3项)，是科研成果的丰收年。人事制度的改革迈出了新的步子，公开招聘教授，积极引进中青年学术带头人；试行流动梯队制，改革师资队伍结构；进一步完善教师和各类专业技术职务的评审工作，使这项工作逐步走上了正常轨道；努力加强和改善思想政治工作，探索新形势下加强思想政治工作的有效途径和方式。治理校园环境，整顿教育、科研、工作秩序，加强校风建设，保障学校安定，努力创建良好的教书育人和科学研究环境。后勤工作方面，较好地完成了学校基本建设项目，邵逸夫体育馆正在抓紧施工。去年校办工厂创利比前年增长25%。学校总收入和支出基本持平，略有赤字。医疗卫生、治安保卫、校园绿化、房产维修等项工作均有了新的起色。后勤体制改革也有了新的进展，建立了饮食服务、接待服务、生活服务和维修服务四个中心，进一步推进了后勤服务向社会化的过渡，保障了教育、科研和其他各项工作的顺利进行。文化、艺术、体育等部门积极开展各项有利于教职工和学生身心健康的活动，丰富了校园文化生活，为全面提高人才的培养质量作出了新的努力。

最近，国家人事部职位职称司司长、工资司司长及国家教委直属高校工作司司长一行7人来校，指导和帮助我们推进学校的综合改革，并着重就我校人事工资制度改革的有关问题进行了认真仔细的分析和研讨，在此基础上，学校形成了《浙江大学人事制度改革方案》和《浙江大学工资制度改革方案》，这次将提请大会进行审议，广泛听取意见。同时上报国家人事部、国家教委审核批准后，正式实施。

各位代表、同志们，以上这些成绩的取得，是在国家教委、浙江省委和省人民政府的正确领导下，中央、省、市有关部门的支持下，通过全校师生员工，齐心协力，共同努力的结果。在正确估计和肯定这些成绩的同时，我们必须清醒地看到当前面临的许多矛盾和实际困难。例如，由于长期困扰教育事业发展的问题还没有得到较好的解决，尊师重教、尊重知识、尊重人才还未成为社会共识；社会分配不公，物价上涨，学校的经费实际上相对下降，学校负担沉重，教师待遇偏低等等。在这样的社会大环境影响下，学校内部出现了教心不稳的倾向，学生受到读书无用论的冲击，厌学情绪滋长，教风、学风、校风出现了滑坡。尤其是最近一段时间里，部分学生中表现出来的思想政治、理想道德、文明礼貌、法纪观念等方面都还存在一些十分值得重视的问题。另外，我们在办学结构、教学内容与方式、人事分配制度、管理工作等方面，也还存在与经济和社会发展不相适应的问题，新旧机制交替尚未完成，办学的效益还需进一步提高，等等。总之，社会主义商品经济的发展，现代科学技术的迅猛发展，现代化建设事业的发展，都对学校的建设和发展提出了新的更高的要求。挑战和机遇同在，困难和希望共存。当前学校面临的形势是十分严峻的，也是逼人的。对此，全校教职工都要有一个统一的认识，既要有深刻的紧迫感、危机感，更要强烈地意识到自己应为浙大建设和发展多做贡献的责任感，意识到经济、科技和社会发展赋予我们的重任，历史赋予我们每个教育工作者的重任！振兴民族的希望在教育，振兴教育的希望在教师。全校教师是办好学校的主力军，是学校教育改革的实践者。教师更加应该具有献身教育，献身科学，献身创造祖国未来事业的崇高的社会职责。目前，我们虽然面临着许多困难和问题，面临着激烈的竞争和挑战。但只要全校师生员工上下团结一致，继承和发扬“求是创新”的优良传统和校风，振奋精神，奋发图强，正视困难，迎接挑战，齐心协力，坚定地推进学校的综合改革；在深化改革中求提高、求发展，不断改善办学条件，发挥优势，办出特色；创建良好的教育、科研环境和育人环境；不断完善学校主动适应经济与社会发展需要的新机制，浙江大学的未来是充满希望的，我们一定能在浙大的发展史上谱写出新的一页，综合改革拟定的总体目标可以而且必须实现，我们应该有这样的信心和决心。

二、同心同德，齐心协力，推进综合改革

进行综合改革，必须坚持为社会主义建设服务的办学方向。面向现代化、面向世界、面向未来，坚持以提高教育质量和科技水平为中心，把培养适应四化建设实际需要，德智体全面发展的高级专门人才作为学校的根本任务。综合改革所要达到的总体目标是：根据四化建设的实际需要和现代科技发展的趋势，以及我国现阶段的社会、经济状况，探索全面提高教育质量，提高科技水平，提高学校管理水平，提高办学整体效益的新路子。逐步建设符合高等教育发展规律，符合我国国情，符合浙江大学实际的科学、高效的管理体制；建设好一支素质好、结构合理、高效率、高水平的师资队伍，继承和发扬“求是创新”的优良传统和校风，形成良好的教育、科研环境和育人的环境。到2000年把浙江大学建设成为具有中国特色和自身

特色的，以工为主，理工结合，设有文管，教育质量和科学研究水平稳定、全面地居于国内同类大学前列，能适应社会主义商品经济与社会发展世界新技术革命挑战和 21 世纪经济振兴的、在国际上有影响的综合性理工科大学。

要达到的近期目标是，认真贯彻落实党的十三大、十三届三中全会和七届人大二次会议精神，通过治理整顿，建立新的教育、科研秩序，创建良好的教书育人和科学研究环境，控制规模，着力调整教学、科研体制和结构，增强办学的动力和活力，深化改革，建立竞争机制、激励机制和自我约束机制，调整分配关系，改善教师待遇，稳定教师队伍，建立科学的选聘评修制度，不断提高教师队伍素质，扬长分流，实行教职工队伍的优化组合。不断提高教育质量、科研水平和办学效益，增强学校主动适应社会经济发展需要和新技术革命挑战的能力，更好地为社会主义现代化建设服务。

下面讲 8 条近期改革的实施意见：

1. 进行教学、科研体制改革

在学校已批准 9 个系教学、科研体制改革试点的基础上，积极、稳妥地推进教学、科研体制改革。完善系主任负责制，实现从专业办学为系办学的转变。组建一批研究所（室），实行学科带头人负责制，加强学科建设，将科学研究和高级人才的培养更好地结合起来。

调整计算中心及分析测试中心体制，使之成为既是科研中心又是为教学、科研服务的中心，并以两个中心为依托，筹建 5 个重点实验室。建立浙江近代物理中心及高等数学研究所，提高理科水平。建立工商管理学院、轻工学院和科技教育学院，积极推进与部委、企业联合办学，合作进行科学研究，并努力开拓和国外高校、产业集团和企业的教学、科研合作。在严格控制学校规模的前提下调整结构，适应需求，加速改善办学条件，形成浙大以工为主，理工结合，设有文管的特色。

2. 调整专业结构

调整专业结构，必须根据国民经济和社会发展的需求，符合教育科学事业发展的自身规律，处理好近期远期关系，考虑专业门类、层次在全国的合理布局，并根据拓宽基础、淡化专业按系办学的原则进行。

拓宽和加强基础，提高水平，办出特色，对内容陈旧，方向过窄，社会需求不大的专业要分别通过转向、合并，隔年招生或暂停招生等方式，促使其更新、改造。根据社会需求和科学技术发展的大趋势，有目标地发展管理学科、交叉学科和新兴学科及与高科技相关的学科方向。

研究生的招生也要根据社会需求、生源情况、科研经费和学科水平等综合考虑，建立调控机制，在学校控制招生总规模的前提下，校内实行各学科的招生在一定范围内浮动调节，使学科结构更趋合理。对文理、社会科学及部分工程学科基础型研究生招生，要尽量选择有应用背景和发展前景的领域作为研究方向。逐步增加有两年以上工作经验研究生的比重，扩大在职人员申请学位试点和工程硕士培养，逐年增加博士生比重，试行和国内外大学、研究机构和企业联合培养博士生制度，以及研究生兼任教学和科研助教的制度，调整研究生的分配方向。

3. 调整经费来源结构

努力扩大学校为社会和经济发展服务的职能，积极开辟筹措经费的多种渠道，扩大和海外的联系，争取海内外的捐赠和集资。筹建浙江大学发展委员会。校、系要通过治理整顿，尽快扭转科研工作个体化、分散化、小型化趋势，发挥浙大理工文管结合、多学科的优势，组织起来，集中力量承担国家重大科研项目。进行高科技和新技术产业的开发，加速科技开发和成果转化为生产力，并通过扩大科研和高科技产业，增强学校经济实力，改善学校办学条件。校办工厂要深化管理体制改革，实行工资总额和效益利润挂钩，依托学校人才科技优势，开发高效益、高科技产品，发展横向联合，扩大生产规模和提高经营水平，开拓国内外市场，要上效益、上水平，成为学校比较稳定的重要经济来源之一。

创收活动必须有领导、有组织地开展，严格控制校外兼职，禁止员工从事任何以营利为目的的经商活动。

4. 理顺分配关系，建立激励机制

贯彻“按劳分配、统筹兼顾”原则，逐步调整学校内部经济分配政策，处理好校、系（所）及个人的分配关系、处理好消费与积累的关系。根据教职工对教育、科研、管理工作做出的贡献，实行按劳分配，规范奖酬金发放办法，增强激励机制，更好地调动教职工的积极性。

在“五定一评”的基础上，在国家支持下，实行学校内部工资改革（要求列为国家和教委工改的试点单位），并建立正常的工资晋升制度。学校内部工资改革采取通过实行校内工资附加的办法，提高各类人员的职务工资，在此基础上再实行小级差、年年加，比较明显地提高教职工工资待遇并逐年降低奖酬金在教职工总收入中所占的比例，使学校内部的分配制度更趋透明和合理。工资改革的工资基金主要由国家支持，学校统筹，按系核算。奖酬金按国家有关政策和学校有关规定，由校、系（所）分担。

改革财务管理体制，实行校、系（所）分权管理，建立以系（所）为主体的责、权、义、利紧密结合的经济责任制，建立校、系（所）分级基金制、严格审计工作，严格财经纪律。

5. 实行“五定一评”

实行定任务、定编制、定职务、限额定教学、科研用房、定经费和进行考核评估(即“五定一评”)的责任制,促进有限的资源合理配置,提高教育质量、科研水平,提高办学的综合效益。

教学以计算工作量为基础核定编制,干部在机构改革的基础上,根据“按需设岗、按岗聘任”和精干、高效的原则进行定编和聘任。

根据研究所(室)承担的科研任务,重新核定科研编制。按季度向学校上交科研编制费。科研用房核定定额,超定额用房实行有偿使用。

完善聘任制。在聘任职务的同时,下达聘期内的工作任务。对不能胜任职务或未完成工作任务的实行短聘、缓聘、降职聘任或解聘。

对超编人员,实行校内待业制度。超编人员由校、系二级分别引导分流,组织开拓新的事业或产业。

6. 改善师资,队伍结构,实行优化组合

办好学校的关键在教师队伍,要花大力气抓好师资队伍学科、知识、层次、年龄结构的调整。进一步完善以“公开招聘、公平竞争、择优选聘”为原则的校内外招聘制度,着力抓好中青年优秀人才高级职务晋升的特别审批工作,造成有利于优秀中青年脱颖而出的条件和环境。逐步使引进和选聘中青年学术带头人的工作规范化、制度化,加快师资队伍建设走社会大循环的步伐。

完善“按需设岗、按岗定编、公开公平、择优聘任”为原则的各类人员职务晋升制度,使这项工作走上正轨,逐步实现师资队伍的优化组合。

健全流动梯队制度。完善流动梯队的招聘程序和管理办法,增强师资队伍的活力。做好在学研究生担任助教的试点工作。

把青年教师的培养工作作为师资队伍建设的战略重点认真抓

好。从积极培养、严格要求、热情扶持、放手使用出发，制定合理政策，严明奖惩，鼓励青年教师做好本职工作。

7.改革校办产业经营管理体制

校办工厂实行厂长负责制，扩大厂长自主权，试行各种形式的厂长承包责任制，实行经济效益和工资总额挂钩。

校办工厂要在为教学、科研服务的同时，加速技术改造和产品的更新换代，形成高效益、高技术的拳头科技产业，努力开拓国内外市场，为学校多创利、创汇、创收。

办好浙江大学对外经济技术贸易公司和系一级专业公司。有领导有计划地建设一批高技术、新技术产业集团，积极开展实业创收。

8.发挥政治优势和党的核心作用

加强党的建设，充分发挥党员的先锋模范作用和党支部的战斗堡垒作用和党的核心作用。探索适应改革开放新形势的高校思想政治工作的特点、规律、新的方法和有效途径。深入有效地对师生员工进行形势政策教育，统一思想，提高认识，振奋精神，调动积极性，认真抓好爱国、爱校、热爱社会主义教育事业的教育和法纪教育，增强师生员工的凝聚力。制订《教师守则》、《机关工作人员守则》，大力倡导全面关心学生的健康成长。加强对教职工的师德和职业道德教育。认真抓好实事求是、严谨踏实、奋发进取、开拓创新的校风建设，努力形成具有正确的政治方向，奋发进取的精神，活跃的学术空气和文明的校园风貌，不断改善教学、科研环境，优化育人环境。

各位代表、同志们，当前学校的发展正处于重要的转折时期。只要我们遵循党中央提出的改革开放的总方针，振奋精神，团结一致，齐心协力，勇敢地迎接挑战，励精图治，开拓前进，每年实实在在地办成几件实事，扎扎实实地推进综合改革，我们学校的奋斗目标一定能够胜利实现！

正确引入竞争机制 增强办学活力和动力

在社会主义初级阶段，我国高等教育改革的根本目标，就是要建立起与社会主义有计划商品经济和民主政治相适应的教育运行机制。因此，当前深化和加快高等教育改革的一个重要战略抉择，即要把竞争机制正确地引入高等教育领域，增强学校主动追求社会和经济发展需要的动力和活力，建立起与商品经济发展相适应的教育市场体系，以促进教育事业的发展，促进教育质量和办学整体效益的提高。我们认为，从理论上和实践上正确认识和研究把竞争机制引入高校的问题，对指导当前高等教育的综合改革也具有重要的现实意义。本文试图结合浙江大学教育改革的实践，对此课题进行一些探索。

一

《中共中央关于教育体制改革的决定》发表以来，我国高等教育改革已经整整三年半了。应该说，取得的成果是有目共睹的。然而，就当前教育改革的现状来说，却呈现出一定程度的局限性，与经

注：本文为 1989 年 3 月路甬祥在高等工程教育第六次专题研讨会上会议论文，作者：路甬祥、徐有智。

济体制改革相比明显滞后。造成这种状况的原因，我们认为关键是教育改革缺乏系统性、综合性和连续性。前段时间的教育改革大多以单项突破为其主要特征。从目前来看，某些改革措施也产生了一些负效应，新旧教育体制的转变过程十分缓慢，步履艰难；学校缺乏主动追求新体制的活力和动力；缺乏主动适应社会经济发展的自我改革、自我约束、自我提高的有效运行机制，以致高等教育与社会经济不相适应的矛盾仍很突出。

我们认为，要尽快改变教育改革的现状，必须重新选择高等教育改革的思路和方法。应当充分借鉴和大胆吸取这几年经济体制改革的成功经验，通过正确地引入市场竞争机制，把教育改革的重点转换到增强办学活力和激发办学动力上来，通过学校内部的系统综合改革和学校外部的配套整体改革，建立起学校主动为社会主义商品经济服务的教育运行机制，以及自觉依靠教育的社会机制。增强学校自我改革的内在动力，把高等教育的发展重点从发展数量、扩充规模，转到提高质量、注重效益上来，使高等教育的办学方向和培养规格逐步与社会经济发展相协调，形成教育发展的良性循环。

浙江大学从今年开始，经国家教委批准实施全面综合改革的试点。我们进行综合改革的一个基本对策，是遵循高等教育的发展规律，建立有效的教育竞争机制，激发办学的动力和活力。我们认为，把竞争机制正确地引入高校，这是教育发展适应社会主义商品经济的迫切需要。在我国计划经济向商品经济和多种所有制转变中，发育形成的市场竞争机制，促进了人才市场和劳务市场的兴起，冲击着高等教育领地，也给高等教育改革提出了许多新的课题。由于社会经济活动与教育发展的互动作用；由于经济发展规律对教育，尤其是高等教育的制约和影响，商品经济对教育的作用，必将通过学校这一组织与整个社会经济环境之间的能量交换，实现功能上的耦合。在这种情况下，商品经济机制，包括市场、竞争、供求以及价值规律都会直接地进入教育领域并产生积极的社会效果。因此建立有效的教育竞争机制，这是适应商品经济发展对人才的需求，实现高等教育发展与经济建设相互适应、相互协调的一个重要渠道；同时通过有效的教育竞争机制的导向作用，适时地调整办学方向，教育结构，培养规格和教育方法、内容，等等，这是增强学校主动适应经济和社会发展能力，增强自身办学活力的一个重要途径。

必须指出的是，当前高等教育改革的动力不足，使得大多数学校并未真正进入教育改革的“角色”，也导致高等教育发展明显不平衡。深化教育改革，需要增强改革的动力；而改革的动力，却要求从深化改革中获得。两者互相依存、互相制约，已成为影响高等教育发展的一个重要因素。从宏观上看，由于我国的教育体制缺乏有效的竞争机制，统得过多，管得太死，使教育脱离社会发展的实际，造成教育与经济“两张皮”。从高校的内部看，学校缺乏自身发展和提高的生机与活力。例如，受社会上分配不公、脑体倒挂的影响，在分配上长期吃“大锅饭”、“端铁饭碗”，使教育投资的效益降低；办学上缺乏紧迫感和危机感，教师的“倦教”和学生的“厌学”情绪上升，使提高教育质量困难重重；队伍建设上的论资排辈；后勤服务上的效益低下，等等。目前高校既需要外部的压力，也需要内部的动力。要使每个教职员工都进入教育改革的“角色”，关键还要在学校工作中正确地引入竞争机制。只有公平合理的竞争，才能激发和调动广大师生的积极性和创造性，提高自我改革的内驱力，使得学校发展和改革兴衰成败与每一个师生的切身利益直接挂钩，从整体上增强凝聚力和向心力，提高办学的质量效益。因此正确地引入竞争机制，也是高校自身发展和提高的内在需要。

二

浙江大学在实施学校全面综合改革中，根据高等教育发展的规律，结合学校的具体情况，把竞争机制正确地引入毕业分配、教学过程、队伍建设、内部管理等各个方面，逐步形成适合学校特点的制度和方法，推动了教育体制改革的深化，取得了初步的成效。

第一，在毕业分配制度改革中，正确地引入竞争机制，深化教育改革，自觉适应社会和经济发展的需要。

高等教育的根本任务是为国家培养社会主义现代化建设需要的各类专门人才。随着我国商品经济的迅猛发展，当前人才需求出现了由“派方市场”向“用方市场”转移的新特点。因此，在毕业生分配制度改革中，正确地引入竞争机制，实行在国家宏观指导下，根据社会对人才需求的信息，供需见面、公平、公开、择优选派的新分配方法，势在必行。

浙大从去年5月开始在全国高校中率先推行了“预分配—联合培养”制的试点工作。即工科学生在校内进行为期三年半的学习后，提前分配到对口工厂企业，由校方和厂方共同实施培养，完成毕业设计等教学环节，一年后再回校进行论文答辩，经考核合格，发给同届毕业证书，正式回原用人单位工作，取消见习期。“预分配—联合培养”的方法在实施过程中，采取了学校择优推荐，用人单位择优录用，毕业生和企业“双向选择”的办法。这方面的改革方案，经上级批准后，已在87届部分毕业生中试行，取得了学生、家长、用人单位“三满意”的良好效果。

与此同时，我校从去年5月起，开始改革分配制度，实行“供需见面，公平合理择优选派”的新办法，并建立由用人单位和校方共同组成的毕业生就业指导委员会，共同实施对学生的培养、分配，加强对毕业生的就业指导、咨询工作。

毕业生分配制度的改革，使学校培养的学生直接面临人才市场的竞争就业，由市场对学校培养质量和办学水平作出最终的检验和评价。这就促使学校要努力提高教育质量和办学效益，增强参与市场竞争的能力，培养出高质量的优秀人才。浙江大学紧紧抓住毕业分配改革龙头，建立有效的教育竞争机制，一方面初步改变了学生缺乏压力、教师缺乏动力、学校缺乏活力的沉闷状况；另一方面，推动了教育改革的逐步深化，由市场引导人才培养，针对教育的薄弱环节，采取优化学科结构，创办经济和社会急需的应用学科、新兴学科专业；大力发展成人函授教育，扩大办学层次；改革教学内容、方法，优化学生知识结构，实行主辅修制，加强工程实践训练；设立课程重点建设基金、教材重点发展基金，抓教学基础工程建设；严格教务管理，健全各类教学法规，探索与分配制度改革相配套的、有希望全面提高教学质量、主动适应社会需要的办学新路子。

第二，在教学过程中正确地引入竞争机制，贯彻因材施教、优才优育原则，逐步建立学生学习的激励机制。

教学过程是高校人才培养的一个重要环节。教学过程的活力来自于教与学两方面的积极性和创造性。学是主体，尤为重要。当前学生中普遍存在的“厌学”现象，主要是由于学习中的大锅饭状况和“进门难、出门易”的弊端所造成的。因此，在教学领域改革中，通过正确地引入竞争机制，打破现存的教学活动静态的运行结构，增强了学生的竞争压力和竞争意识，促进学生主体意识的觉醒和学习能动性的发挥，努力创造了一个有利于学生奋发进取、立志成才的良好氛围。

——贯彻因材施教，实行优才优育，追求大面积提高本科教学质量。我校在1984年创办了一个由尖子学生组成的“混合班”，采取“起点高、进度快、内容新、注重能力培养”和实行基础、外语全面强化，理科思维训练等特殊培养措施，经过4年多的试点，取得了培养优秀学生的新鲜经验。这些经验归纳到一点，就是在培养过程中，采用高淘汰率的方法，创造一个有利于学生成才的竞争环境，促进学生在知识、能力、素质提高的同时，发展自身个性和非智力因素。我们准备在继续办好混合班，扩大“基础教育提高班”的同时，认真总结研究“混合班”教学实践经验，指导面上的本科教学改革，把竞争机制正确引入教学过程，建立中期筛选制、淘汰制，力求大面积提高教学质量。

——全面完善学分制，鼓励冒尖、优胜劣汰，逐步建立学生学习的有效压力机制。目前我国高校普遍采用的学分制，基本上还沿袭学年制的旧模式。因此改革学分制，要充分体现竞争的原则。要通过建立和完善选课制、放开选修课、推行主辅修制、第二学位制，鼓励学有余力的学生加修、免修、跨学科选修。完成教学计划规定的必修课程，经考试，取得最低毕业学分之后，提前毕业和报考研究生。学分制的全面修订，必将在更大范围内造成一种学习竞争的态势，促使学生在平等条件的相互竞争中，挖掘个人潜在能力，调动学习和成才的积极性。

——建立和完善系列奖学金制，把学生的学习质量与荣誉和经济利益直接挂钩，发挥奖励的杠杆作用。目前我校已设立了不同层次的五种奖学金制，最高层次的“竺可桢奖学金”，获得者奖金500元，发给证书，名单记入校志，每年评选10名；“姚氏奖学金”奖励优秀的本科生；“吕氏奖学金”奖励优秀的研究生；“优秀学生奖学金”分为四个等级，受奖覆盖面为32%；“新生奖学金”奖励新录取的优秀新生，奖励依据为其高考和在学时的成绩，受奖覆盖面为30%。

此外，学校还每年评选优秀毕业生、优秀学生干部、三好学生和先进班级等。各类奖励均有明确的评比标准和独立的评选程序，并规定各类获奖者与其毕业分配和攻读高一级学位直接挂钩，体现优胜劣汰、奖勤罚懒原则。

——建立“科学评分合理淘汰”制，严格把好毕业环节的质量关。我校从1987年开始实行了“科学评分合理淘汰”制，即在毕业设计(论文)评分时，根据科学的计量标准，规定严格的评分方法、标准和按毕业班学生总数确定各档的评分比例，其中优等占15%，良好占30%，中等占40%，及格、不及格占15%，按五级九等制(优、良、中、及格各分A、B等)进行评分。同时规定优级A等必须授予已形成成果或有突出成绩的毕业设计(论文)；不及格者必须补做毕业设计，待考核及格后再补发毕业证书。毕业设计考核方法的改革，使本科教育最后环节的质量受到严格的检验，以往学生毕业论文设计“应付过关”，教师评分时“送人情分”的现象，受到有力的约束。

第三，在高校人事管理制度改革中，正确地引入竞争机制和激励机制，健全教师评估、考核、流动、招聘制度，优化师资结构组合。

教育竞争，说到底是学校办学水平和培养质量的竞争。提高竞争实力，在很大程度上取决于师资队伍的整体素质。我校把建设一支高素质、高水平、高效益的师资队伍，作为一项长期性、战略性、基础性工作来抓。通过正确地引入竞争机制，调动广大教师从事教学和投身改革活动的积极性和创造性，增强紧迫感和危机感，振奋起积极进取、努力向上、开拓进取的精神。在当前要努力解决“教心不安”问题，通过改革高校人事管理体制，造成一种公平竞争的态势，革除阻碍队伍建设中论资排辈、门户之见等陈规陋习；打破“教好教坏一个样”的平均主义大锅饭状况；克服安于现状，惧怕变革、思想懒惰、墨守成规的习惯势力，建立和完善教师考核、晋升、流动、聘任、培养等制度，逐步形成一种以公平竞争、双向选择为主要特征的高校人事管理新机制。

——引入竞争机制，完善教师职务聘任制。实行专业技术职务聘任制，是高校人事管理体制的一项重大改革。但是在前两年的职务聘任制改革试点中，由于缺乏有效的竞争，不能充分发挥聘任制应有的潜力。我校在聘任制改革中，从鼓励竞争入手，按照“按需定岗、按岗定编、择优选聘”的原则，制定了一系列鼓励竞争、鼓励优秀人才冒尖的政策。例如根据学科建设和发展的长远目标，在岗位设置、人员编制上区别主次，保证重点，扶植先进，以适应社会科技发展的需要；采取差额评审，差额聘任，规定任聘年限，建立步步有竞争的评聘机制；明确规定各级职务优选任聘年龄，实行公开招聘的办法建立优秀中青年学术骨干特别评审组；建立校内外流动制度和校内待业制度，促进教师队伍合理分流等等。

——建立以“公开招聘，公开竞争，择优选聘”为原则的校内外招聘制度。我校从去年 4 月开始，经国家教委批准，率先面向国内外公开招聘海外留学的博士生和青年学术带头人，延聘了一批素质好，水平高，又具有丰富实践经验的中青年优秀学术骨干。这种以公平竞争为特征的招聘高级人才的方法，改变了高校传统的、封闭僵化的用人体制，使高级人才的选聘开始走社会大循环的道路。这有利于克服近亲繁衍、论资排辈的积习，鼓励中青年学术骨干脱颖而出；有利于发挥学科交叉的优势，提高学术水平，开展学术竞争，以及尽快地改变学科带头人青黄不接、后继乏人的状况；有利于新兴学科的创建和发展。当前要继续完善这种公开招聘的制度，采取一些必要的措施，给受聘者以相应的职、权、利，真正发挥其学科带头人的作用，并使此制度正规化、科学化和经常化，成为高校人事管理新体制的主要组成部分。

——设立“流动梯队”，建设好一支以年青教师为主体的教学科研流动梯队。长期以来，高校人事管理采取了一次分配定终身的方法，造成一些同年龄、同层次的教师大量积压，导致师资队伍的过分膨胀和人才浪费。为了改变这种状况，我校从去年 5 月开始，改革教师选留管理制度，设立流动梯队，明确规定凡新留校任教的本科毕业生、硕士生以及外单位分配来校的同类人员，一律先进入流动梯队，由校方与受聘者订立为期三年的聘任合同。聘任期满，由学校和个人实行双向选择，合理分流，少部分经考核择优续聘，极大部分则可通过二次分配或转调进入企事业单位，或继续深造，攻读高一级学位。设立流动编制，把竞争机制引入到青年教师队伍建设中去，使他们毕业任教后面临重新选择的危机感。表现优者，可享受比同等在职教师更优厚的待遇，不能胜任者，则随时面临被解聘的危险。

第四，在学校内部工作改革中，正确地引入竞争机制，理顺分配关系，调动各类人员的积极性。

实行内部工资改革，是学校管理体制改革的一个重要部分。工资改革的目标，必须真正体现“按劳分配、多劳多得”原则，使之成为搞活学校工作最有力的催化剂。因此正确地引入竞争机制，发挥经济杠杆的调控作用，使各类人员的劳绩和贡献大小与经济收益直接挂钩尤为重要。我校在实施内部工资改革中，贯彻“按劳分配、统筹兼顾”和职务聘任制合理配套的原则，在规范奖酬金发放办法的同时，探索和逐步建立适合学校校情，具有激励机制、调节机制的结构工资系列。

内部工资改革要在搞好教职工定编、定岗，逐步实施层层劳动工资定额包干的前提下，按照“小级差、年年加”的方针，在逐步提高教职工工资收入的同时，理顺分配关系，改变脑体倒挂及学校内部分配不公的状况，把对有突出贡献的人员破格晋级和对因不能履行本职工作、考核不合格降级或不予升级结合起来，充分体现优者重奖、差者酌罚的原则，打破平均主义的分配方法，鼓励各类人员树立竞争意识，通过自己诚实劳动和努力工作获取优厚的报酬，激励他们尽职尽力，勇于创新，努力提高教学科研水平，提高服务质量，提高管理效益，从而提高学校办学的总体水平。

三

浙江大学在实施全面综合改革中，以正确地引入竞争机制为契机，使教育竞争逐步演化成为高校有效运行机制的重要组成部分，从而推动和深化学校各项改革工作，提高了教育质量、科研水平和管理效益，使学校工作开始呈现出良性循环的趋势。我们体会到，把竞争机制正确地引入高等教育领域，必须根据我国教育发展的实际情况，结合本校的历史发展和办学实际，因地制宜、因校制宜。思想上要积极、行动上要稳妥。根据我校这几年工作实践，我们认为以下二方面应加以进一步研究：

第一，关于强化竞争意识的问题。

竞争的概念是属于经济学范畴的。市场竞争机制主要是反映在商品经济活动中，竞争与供求关系、价格变动、资金流通、价值观念之间的有机联系和相互作用。

正如我国经济体制由单一的、集中的计划产品经济，向有计划的商品经济转变，必然伴随着思想解放和观念更新一样，把竞争机制引入高校，也会在思想观念上产生一场深刻的变革。由于我国漫长的历史进程中，形成的小生产和自然经济占统治地位的经济状况；由于新中国成立后在僵化的、单一的计划经济管理体制下生活，在人们的思想上形成了一种满足现状、不求进取的旧价值观念，社会也缺乏一种追求商品经济和市场竞争的氛围。在许多人心理中内化了一种一切都包下来的思维心态。当商品经济发展推动社会变革，要求人们自立自强，通过竞争、选择去改变自己命运，决定自己的行为方式和社会责任时，许多同志又显得茫然失措，无所适从，摆脱不了昔日平均主义大锅饭的旧定势，克服不了浓厚的“依赖性”。尽管不少同志在理论上也拥护竞争，希望通过公平竞争，增强社会活力，改变国家面貌。但一旦当自己面临被选择，处于竞争时，总感到压力太大，怕变求稳。教师中这种“不适应感”尤为强烈。这种强烈的“失落感”和“依赖性”，是当前开展教育竞争的一种思想障碍。不改变旧的价值观念，不解决阻碍竞争的思想障碍，要在高校中引入竞争机制将是十分困难的。

竞争的规律是优胜劣汰，有竞争必定会有胜者和败者，而我们不少同志往往把失败看得太重，害怕竞争失败的畏惧心理，也是当前开展教育竞争的另一种思想障碍。因此要消除这种畏惧心理，一方面要靠社会舆论的正确引导，但最有效的途径，莫过于把人们置于经常性的竞争之中，在竞争中学会竞争，在竞争中磨炼意志，在竞争中树立风险意识，培养开拓精神，通过反复的竞争实践，增强对失败的心理承受能力，并学会变失败为新的起点和动力。

第二，关于“正确地引入”竞争机制的问题。

竞争给高等教育带来了生机和活力。然而，随着教育竞争的逐步开展，也会不断地暴露出新问题、新矛盾。因此，有必要对正确地引入竞争机制给予更深的考虑。

首先必须明确，如同引入市场竞争机制不能完全解决经济发展的全部问题一样，高校引入竞争机制也不可能解决教育发展的所有问题。必须遵循教育发展的规律和人才成长的规律，要因地制宜、因校制宜，切忌一刀切、一阵风。引入的速度、深度和广度要根据发展的动态变化来确定。要有一个低级无序向高级有序进化的过程。其次，我们还必须看到，高等教育领域的竞争与经济领域的竞争，存在明显的差异：一是效益目标的差异。商品生产的效益主要体现在经济效益上，而学生培养（即生产）更应注重社会效益。二是生产过程的差异。商品生产过程是生产者利用工具改变劳动对象的形态和功能来实现的，而人才生产则不能单靠“生产者”的工具，更需要“教育者”以及受教育者用全部身心、灵魂、思想和智慧去塑造。这种特殊的生产过程远比商品生产更复杂。三是效益显示的差异。商品生产一般只是一次性完成的，具有较大的稳定性，强调竞争可以使生产者通过技术改造、设计改造和加强管理等马上收到质和量的效益。而教育质量的提高，是一个相当复杂的长期过程，不但是学生长期求知努力的结果，而且是教师孜孜不倦、教书育人的成果，不会因为一旦引入竞争马上会发生质的变化。

据此，我们认为强调“正确地引入”，必须从指导思想上处理好两个方面的关系：第一，不能把教育竞争商品化，不能绝对套用商品竞争的模式。我们说，社会主义有计划的商品经济和科技发展决定了高等教育必须具有竞争的特性，引入竞争机制是适应商品经济和科技发展，建立教育有效机制的客观趋势。高等教育领域的竞争一是增强学校内部活力，优化内部组合和结构要素；二是增加学校对外部的适应性，在改革开放中提高办学效益，总的目标是培养适应社会主义现代化实际需要的、德才兼备的合格人才，因此教育竞争要限制在一定的范围之内。根据我们的体会，教育竞争主要是高校之间教学水平、科研水平、管理水平的竞争，教师之间教学质量的竞争，学生之间学习质量的竞争。明确这一点，才有可能使教育竞争沿着正确的轨道逐步深化，不断纠正在实践中由于种种原因造成的畸形和扭曲的竞争现象，使之成为真正激励学校锐意开拓创新，激励师生实事求是、踏实进取、团结协作、奋发开拓、勇于创新的有效机制。第二，是要注意区别不同性质的竞争关系。我国高校的竞争，无论是学校之间、部门之间，还是个人之间，都要强调共同的大目标下追求共同的事业，体现人与人之间同志式的平等、团结、协作的新型关系；强调竞争不能忽视必要的协同；强调竞争要形成群体集团竞争的态势；强调竞争要注重培养师生的集体主义和爱国主义精神，树立社会责任感和群体意识，在竞争中培养与他人协同和合作的品质，在竞争中确定正确的竞争动机、竞争规范和竞争方式。

第三，关于优化公平竞争的环境问题。

正确地引入竞争机制，还需要优化公平竞争的内外环境。竞争必然会拉开学校之间、教师之间、学生之间的差距，一定程度的不公平是竞争机制演化的必要前提。同样的，机遇和条件绝对公平的竞争是不存在的。我们的任务是在开展教育竞争的过程中，采取必要的措施抑制不公平竞争因素，增长竞争的积极效益，正确处理好公平与竞争的关系。这里的公平观念，是指竞争中人人机会均等，而不应理解为平均主义式的公平观。

创造一个民主、和谐、安定的校园文化氛围，是保证公平竞争的主要条件。社会主义的校园文化建设包括严谨、求实、勤奋的治学态度，自由竞争的学术气氛和敢于批判、创新的革命精神。只有在这样一个良好校园文化氛围、民主平等的学术环境里，竞争才有可能是公平的。因此我们要努力加强大学校园文化的建设，大力倡导和培育学术上自由争鸣，人际关系上和谐平等，校园环境安定团结的文化氛围，保证竞争的有序进行。

要创造一个良好竞争的环境还必须打通高校与社会相互输送

知识、人才、信息、成果、物质的渠道，建立有效的技术、信息、人才、劳务、金融等市场，为高校的竞争创造一个良好的社会条件，使高校的教育竞争与政治、经济、科技以及文化改革同步进行。与此同时，我们还需要在竞争中加强思想教育和管理工作，运用政策的杠杆作用，努力限制各种不公平竞争的因素，例如投机取巧、以权谋私等因素渗入到竞争中去，要建立教育竞争的宏观调控机制，加强制度和法规建设，促使人们在竞争中为社会和自身的共同利益而进行自我约束和努力，以激发起内在的积极性。

当前，全国都在认真贯彻党的十三届三中全会精神，整顿经济秩序、治理经济环境。随着整顿治理和深化改革工作逐步开展，高等教育的秩序也将得到进一步稳定。这为我们正确地引入竞争机制，建设教育竞争的有效机制，创造了一个良好的外部条件。可以相信，随着社会主义市场经济新秩序的建立，社会环境将进一步有利于高校开展公平合理的竞争，进而建立起与经济和社会紧密结合的有效教育运行机制。

抓住机遇，更新观念

邓小平同志年初南行时的重要谈话，高瞻远瞩，大大开阔了我们的视野，对我们进一步解放思想和深化改革具有现实和深远的指导意义。回顾总结近几年来浙江大学改革进程，尤其自 1989 年初国家教委批准我校进行综合改革试点以来，我们坚持积极稳妥地推进教学、科研、人事、后勤、管理、分配等方面的改革，增强了办学的动力和活力，逐步建立起主动适应社会主义经济建设和社会发展需要的新机制。通过学习小平同志重要谈话，对照检查我们的工作，深感形势之紧迫，改革任务之艰巨。我们必须抓住机遇，进一步更新观念，转换机制，全面推进学校各项改革的深化和事业的发展。

一、改革必须确立长远目标

高等学校，尤其是重点高校不断深化改革，必须坚持以努力探索建设有中国特色的社会主义新型大学的办学道路为长远目标，把学校办成居国内同类大学前列的教育与科学中心，培养德智体全面发展的社会主义建设者和接班人。

高校改革必须认真贯彻党和国家的教育方针，坚持为社会主义经济建设服务的方向，适应“面向现代化，面向世界，面向未来”的需

注：本文原载《中国高等教育》1992 年第 7、8 期。

要。在实际工作中，要始终坚持建设教育和科研两个中心，坚持培养社会主义事业建设者和接班人的根本任务。学校其他各项工作都要服从于和服务于“两个中心，一个根本”。

基于以上认识，浙江大学所确定的综合改革具体目标是，紧紧围绕“两个中心，一个根本”，经过坚持不懈的努力，把浙江大学建设成为国家高级理工人才立足于国内培养的重要基地；成为从事高科技研究的重要基地，高科技产业的重要辐射源；成为消化吸收国外先进科技和发展国际科技合作的重要窗口；成为吸引国外智力和国内外优秀人才的教育和科研中心。

实践证明，努力探索建设社会主义新型大学的办学道路，建设一流水平的大学，对于社会主义事业高级建设人才和接班人的培养，提高我国科学技术水平和国家经济建设及社会发展都具有十分重要的现实和长远意义。

二、在改革思路中要进一步解放思想，更新观念

深入学习和领会小平同志谈话精神，关键是贯彻落实到改革的实际行动中去。回顾总结近几年来的改革历程，至少已给我们带来三个方面的有利因素：一是通过教育、科研体制改革，拓宽人才培养途径，调整和提高层次结构、学科专业结构，科研面向经济建设等措施，学校教育和科研工作水平有了显著提高；二是学校综合实力确实有了增强，在师资队伍、科技校产、校园建设、财政运筹等方面都得到了改善和发展；三是机制正在逐步转换，办学水平和效益得到了提高，初步建立了科学而行之有效的管理体制和运行机制，为学校注入了新的动力和活力，办学的潜力得到发挥。

在新形势下，重要在于进一步解放思想、转变观念、深化改革。

尤其是要善于结合国情、校情，学习和吸收国内外高校各种有益的管理经验和有效的机制，建立和完善高层次国际教学科研交流合作的机制、渠道和方式，扩大开放。如果不转变不合时宜的旧观念，改革的步子就迈不开。我们应当明确，对凡是有利于学校综合实力增强，有利于改善师生生活条件和办学条件，有利于调动广大教职工社会主义积极性的改革措施，都要敢于试，敢于闯，勇于实践和探索。

三、审时度势，调整结构

深化学校改革，就要根据“三个面向”的需要，审时度势，及时调整结构。

一是要根据社会、经济发展需要和学校自身所处地位，重点高校应当及时调整办学层次结构，从培养本科生为主转移到本科教育和研究生教育并重的战略轨道上来。同时调整本科和研究生培养的学科结构和内部层次结构，在控制学校总体规模前提下，适度发展研究生教育，特别是博士生教育，使重点高校办学层次和水平进一步提高，成为高级人才立足于国内培养的重要基地，促进学校教学、科研水平的提高。浙大目前在校博士生已发展到 325 人，是 1986 年的 3.3 倍，研究生已成为学校教学、科研工作的重要生力军。

二是要根据世界科技发展和四化建设需要及时调整学科专业及课程结构，加速传统学科更新改造和新兴学科的建设布局，合理配置理工、文管学科门类，使重点高校建设与人才培养适应科技、经济、社会发展需要。我校去年合并了光仪系、科仪系，组建光电与科仪系，集中发挥光机电算学科综合优势。今年又调整了化工系、化学系学科结构，新组建高分子科学与工程系，加强新兴学科建设；调整强化建筑工程学院内部结构和运行机制，形成建筑设计、城市规划和土木工程的教学、科研、设计、工程一体化。最近又加紧拓宽工商管理学院的学科领域，在已有的企业、科技、国民经济管理基础上，增设外贸、金融、商检等专业方向。学校设立了学科建设基金和科技贷款贴息基金，专门用于支持重点学科和新兴学科的建设，推动科技成果转化为生产力，孕育高新科技产业。

四、转换机制，增强办学活力与动力

建立与完善考核奖惩与按劳分配的激励机制、择优选聘的竞争机制，“五定一评”的自我约束机制，是调动广大师生员工改革积极性、增强办学活力和动力的有效途径。我校自 1989 年以来实施“五定一评”制度（定任务、定编制、定岗位、定经费、定教学科研用房、考核评估），作为深化人事制度改革，建立完善自我约束机制的重要内容。强化完善年度工作考核制度，对各系、部门和教职工实行分类分级考核，考核结果与职务晋升、工资晋级、岗位业绩津贴紧密挂钩。同时不断完善和深化校内分配制度改革，理顺分配关系，已逐步实施了校内工龄津贴、现职津贴和业绩津贴，增强按劳分配的激励机制，不断提高群体素质。

建立择优选聘的竞争机制，在专业技术职务晋升和聘任中以“按需设岗、按岗定编、公开公平、择优聘用”原则进行，对晋升高职实行量化考核评审，保证了质与量。我校 1991 年起已全面推行这种做法。同时改革公费医疗保险和建立退休保险制度。对考试考查、毕业设计试行相对评分、合理淘汰制，实行记实考评，奖优汰劣。学生分配就业试行以学校为中心，用人单位和毕业生双向选择，优选优派，对留校毕业生选留采取流动编制办法，公开招聘，择优选留。对干部实行定岗考核聘任相结合的办法。对中青年学术骨干进行遴选,建立业务档案和技术职务晋升特别评审制度。校办科技产业实行企业化管理,实行企业与事业编制分离,保证事业编制紧缩、人员精干,把校办企业推向市场,按国家企业法规定,逐步施行工资与利润挂钩和利润递增包干制,试行职工参股,校内联营和社会联营、合资等形式,建立科技产业经营性机制。

办学条件的改善是保证办学质量提高的物质基础,是造就良好育人环境的重要条件,必须予以高度重视并不断增加投入。在国家逐步增加对高等教育投入的基础上,学校要树立一靠国家,二靠自己,三靠社会各方筹资投入,多渠道筹措资金的观念。学校要积极依靠自身力量(对社会教育服务、发展科技产业等)争取经费,并通过试行财务复式预算、建立财务公司,利用科技信贷、集资融通资金方式,增强机动财力;同时广泛加强与海内外社会各界的联系,争取捐赠与集资。校内要建立健全校、系、所三级理财,宏观控制,微观放活,集成三方投入,多渠道集资的财政良性循环控制,保证学校事业正常发展,增强活力。

改善办学条件,除了改善基础办学条件,加强学科建设外,当前特别重要的是改善中青年教职工的住房条件,改善他们住房紧张的困难状况。安居才能乐业。同时应尽可能保证教学、科研及管理骨干教职工的经济收入维持在当地社会平均经济收入的中上水平,以利于稳定和调动教师干部的积极性,为造就一支质量高、结构合理、充满活力的队伍创造前提条件。

五、理顺校内管理体制,深化改革

在改革开放的新形势下,我校要在继续试行校长负责制试点的同时，进一步加强各级党组织建设，完善以各级党组织为核心的政治体制；加强党支部建设，建立健全校、系、所和部处（室）务会议制度，充分发挥基层党组织的战斗堡垒作用和党员的先锋模范作用；建立“教、管、育、导”有机结合，党政工团齐抓共管的思想政治工作体制，把思想政治教育、日常严格管理、教书育人、积极疏导有机结合起来，加强爱国主义、集体主义和社会主义教育，大力倡导教书育人、服务育人、管理育人。

要逐步增强基层的活力和动力。我校在综合改革中实行的按系办学的办法，是行之有效的，它打破了专业之间的分割，拓宽了专业学科基础，更适应于现代科技和商品经济发展对人才的需求。在二级学科建立研究所、室的教学科研体制，改变了过去系所合一、集中管理、统得过多过死的模式，使研究所、室投入实运转，生产力得到很大解放，使二级学科真正成为以学术领导人为首的教学科研实体，成为学校教育、科研中心的基础。学校科研经费经过多渠道的争取，大幅度地上升。1991 年完成科研项目 653 项，获国家科技进步一等奖 1 项、国家自然科学奖 2 项、国家发明奖 3 项，发表论文居国内同类大学第二位。改革成果表明，充分发挥研究所、室的活力，科学研究和高级人才培养过程紧密结合，是完成高级人才立足于国内培养的任务，促进教学科研紧密结合的有效途径。

在充分发挥基层改革积极性的同时，要逐步理顺管理体制，建立科学高效的管理运行机制。学校机关必须分清责权，精简机构，精兵简政，严格定编考核，放权于基层，提高效益，更好地为教学科研服务，为学校“两个中心，一个根本”任务的完成尽职尽力。不要去管那些不应管也管不了的事，把工作重点真正转移到管好规划和政策、教师和干部骨干队伍建设、质量保证和评估考核、审计监察等方面上来，并为基层提供优质高效的生活和教学、科研后勤服务。

20 世纪 90 年代是中国改革开放事业处于非常重要的关键时刻,是我国实现“三步走”战略的承上启下的重要时期。高等学校、尤其是重点高校,必须在全国上下加快改革开放步伐,力争经济更好更快地上新台阶的大环境中,抓住有利时机,与全国人民一道鼓实劲,办实事,深化改革,迎接挑战,为探索建设有中国特色的社会主义新型大学积累新经验,做出新贡献。这是我们不可推卸的历史责任。

解放思想，加大改革力度
转换机制，增强办学活力

自1989年国家教委批准我校为综合改革的试点院校以来，我们努力推进教学、科研、人事分配、后勤、管理等方面的改革，增强了办学的活力和动力，进一步调动了师生员工的社会主义积极性，逐步建立并不断完善主动适应社会主义经济建设和社会发展的新机制，努力扩大学校为社会服务的职能，坚持为社会主义建设服务，取得了初步成效。

最近，我们认真学习了邓小平同志的重要谈话，并回顾总结这几年我校推进综合改革的情况，深感与经济、社会发展对我们的要求还有很大的差距。我们决心在全面深刻领会邓小平同志谈话精神的基础上，进一步解放思想，加大改革力度，转换机制，增强办学的活力和动力。

一、组织教师、干部深入学习邓小平同志谈话精神，回顾总结我校综合改革的情况，找出差距，进一步明确加大加快综合改革的目标和措施，牢固树立积极主动、全心全意为国民经济建设服务的思想。就学校内部而言，必须牢固树立“两个中心，一个根本”(即教学、科研两个中心，培养社会主义事业的建设者和接班人这一根本任务)的思想，学校其他各项工作必须紧紧围绕和服从于、服务于

注：本文原载《浙江大学教育研究》1992年第3期。

“两个中心，一个根本”。把思想政治工作、党建工作深入和落实到学校工作各个方面，保证“两个中心，一个根本”任务的胜利完成，保证学校稳定。

二、围绕学校“两个中心，一个根本”，继续进行校长负责制试点，加强和完善以党委为核心的政治体制和思想政治工作体系，突出树立科学的世界观和人生观教育，加强以党的基本路线及建设有中国特色的社会主义为主要内容的政治思想教育，坚持实事求是的思想路线和社会主义办学方向。

三、坚持“一个根本”的指导思想，坚定不移地、全面正确地贯彻党的教育方针，致力于培养为社会主义建设事业服务的德、智、体全面发展的高级专门人才。

四、加快教学改革步伐，扎扎实实地调整学科结构和办学层次结构，办出特色。我们培养的学生不仅要有专门科学知识，还必须具有一定的经济和管理知识。要坚定不移地走上本科教育和研究生教育并重的轨道。坚决打破“包得太多”、“统得太死”的教育传统和格局。

五、进一步坚定不移地贯彻科研工作面向国民经济主战场的方针。根据学校优势，有选择有重点地抓好基础研究、高新科技开发研究，促进科研和人才培养的紧密结合，为国家和地方经济建设服务，建立与完善科技转化为生产力的有效机制和模式。抓好科研工作的重点是上层次、上水平。要进一步完善科研与国民经济主战场的联系纽带，推进和完善内部体制改革，改革用人制度，建立有效的机制，创造有利于优秀人才脱颖而出的条件。大步扩大国际科技合作交流，大胆探索和社会联合办所、办股份制企业的路子。

六、转换用人机制，建设好一支德才兼备的师资、干部队伍。要调整人事结构，把优秀人才集中到教学、科研、校产、管理第一线，建立事业、企业编制双轨运行的人事管理体制。党政管理机构要精简，权力要下放，调配得力的干部充实基层。贯彻按劳分配，完善各类政策导向，坚决打破“三铁”，建立和完善激励机制、竞争机制和制约机制。在提高效益的基础上，提高待遇。分步施行校内公务员和秘书制度。

七、改革后勤管理体制。后勤工作要从以生活后勤为主，转到教学、科研、生活后勤并重的服务体制，提高技术服务水平。实行校、系、所分级负担，建立事业、企业双轨运行的管理体制和机制。后勤条件改善不搞划一的标准，有条件的可以先改善。

八、深化财务管理改革。建立“复式预算制”，建立事业、企业财务双轨运行的管理体制。加强财经融通运筹，充分利用信贷、集资等手段建立经济良性循环的运行机制。

九、加大校办产业改革步子。在加强校办产业领导班子建设的基础上，从事业企业管理型向企业经营型转轨，从生产型向生产经营型转换，大胆把校办产业推向市场。内部要处理好校办产业、系和所的利益分配关系，形成教育、科研、生产三结合的有效机制。调整产业结构，形成产业特色。探索合资和合作股份制校产模式。

十、加强政策研究工作。正确的政策导向是建立适应经济和社会发展运行机制的基础。要精心设计、论证各项改革最佳方案。既要考虑社会大系统对学校的影响和制约，又必须坚持实事求是，根据学校自身条件，形成自身特色。要善于消化吸收兄弟学校，乃至国际上一切办学的先进经验，为我所用，使我们的各项决策更具有系统性、科学性和预见性。

“挑战和机遇并存，困难和希望同在。”我们一定要抓住当前有利时机，进一步解放思想，转变观念，加大改革力度，转换机制，增强办学活力，加速教学、科研两个中心的建设，提高人才培养质量，使整个办学水平登上一个新的台阶，为探索建设高水平社会主义新型大学的新路子，为社会主义建设事业做出我们应有的新贡献。

要善于掌握正确的思想方法和工作方法

江泽民同志在党的十四届二中全会上对我国经济形势作了三句话概括:第一句话是经济形势总的来说是很好的,发展是健康的;第二句话是要善于总结经验,及时发现和解决前进中的问题;第三句话是说,加快经济发展关键是继续深化改革,扩大开放,努力探索社会主义市场经济体制的具体路子。江泽民同志的三句话完整地概括、分析了当前全国的经济形势,我想对分析回顾前几年我们所走过的道路以及当前的形势也是合适的。

学校经过前几年的综合改革试点工作,应该说改革有成效,事业有发展,水平有提高,机制也开始转换,学校广大师生员工的凝聚力在逐步增强,因此前几年的发展总的来说是好的,是浙大建校以来发展最好的历史时期之一。这是我们贯彻了中央的精神,全校上下团结一致、共同努力的结果。但是,我们要用两分法来全面分析学校的现状,应该看到在前进当中,还存在着许多问题和困难,有些困难不容忽视。我想概括起来看,学校改革还只仅仅取得第一阶段的成果,离建立起主动适应社会主义市场经济,迎接世界科技革命挑战的一流水平的社会主义大学目标相距甚远。无论是学校的办学结构、办学水平、主动适应外部的能力、内部组织结构,还是内部

注:本文是 1993 年 4 月 16 日路甬祥在学校中层干部会议上的讲话。

的运行机制、队伍素质，虽然不断有所进步，但是离目标相距甚远。从教育质量、科研水平、培养德智体全面发展人才等方面来衡量，我们离中央、离社会的要求也相差比较远。这几年虽然有较大的投入，但是离建设中国一流的社会主义大学，投入还是严重不足。我们的队伍建设虽然不断有所提高，但是，在国内有影响的学术带头人还不多，或者说队伍并不宏大，在世界舞台上有影响的专家学者更少。随着社会主义市场经济的发展，尤其是我们还处在社会主义初级阶段，社会利益机制格局方面的调整和冲击，学校面临新的挑战，校内资金分散化的趋势，人才流失的趋势，教师和学生专心致志从教和学习风气都受到不同程度的冲击，这些都是需要认真面对的。

经过前几年改革和发展，浙江大学在国内的声誉虽有所提高，主要指标也有所上升，但是优势并不显著，也不稳定。兄弟院校发展势头很猛，改革的步子很大，瞄准的目标也很高。我们应该要善于总结经验，及时发现和解决前进当中的问题，正视弱点、缺点与困难。按照把浙大建设成为国内同类院校前列的目标，长期地奋斗，坚定不移地抓住“教学、科研”两个中心，与培养德、智、体全面发展的社会主义建设者与接班人这个根本任务不放。坚定不移地贯彻解放思想、实事求是的思想路线，坚持四项基本原则，坚持改革开放，努力探索主动适应社会主义市场经济、适应现代科技革命挑战、符合教学科研内在规律的办学路子。不仅要使学校在教学、科研水平方面不断提高，形成特色，而且要使学校在物质条件、学术环境方面不断地改善，使浙大培养的学生在政治思想、道德风貌方面有新的提高。所以，我们不能满足于过去取得的成绩，不能停留在过去改革的成果之上，必须在新的形势下抓住当前有利时机继续努力。

当前的主要对策。第一还是要认准形势，抓住时机，加快改革，加速发展。小平同志多次指出，发展是硬道理。对于一个学校来说，我想发展也是硬道理。只有学校各方面事业发展了，条件改善了，教职工的生活水平提高了，我们才能增强凝聚力，才有提高教学、科研水平的物质基础。学校只有跟随着国家社会主义建设事业的发展而发展，才能不断地跟上时代的步伐，满足不断增长和提高的对科技与教育的需要。如果停顿下来了，我们就要落后，如果发展速度慢了，相对地也要落后。而发展的关键还是要抓深化改革，扩大开放，要努力探索学校主动适应社会主义市场经济的具体路子，探索学校主动迎接科技革命挑战的重点和政策，探索提高教学质量、科研水平，提高培养社会主义建设人才和接班人的规模与质量的具体路子。改革是一个永恒的过程，旧的矛盾解决了，旧的体制转换了，又有新的矛盾在前头，要永不满足，不断地适应时代对我们提出的新的要求。当前，改革的重点，首先要抓住人才与资金这两项工作，实际上是学校提高水平，提高质量，保证培养人这个根本任务完成的基础。

加快改革与发展，克服前进中的困难和问题，关键还是要调动广大师生员工的积极性。办法有三个：

第一，要加强思想教育。要提倡爱国主义、社会主义、集体主义、奉献精神，要大张旗鼓地宣传对学校、对国家有贡献的先公后私、大公无私的先进人物和模范人物。我们要宣传和学习雷锋，但更要宣传和学习生活在我们中间从事教学、科研、管理、后勤工作，活生生的雷锋式的先进模范人物，这是我们党的传统，要继承和发扬。当然，思想教育要注入新的内容，要改革方式方法。尤其是当前要以小平同志建设有中国特色社会主义的理论为指导，要面对浙大工作的实际与教职员工生活、思想实际来展开，避免“空对空”、形式主义和“两张皮”，真正使思想教育成为调动广大师生员工积极性，团结队伍，激励先进，鞭策后进有力的武器，造成一个人人争上游、人人比贡献的良好校园政治思想舆论环境。

第二，要进一步通过深化改革转换机制。加速校内机制转换，创造性地贯彻执行中央一系列有利于推动生产力发展，有利于推动教学、科研水平提高，有利于调动广大师生员工积极性的政策措施。当前特别是要坚持打破平均主义与论资排辈的陋习，要贯彻让一部分单位、一部分同志先改善先发展的方针，然后带动全校改善与发展。我想还是要坚持凡是有利于提高教学质量、科研水平和完成培养人的根本任务，凡是有利于综合实力增强的，凡是有利于师生员工生活、工作条件改善的政策、办法我们都要采取。当然制定政策时要瞻前顾后，统筹兼顾。

第三，要发挥党的政治核心作用，党员的先锋模范作用和干部的带头作用，带领、团结、组织师生为我们的共同目标进行有效的奋斗，艰苦、卓有成效的奋斗。

在当前改革大潮当中，在利益分配格局变化速度比较快的过程中，我们尤其要强调正确的思想方法与工作方法的问题。

第一，要强调解放思想、实事求是的思想路线。解放思想就是要敢于打破束缚学校水平提高的旧框框、老办法，创造新的模式，探索新的路子。要解放思想，启用德才兼备、有开拓精神、能够团结带领群众为理想努力奋斗的优秀人才，尤其是中青年优秀人才。要解放思想，打破分配模式上的平均主义，允许一部分单位和个人先改善先发展，带动全校加速改善和发展。实事求是，解放思想，不是凭空的唯心主义，不是想入非非。任何事物的发展都是有它的客观规律，实事求是就是要尊重事物发展的科学规律，按科学规律办事，努力按科学规律思考分析问题，遵循规律，加速转化，或者是促进转化。这个工作在培养人才上如此，在筹措资金上也要如此，在推行改革举措的时候也要如此,要实事求是。

第二,在思想方法上还是要提倡唯物辩证法,反对形而上学。要打破平均主义,强调要让一部分单位和个人先改善先发展,但不能绝对化。还要摆正个人与集体、局部与全局的关系,不允许任意的侵吞国家与集体成果、化公为私的行为,更不允许贪污盗窃横行。要保证重点,扶持中青年学术带头人,提拔中青年的优秀干部,但同时也要注意发挥学有所长、有丰富经验的老知识分子的作用,包括发挥离退休同志作用、发挥老干部的作用,他们是学校的宝贵财富。要用他们的经验、用他们的传统来教育带领我们的青年同志努力前进。在强调提高科研水平,发展科研规模,加强为社会服务的同时,决不能忽视教学质量的提高,教学是我们的根本任务。科学研究只有(也必须)与教学紧密结合,才有真正的价值,或者说才有全面的价值。在强调着重发展研究生教育,尤其是博士研究生教育的同时,决不能忽视本科生教育。本科教育是学校教育的基础,也是国家培养人才最基础、最主要的部分。在强调发挥学校的人才与科技优势为社会服务,争取多创收多筹资的同时,决不能放弃基础研究,基础教学的开拓、跟踪、前沿、创新的研究,为我们国家的未来积聚科技后劲。在强调物质利益原则的同时,决不能忽视精神因素,决不能忽视思想政治教育工作的作用。总之,要提倡唯物辩证法,反对形而上学,因为唯物辩证法是符合事物发展的规律性,是客观世界的正确的概括与总结,形而上学的思想方法是违背科学的,是片面的,是僵化的,不符合事物发展的内在规律。

第三,要在新的形势下坚持群众路线的工作方法。学校的大事,我们都要与广大师生员工商量,干部要全心全意地为群众利益着想,关心群众的疾苦,坚持从群众中来到群众中去的工作方法,防止脱离群众。当然我们更要用党的路线、方针、政策去动员、组织、带领群众前进。善于在群众中发现总结新的经验和先进人物，来推动我们的事业。

第四，要坚持民主集中制的原则。无论是所务会议、系务会议、校务会议，都应该坚持民主集中制的原则。虽然我们是实行所长负责制、系主任负责制和试行校长负责制的单位，但是应该认识到民主集中制是个普遍原则，是党的传统，也是集思广益，避免个人决策犯错误的一个组织保证。凡重大的决策，非因时间与机遇的限制，都应该充分地在班子内部展开讨论，集思广益，统一思想认识，然后慎重地决策。当然，在经营活动范围内，有一些需要当机立断，急需决策的，负责人要当机立断，及时决策，敢于承担责任，不要互相推诿。

第五，要坚持理论联系实际。我们学习小平同志建设有中国特色社会主义理论，一定要联系当前我国的改革实际，了解全局。同时，更要联系学校的改革实际、工作实际，联系我们本职工作的实际，学以致用，用马克思主义、毛泽东思想、小平同志建设有中国特色的社会主义理论为锐利武器，来解决工作中面临的问题，而不能够把这些当做教条，这也是一个很重要的原则。要避免走形式主义，真正做到真抓实干，学理论要真抓实干，抓实际工作更要真抓实干。我们考察干部、评价某一单位的工作也应该要注意全面的衡量，重在看实绩，从实践来看他，检查他的思想路线，检查他的各方面的工作状态。在工作方法方面，我们要注意像过去那样重视舆论宣传工作，要通过舆论宣传来动员群众，引导群众，为改革鸣锣开道，来化解群众当中存在的疑虑与矛盾。要注意以点带面的工作方法。善于抓两头带中间，抓好典型，同时也要帮比较差的后进，两头抓住了，中间自然可以跟上。特别在当前，我认为应该党政齐心协力，上下同心同德，为了学校的未来，为了国家的未来而艰苦努力，坚持不懈地开创浙大新的局面。

解放思想，深化改革，加快发展步伐

一、浙江大学建设与发展的目标

通过对小平同志南行讲话和党的十四大精神的学习，总结我校近年来改革的实际，进一步明确浙江大学建设与发展的目标是：

经过20年至30年的努力使浙大能主动适应社会主义市场经济需要，迎接世界科技革命挑战；

成为我国培养高级理工经管人才的主要基地之一；

成为我国高新科技研究中心，长江三角洲乃至我国东南沿海地区高新科技产业的重要辐射源；

成为在教育质量、科研水平、办学综合效益和社会声誉等方面均全面地稳定地处于国内同类大学前列，并在世界上亦居一流水平的、具有特色的社会主义大学。

实施战略可分三步走：

第一步，“八五”期间至建校100周年(1997年)争取各项工作再上一个新台阶，大体完成学科结构和办学层次结构的调整、学校发展总体战略布局和校区总体规划。基本完成校内领导体制、管理体制改革和办学机制的转换。

注：本文是1993年1月路甬祥在学校会议上的讲话，收录时有修改。

第二步，“九五”期间至下世纪初，在办学质量、层次、规模方面上一个大台阶，形成在校研究生3000—3500人，本专科生10000—18000人，成人教育5000人次的办学规模，形成我校高质量、高层次与多层次、多门类兼顾的办学格局。同时建立起一支在国内居一流水平的500人左右的跨世纪学术带头人队伍，其中50—100人在世界学术界享有较高地位；形成20—30个国家级重点实验室、研究所、工程研究中心、工程技术中心，取得50—100项具有重要学术意义、重大经济技术价值的研究成果；通过人才、成果转移辐射形成30亿—50亿产值的行业与产业社会效益。培育出8万—10万名德才兼备的科学家、工程师、新高科技产业的带头人和党政领导骨干。使浙大成为国内外社会一致公认的中国名列前茅、有特色的综合性理工科大学。

第三步，至建党100周年即下世纪20年代，使浙大跻身世界一流大学的行列。

实现这一长远宏伟目标是社会主义四化建设的需要，也是党的十四大提出的战略目标对我们的要求。我们必须解放思想，实事求是，加快改革步伐，坚定不移，团结一致，大胆探索，专心致志付诸实施。

二、指导思想

在深化改革的过程中，我们要贯彻党的十四大精神，以建设有中国特色社会主义的理论为指针，坚持“一个中心，两个基本点”的基本路线，坚持实事求是的思想路线，面向社会需求，尊重教育科研规律，牢牢把握学校教育、科研二个中心和培养社会主义建设者和接班人这一根本任务。牢固树立“三有利”的标准，调动师生员工的社会主义积极性，主动迎接挑战，深化改革。

在实际工作中，要着重抓好结构调整，体制改革和机制转换，建立起一支德才兼备、结构合理、充满活力的师资和管理队伍，形成一流的综合办学条件、学术环境。不断改善综合办学条件，继承发扬求是创新优良传统，通过一靠国家，二靠教学、科研、校产、科技开发、咨询服务等，三靠社会多渠道支持增加投入，四靠转换机制、深化改革、精心运筹提高效益来加快学校的建设和发展，使浙大成为能主动适应我国社会主义建设的办学法人。

三、改革和发展的举措

(一)教育

根据人才市场和社会需求、世界科技革命与经济发展趋势、国家高级人才立足于国内培养的战略布局，进一步调整办学门类、学科和层次结构。

1. 坚持按系办学，完善学分制，更新、拓宽、提高传统学科知识结构、课程结构和层次结构。

2. 加快完成信息、生物、材料、环境、能源等新兴技术学科的教学布局。

3. 积极创造条件，加强工商管理、外贸、财政金融、人文艺术等专业门类建设，完成理工为主、兼有文管的科类布局。

4. 在适应需求、保证质量、开拓生源、改革教育的前提下，积极发展研究生教育，“八五”规划末达到3000人规模(2000名硕士研究生，1000名博士研究生)。

5. 建立完善学生上学收费制、医疗保险制、人生意外保险制、奖学金贷学金制、兼职助教制。

6. 建立完善“教、管、育、导”四位一体，党政工团齐抓共管的学生思想政治教育和管理体制，加强学生党建工作，发挥共青团、学生会、学生社团的积极作用。

7. 逐步改善学生学习、生活条件，活跃业余文化艺术体育科技活动，筹建学生活动中心，建设良好的综合育人环境。

8. 加速教育科研图书资料信息网络建设，改善图书馆条件和校园计算机网络、计算机辅助教育(CAI)状况。

9. 根据社会需求，发展继续、函授、夜大、职业、师资教育。筹建继续教育大楼，扩大在职人员攻读学位和在职研究生、论文硕士博士教育范围，扩大对外汉语教育，发展对港澳台招生和国外招收留学生工作，不断提高国际教育交流与合作的层次和水平。

(二)科研工作

坚持科研工作面向国民经济主战场，坚持加强基础研究。选择优势，对准前沿目标进行创新研究。坚持促进科技成果转化，坚持科研和高级人才培养有机结合，使科研工作上水平、上规模、上效益。

具体目标是：

1995年科研经费达1亿元，科技成果转化效益达15亿元，形成一批高水平科技成果，争取获自然科学基金排名前三名，在学术榜中居同类院校前三名，争取再建5—8个国家实验室或相当水平的研究中心。

1. 完善研究所体制。按二级学科建所，学术带头人负责制，建立稳定合理的学术梯队结构和学术领导结构。建立研究所实运行机制，党支部建在所上。进一步赋予研究所长更大的职权，使之成为具有能力面向社会竞争的科研法人。

2. 培养 200—300 名中青年学术骨干，使之成为德才兼备，学术上能起带头作用，教育科研上有组织领导能力的跨世纪的学术带头人。

3. 加强科研设施条件建设。建立科研中介公司，建立和完善出版、学报、会议服务、基金支持系统。健全国际科技交流管理体制。建立律师事务所等机构，加强知识产权、学校权益和师生权益保护，建立公正的学术评议组织和科学的评议标准，为我校科研发展创造良好的宏观小环境。

4. 建立一批稳固的国内合作单位，包括部委、行业、企业和学会，拓宽、巩固国内合作渠道。

5. 建立一批稳定的国际合作单位，包括高等院校、基金会、双边和多边国际组织，扩大国际合作渠道。

6. 将科研“12 条龙”逐步发展成为具有工程技术中心和工程研究开发中心性质的研、教、技、产紧密结合的组织，使其充满生机和活力，形成既有利于教育质量和科研水平提高，又有利于科技成果转化和社会经济效益提高的新体制。

7. 调整和完善科研有关政策，形成完整合理的导向。

（三）人事和管理体制

1. 实行校、系、所三级体制。系管教学及学科规划评估，进行技术职务聘任。实行系主任负责制，设系务会议、系学术委员会、系教育委员会。二级学科建所，在校、系领导下完成教学环节，相对独立地行使科研法人权。实行所长负责制，建立所务会议、所学术委员会制度，教授即学术带头人或分支学科学术带头人制度。

2. 学校试行校长负责制，党委是政治核心，副校长在校长领导下分工负责。明确校务会议、党委常委会议、校长办公会议职能，对现有机关处部按下放职权、事权分类、党政协同、高效精简、面向基层、优质服务的原则，进行并、转、减、撤，实现减编 1/3—1/2。因事设岗，明确职责，民主监督，严格考评，提高待遇。

健全校务委员会等咨询机构，健全学校各类专门委员会的职能。发挥教职工代表大会民主参政议政职能。加强党纪、政纪、审计监察、统计机构职能，加强经济师、会计师制，加强学校保密、保卫机构职能。加强党的政治核心作用，形成民主科学决策机制，民主监督机制，高效的行政管理体制。

3. 调整人事结构。上调教学、科研人员占编比例，上调高职人员比例，上调高学历职工比例。逐步建立完善学校岗位设置规范，建立以教科管骨干和技术服务骨干为固定编制，其余人员均为合同制流动制编制的人事结构，建立完善招聘、考核、晋升、提职、退休、奖惩等制度。坚持推行博士生兼任助教制，并逐步推广至硕士生。

4. 改革分配制度，健全保障制度。贯彻按劳分配原则，巩固完善校内津贴制度，逐步取消福利型平均主义分配的方式。加速房改，建立医疗保险、退休保险、人身意外保险、人寿保险，既使有限资源得到更有效利用，有利于推动和保证两个中心建设，又有利于建立起必要的保障体系，做到老有所养、病有所治、灾有所助，逐步创造条件和社会保障体制相衔接。

5. 坚持德才兼备的干部标准和“四化”的干部方针，着重选拔有开拓创新精神有实绩的干部。坚持按需设岗，公开招聘，择优任用，民主考评，德能勤绩，考绩为主。坚决破除论资排辈陋习，坚决反对任人唯亲，结帮拉伙不正之风。对无所作为，政绩平平的要及时调整下岗。逐步建立起符合党的干部路线、符合我校实际的干部任职基本标准(学历、经验、德才表现和能力)。严格遴选考核审定程序，坚持从教学、科研、生产第一线优秀教职工中选拔干部的原则，坚持干部的学习制度、民主生活制度和双重组织生活制度，健全纪检和监察制度，党内外民主监督制度，贯彻民主集中制原则。

(四)校产、后勤与财务

1. 校产要按《企业法》规定的原则和校办企业的基本职能与目标，加快改革步伐，依托科技人才优势，参与市场竞争，上规模，上效益，上水平，形成资金、人才、教育和科技转化为生产力等方面综合良性循环。校产要成为校内实践基地和科研支撑转化基地，建校100周年，校产达到产值2亿—3亿，利润3000万—5000万，实习岗位4000人次/年，并形成3—5个高科技产业中心，支持学校教育科研中心工作，增强学校综合实力和高新科技辐射能力。

校产要遵循社会主义市场经济规律，走校内外联合之路，实行生产要素优化配置和组合，发挥优势，办出特色。

校产要依托系和学科背景，走多门类高科技实业和第三产业为主之路。实行校、系、所三级产权，以校、所二级为主，实行经营权与所有权分离和董事会法人制，保证经营者委托企业法人权力，使企业自主经营，自负盈亏，自我约束，自我发展。

学校代国家征收所得税，企业按企业会计准则进行严格的财务管理，银行账号由校内银行统一管理，进出口工作统一由外贸公司管理。工业总公司、科技开发总公司、后勤产业集团代表学校管理产权。学校对校办企业、高新科技产业可按国家有关政策酌情在收费、投资、资源利用等方面给予时限性或行业性优惠。

2. 后勤要逐步转化为社会化的第三产业，牢固树立为“两个中心”服务的思想，提高服务水平、质量和效益。开发校内外第三产业市场，逐步减少行政拨款，做到自我发展、自我完善。实行定额包干，创造分利，承包、租赁等各种有效的经营方式。学校着重解决住房、通信、会议服务、教育科研文档出版、维修加工服务、咨询设计及其他技术劳务服务，为学校教育科研创造更好的综合环境。后勤工作特别是要加快房改步伐，加快建房速度，通过多渠道筹措资金建房，争取在3—5年内使教职工住房，尤其是中青年教职工住房有较大改善。

对房地产和校园管理以及学校安全保卫等仍实行行政管理为主的体制。

3.财务管理要从事业财务管理转为事业、企业综合经济管理，变直接行政干预为间接政策调控。实行财务综合复式预算，健全校内银行，强化节资、集资、融资功能，调动增收节支的积极性。建立资金集中、分级理财体制，集中学校财源，搞活基层财政微循环。

建立校、系、厂、所联合投资，共担风险，民主决策的机制，彻底打破资金投入上“等、靠、要”的传统陋习，建立完善信贷的渠道和机制，加速学校发展。

审计工作要加强效益审计，对制度审计既要依据有关法规，又要从实际出发，有利于事业发展，合法合理。不断调整完善规章制度，严格划分合法与违法、违纪与违法、失误与违纪之间的界限，分清是非性质。要着重查处那些违反国家学校财经纪律，侵害集体、学校和个人权益，假公济私，化公为私，玩忽职守，监守自盗，对国家、学校造成严重损失的行为。

完成上述目标和工作，在今后的实际工作中，学校党政和全体师生员工要贯彻10个“坚持”不动摇：

坚持党的基本路线和小平同志建设有中国特色社会主义理论为指导；坚持学校“两个中心，一个根本”；坚持全心全意依靠广大师生员工，尤其是依靠知识分子队伍；坚持党的政治核心地位、加强和改进党的领导、发扬党的优良传统和作风；坚持改革与发展是硬道理；坚持警惕“右”，但主要是防止和排除“左”的干扰；坚持学校物质文明和精神文明建设两手抓；坚持把建设一支教学科研骨干队伍放在首要位置；坚持巩固学校团结稳定的政治环境；坚持把浙大建成国内外一流水平的目标！

经过二三十年的努力，我们的目标一定能够达到！

更紧密地与经济科技结合

——浙大校长路甬祥谈高教改革的深层思考

坐落于美丽杭州的浙江大学，背依青山，面居玉泉，英才辈出，蜚声中外，可谓物华天宝，人杰地灵。当我们坐在校长路甬祥的办公室里时，这位大学校长告诉笔者："这几年，我们一直在探索一条道路，作为浙大这样一所全国重点大学，如何更好地使教育与生产劳动结合，与科研相结合，在坚持方向、控制规模、优化结构、深化改革的前提下，扩大办学内涵，使我们培养的人才更好地满足我国经济社会发展的需要，适应世界科技发展潮流。这是我们进行教育改革的出发点。"

从1989年开始，浙大先后与轻工业部、建设部、国家工商行政管理局、国家商检局等十几个部委以及中国石化总公司等国家骨干重点企业联合办学，创办了轻工学院、建工学院、工商管理学院、石油化工学院等6个学院，取得很大社会经济效益。

路甬祥告诉我们："我们创办的这些学院，不扩大学校规模，不增加学校管理层次，通过挖掘学校内部潜力，扩大了办学内涵，增加了学校和社会联系的纽带，强化了教学适应社会主义建设需求的机制。"

"我们的教育体制改革应该建立和完善与公有制基础上的有计

注：本文原载《中国教育报》1991年1月20日，作者：少波，有智。

划的商品经济相适应的运行机制、发展机制和约束机制。”路甬祥话锋一转，谈起他对我国教育体制改革的深层思考。“在有计划商品经济条件下，我校在进行办学模式转轨以后，深化了教学、科研、后勤管理、生产等内部结构和运行机制的改革，使教学与科研更紧密地联系起来。”

最近，路甬祥在中央党校进修班学习了三个月，在与我们的交谈中，他的思绪不时显露出一种哲学的思辨色彩。他说：“辩证唯物主义揭示了物质世界是普遍联系的，而且是一种不断运动和永恒发展的过程。随着我国有计划商品经济的发展，社会的经济结构、产业结构和社会劳动分工的结构层次也将不断地发展。因而，教育的结构、层次和功能也不断地变化调整。教育体制改革就是这种结构和功能调整的过程，现代科学技术的发展影响着现代教育思想的内容和方法。从经济和科技发展的规律性来看，教育必然要更加紧密地与经济和科研结合在一起。这就是我们这几年对教学体制、科研体制改革的思考核心。”

“浙大综合体制改革这几年具体怎么做的？”

路甬祥侃侃而谈：“在教学体制上，我们把原先按教研室办学的模式变为按系办学，淡化专业，把本科教学基础面加以更新、拓宽，完善学分，提倡主辅修，创办‘混合班’、‘提高班’，扩大厂校联合培养(311 制)的试点，加强基础理论，加强实践环节，加强能力培养，总的目的，就是为了使教育更好地适应经济和现代科技发展需求。初步设想，‘八五’期间，将创办 5 到 8 个社会经济发展急需的高科技发展方向的应用学科和适当加强生物工程、信息工程、材料工程、机电一体化技术和现代管理方面人才的培养。”

在谈到科研体制的改革时，路甬祥说：“像浙大这样一个教学和科研的结合，必须依托高水平的科学研究，这也是当前国际高等工程教育发展的趋势。我们提出了在二级学科上建立研究所的设想。研究所不是对教研室的简单形式替代，它是教学与科研紧密结合的学科实体。过去，我们的教育思想是以知识的灌输为主，所谓研究所实际上是系所合一，空架子一个，现在研究所要承接科研项目，搞二次开发，而且还要在系的统一领导下，接受教学任务，专人负责教学工作。这样研究所所长作为学术带头人，可以稳定地长期地专心于教学和科研事业，规划学科发展，摆脱行政事务和任期制的弊病。目前，浙大已建立这样的研究所、室 70 多个。科技和教育体制转轨以后，教学和科研的结合就更紧密了，学生特别是研究生能更多地参与科研，在实践中提高研究能力。”

“当然，对学生的培养，最重要的还是坚持社会主义办学方向，把德育放在首位。我们要引导青年学生学习马列主义理论，树立科学的认识论和方法论，同时，必须对他们进行系统的生动的国情教育，引导他们参加社会实践，走与工农相结合的道路，把思想道德教育贯彻在教育过程的始终，把学校真正办成转变学生思想，树立正确的世界观和人生观，培养社会主义事业建设者和接班人的熔炉。”

关键在于转变观念转换机制

——浙江大学校长路甬祥谈深化高校改革

在京出席国家自然科学基金会年会的浙江大学校长路甬祥，近日接受记者采访时明确提出："对凡是有利于教学科研两个中心的建设和培养人的根本任务的完成，有利于学校综合实力的增强，有利于师生生活条件和办学条件改善的改革措施，都要敢试敢闯，勇于实践，勇于探索。"

路甬祥说，他的这种想法是学习小平同志南行谈话后受到了启发。他说："小平同志高瞻远瞩的谈话，开阔了我们的视野，对我们进一步解放思想和深化改革具有深远的指导意义。"

路甬祥强调，应通过学习小平同志的谈话，加深对形势的认识。当前世界科技发展十分迅猛，经济竞争十分激烈，发达国家仍然保持着科技和经济的优势地位。我国的周边国家和地区，包括亚洲"四小龙"以及泰国、马来西亚、印度，正处于迅速发展之中。我国经济能否搞上去，关系到中华民族的兴衰。随着科技和经济的激烈竞争，许多国家正面向 21 世纪进行教育结构的调整。挑战与机遇并存，我们绝不能错过这个机会。

浙江大学于 1989 年初被国家教委批准为综合改革的试点院校，几年来在教学、科研、人事、后勤、管理、分配等方面进行了一系列改革，学校面貌发生了可喜的变化。路甬祥校长认为，高校改革

注：本文原载《中国教育报》1992 年 6 月 4 日，记者：海心。

必须认真贯彻党和国家的教育方针，坚持为社会主义经济建设服务的方向。小平同志讲党的基本路线一百年不能变。高等教育为社会主义经济建设服务的方向也要一百年不变。在实际工作中，要始终坚持建设教学和科研两个中心，坚持培养社会主义事业建设者和接班人的根本任务，学校的其他各项工作都要服从和服务于这“两个中心，一个根本”。路甬祥说：“通过学习小平同志的讲话，对照我们的工作，深感差距和不足，深感形势紧迫和任务艰巨，必须进一步解放思想，加快步伐，深化改革，建立学校主动适应四化建设、迎接国际经济竞争和科技革命挑战的结构和机制。”

路甬祥认为，深化改革关键在于转变观念和转换机制。他说，许多习以为常的观念，是在单纯的计划经济的传统体制下形成的，不再适应发展有计划的商品经济的新形势了。比如对人才的知识结构的要求，再讲基础课加专业课就不够了。我们培养的是跨世纪的人才，要参与国际竞争，使我国的高新技术在国际上能占有一席之地，在国内要投身于有计划的商品经济的建设，因此，知识结构要从科技型向科技、经管型转变。再比如对学校功能的认识，过去讲是人才培养和科研基地，现在要扩展，高校还要成为发展高新科技产业的一个基地，成为消化、吸收国外先进科技成果和发展国际科技合作的重要窗口。又比如对学校投入的观念，过去习惯于依赖国家投入，现在要树立一靠国家、二靠自己、三靠社会多方筹资的观念。学校要积极依靠科研和对社会的教育服务以及发展校办产业争取经费，并通过建立公司、实行财务复式预算、利用科技信贷等融资方式，增强机动财力，还要加强与海内外社会各界的联系，争取捐赠与集资。还有，以前人们认为学校是事业单位的观念也要变，要建立事业、企业双轨运行的体制，对校产、服务、出版、非学历教育等部门要按企业管理，大胆推向社会，推向市场。路甬祥校长还特别提到，思想政治工作也有调整和改进的必要，在向学生进行远大的共产主义理想教育的同时，要注重让他们学习建设有中国特色的社会。只有长远理想，没有对社会现实的认识，进入社会就会不适应。

路校长说，如果观念不变，改革的步子就迈不开。他提出，高等教育的改革是探索建设有中国特色的社会主义这一事业的重要组成部分，高校深化改革不是一件孤立的事情，是一个开放体系，要和全社会的改革联系起来，所以，等待观望不行，盲目超越也不行。深化改革的目标要和建立有计划的商品经济的目标联系起来，学校的运行机制要向这个方向转换。

路甬祥说，浙大通过建立与完善奖惩与按劳分配的激励机制，择优选聘的竞争机制，“五定一评”（定任务、定编制、定岗位、定经费、定教学科研用房，考核评估）的自我约束机制，学生在校时奖优汰劣机制和毕业时双向选择机制，调动了广大师生员工的积极性，增强了办学的活力和动力。他还说，机制转换，来源于相应的政策。同样的一批人，在新的机制下就会干比过去多得多的事情，取得许多成绩。一些部门本来是学校的包袱，但机制变了，就会创出效益，自给有余，还能反过来支持教学科研，改善办学条件。浙大通过不断深化校内管理体制的改革，实施业绩津贴、职务津贴和特殊岗位津贴，增强了按劳分配的奖励机制。

现年50岁的路甬祥曾于1979年至1981年在德国亚琛大学学习进修，并获得工程科学博士学位，可以说他对国外的教育不仅有理性认识，也有感性认识。他对记者说：“教育有很强的政治性和阶级性，在这一点上社会主义的教育和资本主义的教育有本质的不同，但它们又有一致性，都要适应社会化大生产，所以要认真分析鉴别，要把那些符合规律的东西大胆吸收过来，为我所用，以利于中国高等教育的发展。”

人才培养篇

□ 培养高层次高水平的专门人才是我们的根本任务，我们必须始终不渝地坚持这个办学目标。

□ 衡量学校办得好不好，水平高不高，主要是看能否培养出社会主义建设事业所需要的高层次高水平的合格人才。这要作为考虑一切问题的出发点和归宿，学校各个方面的工作都必须服务于这个根本任务。

□ 培养高层次高水平专门人才的关键是紧紧抓住提高教育质量这个核心，树立德智体美能全面质量观。

面向社会主义建设需要，立足国内培养高级人才

近10年来，我国的高等教育无论规模、层次，还是数量、质量均发生了前所未有的变化。全国招收研究生人数从1978年的1万余人发展到1990年的3万人；学位授予人数1982年为博士13人、硕士5773人，1990年达到博士1982人、硕士32090人。研究和探讨培养高级人才的方针、方法和途径，发展的规划和管理，以及如何使之更有效地适应社会主义现代化建设需要，迎接“两个挑战”，是我们目前面临的重要课题。我认为，高级人才培养应从国情实际出发，立足于国内，本文亦就此专题略发管见。

一、培养高级人才的迫切需要

社会生产的发展，在现代社会以科技发展为关键，科学技术是生产力最活跃的因素，是第一生产力。科学技术在提高劳动生产率的比重方面正占据主导地位。人类知识的积累是按几何级数增长的，近30年新发展的科技成果比过去2000多年的总和还要多，新科技信息和知识急剧增长。据考察，20世纪80年代知识倍增周期仅为3年。在现代科学技术的体系中，交叉综合趋势日益显著，几

注：本文原载《学位与研究生教育》1992年第1期。

乎所有的技术行业都存在知识更新问题,新理论、新材料、新方法、新工艺、新领域层出不穷,新型产品特别是高技术产品不断涌现,从新的科技发现和发明到工业应用的周期大为缩短。发展科技、扩大生产,以及社会经济的综合运行和控制,都对社会成员的科技知识、智能结构不断提出了新的要求。换言之,从科学研究、技术开发到生产应用、经营管理都必然地提出一个决定性因素——人才问题,包括人才在社会大系统中的层次、分布、结构。

一定的经济发展水平总是与相应的科技人才队伍相联系的。表1列出了几个经济大国的GNP(国民生产总值)数据及研究人员占人口的比例。而动态地看,GNP增长一般也伴随着科技人才的增长。20世纪70年代从事研究和发展(R&D)的科学家和工程师拥有量平均年增长率欧洲为3.63%,亚洲为4.39%,原苏联为3.95%,而北美稍低只有1.69%。它们对应着同时期各地区的经济发展速度。对我国来说,今后半个多世纪是经济社会迅速发展的关键时期。按照经济发展的战略部署,要求人均GNP到21世纪中叶接近目前中等发达国家水平。今后60年内人均GNP若持续以每年不低于6%的增长速度计,作为世界上11亿人口的大国尚无先例。要保证实现这一宏伟目标,必然要求社会主义制度优越性的进一步发挥,要求路线正确、决策科学、措施得当。同时许多科学、技术、工程领域的人才需求必将迅速增长,一些传统学科、传统工艺也亟待改变保守面貌,意味着对社会劳动者的教育要求极大提高了。而推动传统学科进步,对新兴领域及一些交叉、边缘学科的探索研究,对传统产业的改造和现代化管理,高新科技产业的开发、经营,还有关系到经济、政治、社会、法律以及国计民生各方面的统筹规划和科学决策……都将会突出反映到对硕士和博士研究生等高级专门人才的迫切需要。在经济社会发展诸要素中最重要的莫过于解决好国民的素质，特别是高级专门人才总量上的保证以及层次结构的协调。一句话，“教育为本”确是时代的要求，也反映在高级专门人才的培养上。

表 1 四国 GNP 统计及研究人员比例

（1981 年）

国　　家	苏联	美国	日本	西德
人口（万人）	26770	22981	11765	5976
GNP（亿本币）	11162	29060	2491010	15439
人均 GNP（美元/人）	4550	12820	10080	13450
1971—1981 年 GNP 增长率按可比价（%）	4.75	3	4.7	2.5
每万人中研究人员数（1977 年）	51 （含人文社科）	60.8	62.1	44.4

二、立足国内培养的必要性

高级人才作为科技文化的传播者和创造者、经济社会腾飞的骨干力量，在一定意义上也是社会发展的重任担负者。因此，培养坚持社会主义道路，拥护党的领导，德智体全面发展的高级人才，培养了解中国国情，面向中国实际，立志服务于中国特色社会主义事业的接班人的任务更为艰巨。

对高级人才，不仅要求他们具有相当的科技文化知识和业务水平，还要求他们能够树立符合社会主义生产关系的科学的世界观和为人民服务的人生观，树立爱国主义、集体主义思想和共产主义理想，使他们逐渐成长为国家社会的骨干和栋梁。要达到这样的培养目标，造就这样一代具有高度政治业务素质的人才，培养途径必须是也只能是立足国内。但同时也要认真贯彻“面向世界、面向未来、面向四化”的方针，坚持独立自主、自力更生的方针，并充分利用改革开放的条件，加强国际文化交流与合作。

三、立足国内培养的可行性

硕士、博士研究生等高级人才主要依靠本国培养不仅是一种理想和计划，也已经是一个时期以来被实践证明的可行途径。据1988年的统计，全国普通高校就拥有教授和副教授9.36万人，占教师总数的23.8%，专职从事科研工作的约有3.92万人。1980—1988年，仅学校科研成果获国家自然科学奖56项，国家发明奖270项，国家科技进步奖336项。人才的阵容和研究开发的实践，加之学科建设的发展、学位制度的确立，使高级人才的教育有了法规的保证。近年来，财经、政法、师范科类教育及一些新兴、边缘学科也得到了加强和发展，同我国各项建设基本相适应的多种层次、多种形式、学科门类比较齐全、具有相当规模的高教体系基本形成，实质上也已具备了国内培养高级人才的基础和条件。

浙江大学是一所以工为主，理工结合，设有文、管的多科性重点理工大学，曾为国家培育了5万多名专门人才，毕业生遍及海内外。随着学校的发展，近年来进一步明确了"两个中心"建设和研究生教育与本科教育并重的方针，通过教学科研活动培养具有坚定正确的政治方向，能适应四化建设实际需要，德智体全面发展的高层次人才。

回顾我校研究生教育，可以追溯到40年代初。其时浙大已建有数学、物理、史地等10个研究所，在校的知名学者如苏步青、陈建功、王淦昌、贝时璋、谈家桢、王葆仁、叶良辅等教授已经招收培养研究生。如著名冰川学家施雅风、天气物理学家叶笃正当年就是浙大的研究生。由于历史悠久，学科发展基础笃实，浙大人才辈出。建国后,60 年代初已建立比较正规的研究生培养制度。特别是“文化大革命”后恢复研究生招生,继而建立了浙大研究生院,现已不仅在大陆,而且还在香港地区招收博士、硕士研究生,同时接受访问学者,开办科学研讨班和专业研究班。

目前,浙江大学拥有 76 个硕士学位学科、专业点,29 个博士学位学科、专业点,在 10 个学科(21 个专业)建立了博士后科研流动站。我们有自然科学、技术科学、管理科学等领域的研究所 57 个,研究室 17 个,国家重点实验室 9 个(其中 3 个为国家专业实验室),液压传动及控制实验室、现代光学仪器实验室由国家教委定为对外开放实验室。

——从师资条件看,截至 1990 年底,我校 2368 名教师中具有教授、副教授职称的达 1063 人,其中正教授 197 人,博士生导师 59 人;

——利用国家投资、科研重点攻关、横向合作、成果转让、咨询服务,以及校办产业收入、利用外资等多渠道的资金,学校的教学科研条件得以显著改善,科研水平和规模得到稳定发展;

——浙大同有关企业建立了 30 多个教学、科研、生产联合体,教学科研面向经济建设主战场的格局和机制已初步形成;

——在学术交流上,浙大与多个国家和地区 36 所院校建立了校际合作关系,已派出 900 多名师生去国外学习、进修及从事合作研究,每年接待数百名教授访问、讲学或合作科研,并成立了对外文化与语言交流中心,这种开放式的广泛联系活跃了学术空气,开阔了视野,有利于取长补短。而人才的输出和反馈充实了师资和研究队伍,提高了科研学术水平,为研究生教育的发展提供了良好的基础。

高等学校的重要特点是人才荟萃,科技储备和创新潜力巨大,其研究开发活动结合人才培养，综合效益大。科研实践不仅出成果，提高了教师的学术水平，也是培养高级人才的重要途径。我们的研究生已成为教师指导下的科研生力军，一些理论研究成果达到国际先进水平，许多应用性成果转让获得显著效益。1991 年我校有 15 位博士、硕士荣获了“做出突出贡献的中国博士、硕士学位获得者”称号。他们中有的担当了国家级、国际合作，或省、部级科研项目的负责人；有的成为教授、副教授，学术带头人；有的成为科研单位或校、系、部门的领导；有的成为厂矿企业生产第一线的革新能手、技术骨干；还有的在学术上享有国际声誉而被载入世界名人录。历年来，浙大曾获国家、省部级的重大科研成果奖 350 多项，其中荣获国家发明奖 29 项，国家科技进步奖 15 项，并取得了显著经济效益。在 1990 年，就有 140 项科研成果通过鉴定，其中 61 项达国际水平，41 项属国内首创，25 项在国内领先，获国家发明奖及地方、部门科技进步奖的计 35 项。该年度经批准的发明专利 49 项，出版科学专著 51 部(共计 1320 万字)，在国内外学术刊物发表的论文 1805 篇。这些成果大多数是导师带领研究生立足于现有科研环境协力完成的，在一定意义上也反映了学校培养的博士、硕士的水平。事实证明，立足国内培养高层次人才是现实、可行的，也是正确、有效的。

四、目标、方法和途径

社会主义高级人才的培养目标，首先是具备良好的政治思想觉悟和道德品质。要使人才能较好地掌握运用马克思主义、毛泽东思想的基本立场、观点和方法，能坚持四项基本原则，自觉地把个人理想同祖国和人民的利益联系在一起，自觉地树立科学的世界观和人生观，树立良好的科研道德；造就他们“献身、求实、协作、创新”的精神，严谨治学、勤勉上进的作风；作为一个社会主义社会的高级知识分子所应具有的行为规范。在学术上，要使他们具备坚实宽广的理论基础和系统深入的专门知识，良好的外国语水平和现代的科学工作方法和技能，富于创造精神和较强的独立从事科研工作的本领，工程实践能力和管理能力；从学术带头人的第三梯队要求出发，又要注意使他们形成合理的、较高的智能结构，在专业知识、人文、政治、管理知识、工程意识等方面都具有较高的素养，使他们既能精深业务，又能高瞻远瞩，把握社会经济和科技发展的动态和趋势。

教学方法和途径应当考虑多样的形式，制订科学合理的培养计划，并积极发挥已有或潜在的优势。在培养过程中既要强调导师负责制，又要重视集体育人环境和党团工作的作用。交叉学科更要充分发挥指导小组的协同作用。适当加强一些新兴、重点学科的人才培养，鼓励应用研究，扩大人才和信息交流，活跃学术气氛。有计划地搞好本科生和硕士生、博士生各培养阶段的协调和衔接，鼓励优秀学生脱颖而出，直攻高一级学位。提倡主、辅修结合，既博且专。博士研究生以科研实践工作为主体，兼任一定的助教、助管、助研工作，联系实际进行全面培养，高标准要求，论文应达到基础性、系统性、创造性和科学或工程实践性的有机统一。

必须发展多层次、多规格、多形式的培养途径，例如校内的交叉学科，校内外、国内外联合培养。这些开放模式迄今为止已取得不少成功的经验，对学科建设、人才师资结构均起到了丰富、充实、提高的作用，也推动了科学研究的发展。今后尚需进一步改革探索，不拘一格，拓宽培养人才的路子。建立并完善教育质量的评估，保障考核管理体系，建设好各个教学环节并使之规范化，严格考核把关。

五、高级人才培养的环境建设

任何一项事业的发展都离不开环境的作用，高级人才的培养也不例外。尽管我们的硕士、博士乃至博士后人才培养都已基本形成稳定发展的格局，高级人才培养纳入正常的计划轨道，但我们绝不能忽视进一步努力建设人才培养环境的重要性。例如，必须在现有基础上继续完善和健全国家和地方、部委的政策、制度，疏通人才培养与分配求职的渠道；从国民经济发展的具体实际和需要出发，并兼顾科技、教育事业发展的近期需要和长远目标，努力促使高层次人才培养质量更好，效率更高。除了这样一个宏观社会环境外，我们还要优化校园环境：

——育人环境。导师、指导小组应在政治上以身作则，严格要求，在事业心、工作态度、治学精神、师生关系等方面都要做出表率，在业务上悉心指导、热情关心。学校党委和行政部门对博士生党团组织的政治工作应予以重视和加强。

——科研环境。在现有基础上尽可能创造和提供良好的研究工作条件，使研究生的科研实践放手进行，减少和消除后顾之忧。学校管理部门要抓好综合技术后勤工作，提高图书、资料、实验、文字印刷等各项服务质量和水平，组织和搞好对外联络交流。

——生活环境。挖掘潜力，争取和筹集必要的资金投入，改善饮食服务、宿舍条件等，并通过助学金、各类奖学金、科研补贴等对研究生的学习生活给以教育经济上必要的保证。

总的看来，高层次人才培养与社会经济背景、技术产业现状、宏观政策规划、人才使用和流通体制、高校学科建设、教学科研队伍的梯队建设、校园民主与文明建设等都有密切联系。我们已经在自力更生培养高级人才方面取得了可喜的成果，走上了一条具有中国特色的道路。尽管如此，在科技进步一日千里、经济建设只争朝夕的伟大时代，统筹兼顾地处理各种关系，调动多方面有利因素，使高层次人才培养更好地适应我国社会主义建设需要，仍然是我们肩负的一个光荣而艰巨的历史使命。

继续抓紧抓好本科教学工作

1985年5月，中央正式公布了全国人民，尤其是我们广大教育工作者盼望已久的《关于教育体制改革的决定》。这是一个指导教育改革的纲领性文件。《决定》为当前教育体制改革指明了方向，为教育事业的发展描绘了远景蓝图，是我国教育史上的一个里程碑。学校的根本任务是培养人才、多出人才、出好人才，这是衡量学校工作的根本标准。我们培养出来的人才应该是“有理想、有道德、有纪律，热爱社会主义祖国和社会主义事业，具有为国家富强和人民富裕而艰苦奋斗的献身精神。应该不断追求新知识，具有实事求是、独立思考、勇于创造的科学精神；应该具有较强的自学能力，独立工作能力和创新能力，能适应世界新技术革命挑战，适应90年代以至21世纪科学技术迅猛发展的需要”。因此学校的各项工作都应面向学生，面向教学第一线，面向提高教学质量。

一

学校专门发了文件，对整顿校风，作了详细部署，各系党政都十分重视。期中教学检查的重点之一是查了学风整顿的情况。全校18个系、1个馆（图书情报专业）、2个直属教研室（德育、体育）对检

注：本文原载《浙江大学教育研究》1986年第1期。

查情况都写了书面小结。从材料看，这次整顿学风是抓得准的，抓得及时的。通过整顿，风气有好转，如土木系结构 1983 级 3 班，机械 1982 级，化自 1985 级 2 班学生反映说，通过这次整顿，班风有了好转。现在学生中勤奋好学，认真做作业的风气有所增长；教师中认真教学，教书育人，严格要求的风气也有所增长。期中时不少教师对缺交作业、随意不听课的学生，及时进行了教育，这些方面都是好的。当然学风的整顿不是一时一事的，今后要坚持下去。

在学风整顿中，我们对过去学风中存的问题也进行了初步的清查，认真严肃地执行学则，照章治校。共有 11 人，因不符本科生学习资格转到了有关的专科；有 13 人，不符学则条例退学了(补考后累计 4 门不及格的，一学期有 2 门主干课不及格的)；有 21 人，因考试作弊作了纪律处分，其中 1 人勒令退学，另有一人正在办理。上述一系列处理，在学生中震动很大，一些平时不用功的学生，也不敢再放松了，有的说：不及格转专科，要退学，这下可不能马虎了。这消息一直传到上海，说“浙大这次学风整顿很厉害”。这样做肯定是好的，这是对我校的学风一次重大的刷新，对提高我校的教学质量是一个有力的保证。但是在整顿中，尤其对学生的处理上，有些同志只是姑息那些学习不努力、纪律松弛、考试作弊的学生，尽是为他们说情、包涵，而没有看到这种不良风气的存在对整个教学质量的严重威胁，没有认识到，处理了几个甚至几十个无可挽留的学生，将教育几百个甚至几千个、上万个学生。这有利于发扬求是学风，有利于振兴浙大。所以今后还要坚持严谨治学、严格要求、严密考核、严肃处理的原则。一个万人大学，只有照章治校才能把事情办好，我想全体师生员工一定能理解和支持。学风的整顿要坚持不懈，继续努力，一抓到底。

二

就教学工作本身来说，重点应该转移到教学过程的改革上来。具体说来，我认为主要应注意抓好以下三方面。

1. 改革课程结构，加强基础理论

这实际上就是知识结构和教学结构的最优化设计。几年来，我校的教改没有间断过，围绕加强基础理论教学，数学、物理、化学、外文都搞过多种不同的教改试点，还有机械系 1982 级各门课程全面减少讲课学时，培养学生能力的教改试点，都取得过一定的成绩。但是无论以“三个面向”的要求来衡量，还是从学生入学程度不断提高来看，从世界范围内科学技术突飞猛进迅速发展、学科的发展和互相渗透来看，从人才培养的门类、层次和规格来看都还存在不少问题。归纳起来大致是：教材内容陈旧，起点太低，课程门类太多，结构不合理，讲课时数多，教学方法仍以灌输为主。在这种情况下，再要增加新的内容或开设新的课程就必然会增加学生负担。在每次修订教学计划时，一提加强基础，各门课程都争学分，必修学分原想控制在 120—125 分，但现在大都超过。许多教师都叫课时不够，内容讲不完，教学检查时学生恰好反映教师讲得太多，讲的内容书上都有，有的基础课内容还与中学重复。过去一讲到加强基础，大家第一个反应是要增加学分，这都是以各自单门课程的原有内容和系统为出发点，再加深，再提高，再扩展，总之是做加法，要时间。

因此，孤立地搞一门课程的改革就有局限性。如果从人才智能结构整体优化角度来看，或从人才模式由专业化向综合化方向发展来看，必须对一系列课程，系统地进行结构改革，以达到知识结构的综合效果的最优化。把单科教材的系统性和整个教学计划内容上

的完整性、统一性区别开来。把按教学规律必需的重复和因为各种片面强调独自的完整性和系统性而造成教学上不必要的低水平重复区别开来。现在世界各国都在抓紧教学改革，主要强调加强基础，培养能力，因为基础理论教学是保证人才适应社会需要，适应未来发展的重要条件之一，是知识和能力的基础。因而改革课程结构体系的主要立足点应当是加强基础理论。

我们打算第一层次的基础课抓数、理、化、外语、计算机和政治理论课。这几门课怎么加强，怎么改革，各系和教研室都要认真进行研究，制订出规划，学校也在组织力量，进行研究。

第二层次的技术基础课程，对理工科学校来说也是十分重要的基础课程。前几年，技术基础课减学时的改革搞过一些。这些课程的改革，我考虑从以下方面着手。首先从现有课程结构进行比较系统的改革，要经过归纳，更新，提高，同时再开设一些新的技术基础课程。例如“现代设计方法”、“信号与系统”、“控制理论”、“材料科学与工程基础”、“工程科技及管理基础”、“电子电路基础”等。这些课程，哪些作为系、专业的必修课，哪些作为选修课，大家要研究，对教材、师资、实验室建设都要提出具体规划，学校将重点扶持。

第三类是专业课。专业课要能反映当前新的趋势，并注意拓宽知识面，应较大幅度减少讲课学时，提倡启发式教学方法，增加大型实验环节，提倡自学、文献阅读，注意自学能力、分析问题和解决问题能力的培养。

随着课程结构改革的展开和新开设课程的需要，教材建设要及时跟上。一本好的教材，可以弥补教学过程中其他方面的不足。今后我校对上述课程，都应有自己的特色和要求的教材，以满足教学的需要，我们也要制订出教材建设的规划。

2. 加强实践环节，注重能力培养

对学生培养能力的重要性，大家都有所认识，但做起来差距很大，一是在理论教学和实践环节产生矛盾的时候往往挤占实践环节；二是如何克服人力、物力和财力条件的困难，这些条件是需要的。目前，实践教学中存在的问题，大致为实验教学中低水平重复，理论教学时数挤掉实验教学时数，实验开出率太低，学生真正动手机会少；设计类专业不搞课程设计，理科专业不搞课程论文；实习大纲要求不明确；毕业设计（或论文）中没有达到全面训练要求等等。这些现象，主要是转变教学思想，整顿改进教学组织工作的问题，涉及人、财、物的问题。关键还是事在人为，有了决心，上下协力，什么困难不能克服？

最近我们了解到化学系把四大化学的实验串起来设立化学实验一、二、三，这种尝试无疑是一项有意义的改革，从培养能力要求出发，系统地设计实验。过去物理系、机械系都有过类似的改革，效果较好。今后其他各系也可以根据各自课程体系，系统地考虑，把实践教育的安排问题当做一个专题进行研究、安排和落实。

加强实验教学的重要方面是让学生自己动手，改变低水平重复的现象。有不少学生到毕业时，自己专业的常用的仪器仪表都还不会用，这怎么能行。这方面搞得好的专业，如科仪系医仪专业生物医学仪器实验，电机系工自动专业的自动控制系统实验，无线电系等，都是让学生自己动手，实行开放实验。上学期电机专业设计试制了一台多功能的实验试验台，一共可做 60 多个实验，除供“电机学”需开实验之外，还可以做拖动实验，仪器仪表和设备都装了保护装置，便于学生自己动手。现在不让学生动手，就是怕学生搞坏仪器仪表和设备。大家在这种自保护装置上多动点脑筋，对开放实验定有好处，还是事在人为。

课程设计和课程论文，今后要搞，设计类专业搞课程设计，理科或学科型专业应在一些课程结束后搞课程论文或文献阅读报告，以培养学生分析问题、解决问题和综合归纳的能力。

毕业环节是对学生进行全面的综合的训练，是走上工作岗位前的一次演习。要对前几年的工作进行一次小结，对今后如何抓，提出一套规划。

3.贯彻因材施教，让优秀人才脱颖而出

我们通过“混合班”的试点，取得了一些培养优秀人才的经验。目前对优秀人才开设的课程还限于基础课，今后技术基础课也分层次开出提高课程，以利于学生选修学习。是否全校按专业门类先分成几个大类，开设几组不同层次和结构的课程，结合课程结构体系改革进行，也可以先在“混合班”、“提高班”中作些试点。

因材施教原则是古今中外成功的教学所遵循的基本教学原则之一。但决不要理解成有了学分制、试点班，就算有了因材施教原则了。制度上保证是一个方面，但在教材、教学内容、进度、教学方法，以及作业、考试、实验、实习、设计、论文等各个环节中都不要忘记贯彻因材施教的原则。

对上述三方面的想法，考虑分两步走，第一步制订规划，由教务处负责，会同各系、各专业、各教研室一起研究制订实施规划，争取本学期拿出初步方案；第二步对各项改革方案组织一定的力量，进行专题研究和试验。这就是教育科学研究，一定要立课题，要组织力量，要给经费，要出成果，也要鉴定。学校已考虑设立“教学、科研基金”，资助在校自立的教学和科学研究项目。

三

实习环节是高等工程教育中很重要的一个教学环节，是贯彻理论联系实际这一辩证唯物主义认识论在教学上的具体体现，是造就创新开拓型人才不可缺少的一环。

实习不但对于工科学生，而且对于理科、管理科学、社会科学和文科学生的培养，都是十分重要的。这一点不会再有什么分歧。但实习究竟要达到什么目的，我把它归纳为十六个字：联系实际，拓宽知识，增长才干，锻炼思想。实习必须走出课堂、走出校门，到工厂、工地、研究所、实验室，到社会去接触实际，将自己所学的知识和实际工作联系起来；实习应该可以，而且必须使学生拓宽知识，开阔眼界。特别是要使他们亲自看到，感受到学科范围内最新的进展，现代化的最新生产技术手段，先进的管理经验和基本的典型的工艺过程；看到并学习将课堂知识付诸实际应用，增长分析问题、解决问题的能力，学习本专业范围内的一些最基本的技能；通过实习，学习广大干部、知识分子和工人献身四化、锐意改革的革命精神，实事求是、脚踏实地的科学态度，在大生产中高度的组织性纪律性，以及职业道德修养，等等。这四方面目标要有明确要求，措施要落实。因此我想，改革不能离开实习的总目标，要符合实习环节自身的教学要求和教学规律，要符合当前飞速发展的科学技术和生产管理的新形势，当然也要适应当前社会上经济体制改革中出现的新情况。

1. 关于实习改革的安排

由于各学科的具体情况（包括主观要求、客观实际）都不相同，因此并不主张采用一种模式改革，不提倡按一种方案进行实习。大家可以根据本专业的特点要求和客观实际情况研究和探索，只要达到前述要求就行。以后可能会在全校逐步总结出几类优选模式，即使到了那个时候也会继续有新的发展的。

要继承和发扬我校和兄弟院校多年来组织实习的好经验，不要以为一讲改革，老经验都不行了，好经验还是要继承的。我们当然也要锐意改革，但也要谨慎从事，教学环节来不得半点马虎，否则会误人子弟的。要保证上述目的并不断提高水平，主要还是要靠教师、干部勇于探索，勇于试验，付出辛勤的汗水，创造和总结经验。至于在教学计划中实习的安排和次数，从我校的实际情况来看，似乎绝大部分专业都应安排金工实习、下厂实习或社会调查。

关于金工实习。自从我校试行学分制以来，在实习的安排上进行了较大的改革，将集中安排改为分散安排。由于机械工厂和金工教研室的努力，经过几年的试行，取得了较好的成绩。学生通过金工实习，不仅对机械加工的全过程有一个感性认识，并且通过亲自动手，还掌握了一两个工种的基本操作技能。这已经成为我校工科类各专业(包括部分理科)必修的一个环节。

金工实习的安排，按现行计划不变，即机类专业，除一个学期每周安排一天外，在暑期内集中安排二周；近机类专业一个学期，每周安排一天；非机类专业一个学期，每周安排半天。金工实习的内容，除传统的要求之外，还应考虑充实近代先进的工艺内容和特种加工工艺内容，以扩大学生的实习面。

此外，是否可以增加电工电子实习内容。随着科学技术的发展，目前各行各业都离不开电，电工电子实习特别对非电类专业似乎很有必要。具体搞什么内容，安排在什么时候，搞多长时间？可由教务处会同电机系和有关工厂共同研究，先搞些试点，然后全面铺开。

关于下厂实习。凡工程类专业四年内应安排两次下厂实习(不包括金工实习)。第一次二周，第二次四周；学科型专业(包括理科专业)四年至少应安排一次下厂实习(或社会调查)，时间四周。管理、社会科学和文科是否也应有二次下厂、下乡或社会调查，时间共计六周。

2.对实习环节的几项具体要求

(1)认真制订好各次实习的教学大纲。

实习大纲，是实习的教学文件。各专业教研室，对每次实习都应制订出实习大纲。实习大纲除包括本次实习的目的要求，本次实习内容和要求，主要的实习方法，对实习日记和实习报告的要求，考核方法和评分标准，纪律要求和实习思考题外，大纲还应体现因材施教原则，在实习内容、方法、考核方面可提出分层次的要求。

实习大纲必须经教研室通过，系主任批准，于学生下厂前一个月报教务处。

(2)拟订好切实可行的实习计划。

指导教师应根据实习大纲的要求，于学生下厂前深入实习现场，根据工厂生产实际情况，确定各车间具体的实习内容，落实指导人选，所需的图纸资料，联系好技术报告人和商定好报告内容，确定参观的工厂和要求，考核安排和实习日程等。实习计划经教研室主任同意，于学生下厂前一周内报系和教务处备案，并印发给同学。

凡由工厂为主指导的，则应由我校教师将实习大纲中规定的实习要求向对方指导人员交代明白，实习计划也可由学生在对方人员指导下，根据实习大纲的要求，自行制订好实习计划(内容同上)。学生必须于实习开始一周内将实习计划寄给教研室审批，如发现不足处，指导教师应采取补救措施。

实习大纲、实习计划学生应人手一份，以便学生能不断地对照检查自己实习的完成情况，做到心中有数。

(3)要指派有经验的教师指导实习，以提高实习质量。

实践证明，要提高实习质量，除了调动工厂、学生的积极性外，充分发挥教师的主导作用是关键所在，所以各专业在确定实习指导教师人选时，要求做到：根据以老带新、新老结合的原则，要求选派教授、副教授、讲师为主负责实习教学环节；应将指导实习的任务早半年就落实到人，以便他们尽早做好实习前的各项准备工作；指导教师的人数配备，应按照教学工作量的规定，按每15名学生一名指导教师配足。

(4)逐步稳定实习点。

我校部分专业，几年来实习场所已经基本稳定。从几年来的经验证明，固定实习点有如下好处：有利于教师熟悉工厂生产、设备、人员的情况，指导实习可以驾轻就熟；有利于逐步建立一支稳定的兼职指导力量。凡实习单位基本固定的专业，工厂的兼职指导人员，学校打算发给兼职实习指导聘书，发给一定的纪念品；有利于编写切合工厂实际的实习辅助教材，以提高实习质量。编写实习教材要计算工作量，优秀的可评教学优秀奖，质量符合要求的，也可推荐出版；有利于开展科技协作，加强学校与工矿的联系。

(5)要加强实习期间的思想政治工作，完善必要的规章制度，严格要求学生。

学校要汇编一本实习手册，将实习中的有关规定、纪律、考核，包括好的实习经验，发到每个学生的手中，使他们有章可循，以利实习的顺利进行。

一定要于学生下厂前安排一定时间，由系领导出面，对学生进行思想动员教育，强调组织纪律性，组织学生学习实习大纲和实习计划，明确实习要求和具体做法。根据需要可以给学生补些必备的业务知识，以利实习的深入。

要严格考核考勤制度。学生下厂时指导教师应将实习考核的内容、要求和考核方式向学生交代明白。考核内容除业务要求外还应包括出勤情况、实习态度、遵守纪律等内容；凡由对方负责指导的，考核可委托对方或者回校进行。考核考勤应严格掌握，如缺勤1/3以上，或考核不及格要令其补做(可安排在假期进行)。实习表现恶劣、违反实习纪律经劝告无效的，指导教师有权停止其实习，并报告学校给予必要的纪律处分。

各系应加强对实习的教学法研究，不断总结经验，探索实习最佳方法。在学生实习期间，亦应尽可能深入现场，了解和检查实习情况，发现问题及时解决。

3. 为了加强实习工作，学校拟采取如下措施

(1)评选实习的优秀教师。今后结合一年一度教学优秀奖的评比，对指导实习成绩显著的要评为指导实习的优秀奖，而且要占有一定的比例，一般应占指导教师总人数的十分之一。对指导实习成绩卓著的教师，在提职晋级时将优先考虑这一因素。

(2)大力开展实习教学法研究活动。学校打算今后每年召开一次小型的实习专题研讨会，2—3 年召开一次大型的实习研讨会，以探索实习的改革路子，研究提高实习质量的途径。我校的《教育研究》刊物，也可以每年出版一期实践教学专辑，在此专辑上发表的论文和浙江大学学报上发表的论文同等对待。除希望教师积极投稿外，也鼓励学生撰稿。

(3)学校拟结合专业的评估工作，将实习作为一项评估内容。主要有实习次数的安排是否恰当，实习指导力量的配备是否重视，实习教学文件(实习大纲、实习计划、实习考核的量化标准)是否完备，实习辅助教材是否编写，实习厂矿有否固定，实习兼职指导人员建立情况，实习教学法研究开展情况，实习效果和实习厂矿科技协作开展情况等。

(4)在学生中开展评选实习优秀生的活动。以后每批实习结束前，结合实习的总结工作，对实习表现较好、实习成绩显著、获得工厂好评的学生，可以提交实习队讨论通过，评为实习优秀生。学校将予表扬，以资鼓励。被评为实习优秀的学生将作为评三好生的一个重要依据。

(5)为了对厂方为学生实习付出辛勤劳动的指导人员表示感谢,并为下次实习打好基础,在实习结束时凡确实需要和经事先申请批准,指导教师组织召开的茶话会可以报销少量机动费(但须有单据),并由学校统一制作纪念品。

四

自1984级开始,我校在教学日历上试行了改革,实行两长一短制,每学年分两个长学期,各授课17周和考试1.5周,在暑期有4—6周不等的一个短学期,主要安排实践性的活动,所谓第三学期。这样做的目的主要是可以压缩各课学时,要求教师精选教材内容,改进教学方法。由于理论教学时间不打断,有利于学分制的实施,学生可以跨专业跨系选课。此外,将实践性的环节集中安排在短学期,既突出了实践性环节,又有利于稳定教学秩序。这是一项重要的改革措施,要摸索经验,精心安排。

从1984级进行的情况来看,由于是一年级学生,仅学了些基础理论知识,实践活动除了劳动和参观实习外,其他如给教师当科研助手,去校外工厂搞技术性工作等,知识基础尚欠不足,而劳动和参观给学生的收获甚微。有鉴于此,第一学年的短学期,除了已有专门教学环节(测量实习、金工实习等)安排的专业外,其他专业拟安排以扩大学生知识面的选修课和一部分综述性导论课以及技术讲座为主。目前我校一年级学生由于公共选修课“僧多粥少”,一般只能选到1—2个学分,而教学计划规定到毕业时应拿到30个任选课学分,到高年级时就显得紧张了。如把文献阅读、资料检索、科技写作、文艺欣赏、法制教学、德育讲座、军事理论课等,在第一年的短学期内开,可以缓和这一矛盾。

第二年的短学期，由于学生已具有一定的基础知识，实践活动的内容可着重安排结合专业的调查研究，认识实习，给教师当科研助手，装修实验仪器，去校外工厂搞技术性的劳动（或工作）等。

第三学年的短学期，工科结合生产实习安排；理科、文科有的也可安排实习，有的可搞社会调查等。

第三学期的内容应列入教学计划，有要求，有考核，给学分。第三学期既是教学计划规定每个学生必须参加的，且时间又占了一年有效期的十分之一以上，如没有考核要求，不给记载学分，这在客观上给学生造成不重视的因素。

第一学年短学期的选修课或技术讲座，凡授课 34 小时左右给 1 个学分。选修课或技术讲座应做到大纲落实、师资落实、教材落实、实践环节落实，并应有考核要求，将成绩记入学生成绩册。第二学年短学期，凡属实习类的一般一周给一个学分；凡属科技活动、专题调查性质的一般二周给一个学分，名称可定为“科研实践”、“专题调查”、“专业劳动”、“认识实习”等，亦应有考核要求，记入学生成绩册。第三学期搞生产实习，本来就属于教学环节，按原规定办。理科、文科的社会调查，可参照工科的生产实习给学分。

今后每年有三届学生都要搞第三学期，意味着全校有 7000 余人同时铺开，任务由谁承担的矛盾就更为突出了。如果都落实到专业教研室，感到压力很大。今后第一学年的短学期，因为是以开选修课或技术讲座为主，任务可由基础课、技术基础课教师和聘请部分专业教师承担，可由学校和系负责组织。第二、三学年短学期主要应由专业教师承担，可以由系和专业为主组织。

我想第三学期试行仅剩一年时间，规律和经验还有待我们去探索和总结，只要我们认真去做，一定能逐步获得自由，可以取得越来越好的教学效果。

研究生教育改革管见

一、研究生教育的历史重任

自1978年恢复研究生招生制度以来，已历时10年了。10年的时间在历史的长河中只是短暂的一瞬，但在这10年当中，我国学位制度的建立与研究生教育几乎是从无到有，迅速发展，且在祖国的大地上已经深深地扎根，这表现了研究生教育事业的强大生命力。现在硕士培养已立足于国内，博士生每年招生达3000人以上，硕士生招生规模逾3万人，这是我国教育史上的重大成就。研究生教育制度的确立必将对我国社会主义建设的宏伟大业产生不可估量的影响。

我们不妨回顾一下，在“文化大革命”十年动乱之后，教育战线满目疮痍，人才青黄不接，人们普遍担忧，今后各条战线上所需要的人才问题将如何解决。正是由于研究生教育制度建立，从1981年开始，毕业研究生源源而来，纷纷走上教育工作岗位，仅仅几年的时间，高等教育部门大量吸收研究生，人才奇缺的状况不但完全缓解，甚至还出现了人才“相对过剩”的假象。以我校为例，目前师资队伍中“文化大革命”后培养的研究生达700多人，占师资队伍约30%。

注：本文原载《学位与研究生教育》1989年第2期，作者：路甬祥、钱在兹。

他们中不少已取得高级职称,有的走上领导岗位,成为教学、科研、管理的新生骨干力量。情况改变如此之快,离开研究生教育的发展是不可想象的。高等教育的发展,每年大批大学毕业生和研究生流向社会,直接支援了国家的建设事业。

当今世界是科学技术迅速发展的时期,20 世纪下半叶以来,伴随着信息、新材料、生物、能源、自动化、激光等领域的进展与突破,我们正面临着一场新的技术革命。正如邓小平同志指出,科学技术已经成为生产力中最重要的因素,“科学技术是第一生产力”,谁掌握先进的生产技术,谁拥有掌握现代科学技术的优秀人才,谁将赢得未来。但是根据调查,许多大型企业这几年分配到的研究生寥寥无几,从整个社会对研究生的需要来看,许多调查者从不同的渠道得出的结果表明,研究生的总需求量仍大于供给量。所以研究生“过剩”只是一个虚假的现象,其根本原因不在于高等学校培养的研究生过多,而是需要完善一系列政策,引导他们主动地面向基层,面向教育、科研、生产第一线。

党的十一届三中全会以后,我党总结了新中国成立以来的历史经验,邓小平同志和许多中央领导同志频频指出,改革开放离不开教育事业的发展。党中央规划的“四化”建设蓝图到 2050 年中国将要进入中等水平发达国家的行列,人才则是这一规划实施的基本保证。美国在 1975 年每年授予学位的研究生人数为 34.5 万人,约为我国目前招生人数的 10 倍,而我国人口是美国的 4 倍多。到 2050 年还有 60 年,研究生的质和量方面的需求显然需要有长足的发展,这个任务是艰巨的。人才的培养、教育的发展不可能一蹴而就,必须及早筹划、逐步实施,才能见诸成效。因此,我们对研究生教育的发展充满信心。只要真正落实党中央、邓小平同志关于教育问题的一系列指示,深化改革,适应需求,提高质量,研究生分配难、高级人才“相对过剩”等不正常的现象必将烟消云散。

二、研究生教育改革的目标

我们正处于由传统的社会主义产品经济向具有中国特色的社会主义商品经济转化的历史阶段，教育事业必将顺应经济改革的大环境，适应社会对人才的需求。

科学技术的发展已不同于18世纪，现代科技愈来愈呈现综合交叉的趋势。不仅自然科学、工程科学、社会科学各门类内部，而且在各门类之间的交叉也越来越深刻，越来越广泛。加上商品经济的发展以及现代科学技术研究开发的规划和组织，对科学技术人员的素质都提出了综合要求，不仅要有宽广扎实的基础理论知识、较强的分析综合能力，丰富的实践经验和一定的组织管理能力，还需要相当高的政治、道德修养和社会主义人文科学的素养。然而，目前我们培养的人才在精神面貌和业务水平方面都不能适应国家“四化”建设的需要。

多年来，我们培养的研究生偏重学术研究的类型，比较忽视广大工矿企业部门这一广阔天地的需求。在课程学习、学位论文等业务安排上着重于理论的提高，这固然有其深刻的历史和社会根源，但教学过程中轻视工程实践，以及分配工作中的偏向等必须引起充分的重视。研究生中无形地存在一种习惯思想：研究生到生产部门去工作是不能发挥作用的。其结果是，研究生不愿到工矿企业去，即使去了，有不少人也不安心，给这些部门留下不好的印象。我校去年年底召开毕业生求职指导会议，邀请全国100多个单位到校招聘毕业生。毕业研究生几乎无人问津，这使我们很受震动。

研究生的思想教育问题长期以来没有得到很好的解决，近几年来情况尤为严重。自由散漫、学习松懈、厌学情绪滋长，缺乏艰苦奋斗的献身精神和持之以恒的求索精神，在研究生中蔓延开来。人才的培养，特别是高级人才的培养，要为社会主义“两个文明”的建设服务，这一方向不可动摇。造成这种状况的原因虽有社会背景，但学校本身也有教育上的责任。

不同形式的“大锅饭”体制的存在，管理制度不严，放松对研究生的要求，使研究生教育过程缺乏合理的竞争机制和激励机制，导致研究生学习积极性的下降。为了照顾研究生的出路，教师在评定课程学习成绩时普遍提高了分数，论文评分大都为优，在打不及格成绩时更是慎之又慎，从学生的成绩单上已愈来愈难以区分出水平的高低。

以上种种问题说明，研究生教育必须改革。其改革的目标，应适应社会主义建设的需要，对不同学科要有不同的规模、层次和知识结构，研究生要有为社会主义祖国服务的热诚与良好的精神面貌，在业务上有坚实宽广的基础，理论联系实际的学风和能力，能为迎接世界科学技术的挑战，为下一世纪国家经济的腾飞作出贡献。

三、研究生教育改革的途径和思路

1. 控制规模，适应需要，稳步发展

研究生教育的规模要与国家现实相适应。在任何情况下，即无论收缩与发展都要有所控制，大起大落的现象应予避免。从我校具体情况来看，这些年来，计划内招生任务年年完成，研究生已经成为我校科研流动队伍的生力军，没有这样一支队伍，要完成千百项的科研任务是不可能的。研究生规模的控制调整应与全国范围的学科机构、院校层次和地理布局结合起来，统筹兼顾。在总体上需要

调控研究生招生数量和结构时，应保持重点院校招生的合理规模，使那些师资力量雄厚、培养条件良好、生源和培养质量有所保证的学校充分发挥其优势。

为求得自身发展的需要，重点学校在保证完成国家计划内研究生招生和培养任务外，可以根据指导力量，实际条件以及定向需要，采取业余进修和教师自筹经费等方式培养在职研究生，同时要扩大建立和逐步完善在职人员申请学位制度。这些学位攻读者不需要国家经费，不存在毕业分配问题，受到各方面的欢迎，有利于稳定和提高教学科研单位的师资队伍和科技人员队伍，是一举多得的好事。

学校在控制的规模之内，还可调整博士生与研究生的比例。对重点院校而言，应逐年增加博士生的人数，担当起立足国内培养博士生的重任。

2.改革招生和分配制度

招生要以需求为目标。生产单位有大量的本科毕业生，他们中不乏经过锻炼的优秀人才，是研究生生源的宝库。我们的招生办法应有利于吸引他们继续深造，毕业后仍回原单位工作。对于应届毕业生应逐步做到毕业后先分配工作，然后在一定年限内以在职人员身份返校学习。

最近我校派出一些同志到洛阳大型企业和专业研究院去建立横向联系。这些单位对由单位送人培养，带课题进校研究，聘请生产单位高职专家担任兼职导师，实行厂校联合培养研究生的办法非常支持。如果我们能深入生产实际部门，生源当然不会有什么问题。与此同时，我们的招生办法也要予以改进。例如，对优秀在职人员同样可以实行严格考核、推荐免试或某些课程免考的措施，以减轻考生负担，不影响其本职工作，使真正的优秀人才得到录取的机会。

3.加强基础,拓宽知识面

要使研究生适应商品经济发展的需要,必须具备多方面的就职能力,这只有加强基础和能力训练,强调理论联系实际,拓宽知识面,改善知识结构,才有可能做到。学位课程(全部或部分)的安排已不能再统一于二级学科,要向一级学科,甚至更大范围扩展。要开设有关管理、经济、外贸、政法等方面的选修课和辅修课,让研究生自由选听,成绩合格者发给单科学习证书,以广开就业的门路。有了较强的基础和能力训练,才能在科学技术突飞猛进时代跟上发展的趋势,成为开创性人才。

4.建立工程类型硕士的培养体制

发达国家的实践表明,工科院校的毕业研究生必然要大量进入工程界,因此需要明确地提出工程型硕士的培养目标,这也符合我国生产部门的愿望。为了做好这一工作,需要建立独立的培养方案,对招生条件、课程设置、工程训练、学位论文、毕业分配等要有工程类型硕士的特点。由于工程类型硕士生来自优秀的在职人员,国家在经济待遇方面也应有优惠的规定。

5.完善思想政治工作和管理体制

实行校长负责制以后,要探索研究生的思想政治工作在组织领导上的体系。在教和学方面要引进竞争机制,形成自我提高、自我约束的动力和活力。要严格管理制度,特别要加强系一级的管理,由于各种原因该淘汰者一定要淘汰。要实行双向选择,实行学位论文的评等和抽查制。建立导师责任条例,规定导师要教书育人,对研究生全面负责。研究生的党团组织、研究生会和各种社团都要充分发挥作用,开展适合研究生特点、有益于研究生身心健康和能力培养活动。要有切实有效的奖惩制度,不使奖惩制度流于形式。学校在可能的条件下，用开展勤工助学、兼任教学科研助教、科技咨询、科技补贴等办法，增加研究生的收入，改善他们的生活待遇。

6. 优化育人环境，改善育人条件

人才的培养要有良好的环境和一定的条件。学校要有优良的校风。浙江大学有竺可桢校长倡导的“求是”校风，数十年来一直熏陶着全校师生，现在还需要发扬光大。在学术上要有浓厚的学术空气，经常举行学术讨论会，研究生在学习期间要作学术报告，这一点要有培养要求。鼓励教师在校内组织召开国际、国内学术会议或其他学术活动，每年一度的校庆要以学术活动为主要内容。

培养研究生要有一定的物质条件。要把研究生经费使用好，帮助建设学习人数较多、覆盖面广的教学实验室。要做好重点学科的规划，为了支持基础学科，学校拟建立专用的基金。用世界银行贷款建设重点实验室必须全力建设好，使之成为培养研究生的基地。

7. 搞好师资队伍建设

培养研究生实行的是导师制。导师的素质直接影响到研究生培养质量。科学技术的发展需要精力充沛的中青年教师挑起重担，必须遴选中青年优秀教师担任学术带头人，优先晋升他们的职称，并在国内外引进学有专长的中青年学者，特别注意引进既有扎实理论基础，又有一定科研、生产和管理实践经验的优秀人才，以及聘任校外兼职导师。实践已经证明，任一学科凡是有优秀青年学术带头人，并有一支较强的教师梯队，这一学科必然生机勃勃，即使是老学科也能加以改造，跟上时代的潮流。这样的学科，科研项目多，经费充足，培养的研究生也多，质量也好。

8. 组织国内外学术交流

现在我们的设备条件、师资水平与国外发达的国家相比差距还很大，有必要广泛建立国际合作关系，利用国外的优越条件联合培养研究生。除了国家分配的名额外，学校要积极活动，主动争取国外著名学校和大型企业的资助，根据学用一致、按需派遣的原则，选派一定数量的研究生出国学习。按照我国需要，认真培养，充分发挥中外双方导师的作用，制定好中外联合培养研究生的规范化程序，是搞好这一工作所必须做到的。我校与国外联合培养的博士生已有多人取得卓越的成果。我们认为，即使今后我国的条件改善、水平提高了，国际间的合作交流也只能加强，不能削弱。

国内合作的渠道更为广阔，许多单位有着比学校优越得多的设备条件，有需要开发的研究项目。在与大中型企业联合培养研究生的合作中，把人才培养和科学研究或技术开发融为一体，实行研究项目带人才培养，或人才培养带科研项目，是厂校联合的基本模式。学校与科研单位联合也很必要，两者可以发扬各自的优势，取长补短。如我校与中国科学院已经签署了联合培养研究生的协议，双方正在积极行动之中。

9.要有国家的有力支持

研究生教育的改革不可能封闭在学校内部进行，要受许多因素的制约，没有国家的支持，再好的改革措施也难以付诸实施。学校要有办学自主权。现在办事如与文件不符，需要请示，有时即使合情合理的事也不一定能够办到，这就挫伤了教师和干部的积极性。在改革中国家要放权，有关部门对学校应进行监督，并对改革的效果进行评估。此外，国家应增加对研究生教育的投资。10 年以来，研究生按人发放的经费至今几乎未动，在物价猛增的情况下，给人才的培养造成了困难，研究生生活费过低，也迫切需要提高。

我的博士生培养观

1984 年开始，我招收第一批博士生，至今年（1988 年）6 月已有 9 位博士生毕业。据多年来的经验和思考，下面仅就我国工学博士研究生的培养抒己之管见，以期抛砖引玉，共同切磋。

一、严格遴选，把好质量关

博士研究生是高校培养人才的最高层次，是未来教学科研和管理的骨干，对他们无论在政治素质、思想道德品质、基础知识、工作能力、创新进取精神等方面无疑都应有相应的标准。博士研究生的培养过程也是学校培养优秀人才的最高阶段，能否达到培养的目标，很大程度上取决于“素材的质量”。“朽木不可雕，良材能成器”。严格遴选考生是培养优秀博士生的前提。单凭考试往往不足以为据，而应对其德才作全面深入的了解，特别要注意他的学科基础、独立进行科学研究的经历、创新意识和献身精神。应当做到“宁缺毋滥”，保证入学新生质量。

由于现代科学技术发展日趋交叉、综合，学科的前沿往往处于相关学科的结合界面，因此，我们还应注意招收相关学科的硕士毕业生，以期培养知识结构更适应科学技术发展的高级人才。

注：本文原载《学位与研究生教育》1988 年第 6 期。

二、坚持高标准、严要求

博士生一进校，导师就开宗明义，提出明确的培养目标。我们明确提出博士论文应具有基础性、系统性、创造性和工程实用性，即博士论文必须包含基础性或应用基础性的科学研究内容，使其成果具有较普遍的学术价值；必须完成比较系统的研究工作，以使研究工作具有较好的科学性；必须在理论上、研究方法上或实验的结果方面较前人有所创新、有所前进；作为工学博士论文就必须还具有明显的工程实用性。无论是开题报告、阶段报告、学位论文均严格按上述“四性”要求把关，坚持理论分析、计算机仿真和实验研究相结合的研究方向。实践证明这样做是有效和可行的，并有利于坚持工学博士正确的培养目标和理论联系实际学风的培养。

三、创造良好的研究工作条件和学术环境

良好的研究工作条件和学术环境是培养高水平人才的必要条件。研究工作条件主要包括科技情报资料、实验测试设备和计算机条件。研究生应充分利用校内外的图书情报资料和计算机联机检索条件。每位研究生必须充分地了解和分析国内外有关文献，只有站在“巨人”的肩膀上，才能摘取科学的桂冠。流体传动与控制研究所近几年来积极引进了相当数量的现代测试设备，并建立了比较优越的计算机条件，使研究生能以较高的效率做较高水平的工作。除了设备条件以外，学术环境也对育才有重要的影响，应当提倡团结、协作、开拓、创新的学术风气。近年来，我们根据本学科发展大趋势，招收了流体传动与控制、测试和仪表、自动控制、流体力学、计算机应用等相关学科的研究生来共同工作，又聘请了校内外相关学科

的专家兼职指导，初步形成了学科交叉、渗透的队伍和环境，改变了传统的单一学科人才结构和学术环境，并积极支持研究生参加国内外学术交流活动（已参加的国内学术交流累计 40 余人次，国际学术交流 10 余人次，三年来研究生在国内外学术刊物和会议上发表论文 100 余篇），并不定期举行开题报告、阶段报告、自由选题报告、论文答辩等，活跃学术思想和学术交流气氛，以期在交流切磋中产生新的学术思想，在良好的学术环境中培育高水平的人才。

四、强调独立研究，引进竞争机制，鼓励进取创新

博士生培养应该遵循自学为主、独立进行研究的原则，导师对研究工作只作方向性的指导、质量评价和控制。坚持让研究生独立选题、调研，独立设计技术路线和研究方案，独立建立实验条件，独立撰写科研报告和论文。凡导师指定选题方向的，规定要另做一篇自由选题报告，一则弥补独立选题的训练，二则可为后来者提供博士论文选题参考。对于优秀博士生还放手让他们起草基金申请书或科研课题可行性分析报告，并同时引导博士研究生直接参加国家攻关项目、自然科学基金和企业协作项目，参加硕士生培养，参加教学工作和国内、国际学术会议组织工作及学术交流等，使他们在工作中增长才干，培养独立工作能力。

博士研究生培养同样应引进竞争机制，在鼓励优秀人才脱颖而出的同时要淘汰相形见绌者。对优秀人才应采用发放奖学金、提供特殊工作条件、配备助手、参加国内国际交流、适当缩短学习年限等办法进行鼓励。对于相形见绌者应延长学习年限，甚至坚决实行淘汰。建议学位论文按质量评定优、良、中和及格等级，并采用相对评分原则，规定每年优秀论文的限额比例。只有切实贯彻竞争机制才能激励博士生的进取和创造精神，才能保证博士生培养质量的逐步提高。

产学结合是培养优秀工程技术人才的必由之路

发展科学技术有两方面的工作：一方面是通过科研工作进行发现、发明和创造；另一方面是将科学技术成果转化为生产力。中央有关领导同志曾指出："科研成果转化为生产力的速度，将决定今后我们能否缩小差距，赶上发达国家。这个转化时间能否提前，主要取决于工程技术人员。企业的进步，产品质量的提高，经济效益的改进，需要成千上万有所作为的工程师。"高等工程教育如何适应社会主义商品经济发展的需要，探索一条能培养出更好适应现代企业需求的优秀工程技术人才的新路子，是当前深化高等工程教育改革所面临的一个重要课题。

一

随着科学技术的迅速发展，随着企业向经营开发型转变，对工程技术人才的要求，首先是要有解决生产实际问题的能力，即必须十分重视实际应用的效果和经济效益；二是要有较强的适应性，因为专业内容的发展更新，学科间的交叉渗透，新学科领域的不断涌现，是现代企业赖以生存发展的基点。因此，作为一名优秀的工程

注：本文原载《浙江大学教育研究》1989 年第 1 期，作者：路甬祥、林之平。

技术人员必须具备能够在实践中不断获取知识、更新知识的能力，灵活运用已掌握的知识解决生产实际问题的能力、创新的能力和组织管理能力。

然而，从目前高校的师资素质和培养工程型学生的现状而言，和现代企业对工程技术人才的素质要求相比，是远不适应的。

1985年我们曾组织人员对四所高校的师资情况作了调查分析。通过调查研究，我们发现了和培养优秀工程技术人才直接有关的两个问题：

(1)各校师资接受继续教育的机会偏少，一般只占教师总数的40%。在科学技术迅速发展的今天，发达国家早已以“终生教育”取代了“一次性教育”。而我国高校师资缺乏接受继续教育现状的本身说明，高校师资知识老化已是一个相当突出的问题。尤其是对目前还在挑大梁的中老年教师而言，这个问题更为突出。师资队伍的知识老化，不可能培养出大批能适应现代科学技术发展的优秀工程技术人才。

(2)工科院校教师参加社会工程实践的时间太少，下厂锻炼过的教师，一般只占教师总数的34%左右。而且，其中参加过较长时间社会工程实践的教师，绝大部分是60年代以前毕业的中年以上的教师。青年教师中参加过较长时间社会工程实践的比例还要低得多，有一部分青年教师根本没有真正接触过社会工程实践。可见，目前高校教师，尤其是青年教师的社会工程实践能力较弱，这必将直接影响对学生社会工程实践能力的培养。

除了上述高校师资队伍中存在的两个比较突出问题外，目前高校中程度不同，但比较普遍存在着重论文、轻工程；重研究、轻应用；重理论、轻实践的现象。有些导师对学生做论文的要求偏重计算机数据处理，模型的建立和机理的研究等，而不重视实际应用的效果和经济效益。因而，培养出来的相当一部分学生实践能力比较差，包括独立学习、独立工作、独立生活的能力比较差，创新的意识和能力更差。

学生中则普遍存在着对工程实际问题不感兴趣，鄙薄技术工作，重科学轻技术的思想，甚至形成“高”分“低”能的畸形发展。学生毕业后，大多不愿去工矿企业单位工作，喜欢到高校、科研、外经外贸单位工作。有的就是分配到了大型企业也不安心工作。据我们调查，近几年分到企业单位真正能安心工作，希望在工作中有所作为的仅占毕业生的30％左右。另一方面，绝大多数工矿企业对毕业学生又普遍反映解决实际问题的能力较差，不能适应工矿企业的工作要求。

二

为了适应经济和社会发展对工程技术人才的需求，我们认为“产学结合”是进一步改善高校师资结构，提高师资全面素质，强化学生工程实践能力训练，培养优秀工程技术人才的必由之路。通过产学紧密结合，使学生尽早了解社会，接触生产实际，增强他们的时代责任感和社会责任感，树立为振兴中华而献身的远大志向，培养他们能够适应社会需求的开拓创新能力和竞争意识，迅速成长为能适应社会主义商品经济和社会发展实际需要以及世界新技术革命挑战的“四有”优秀工程技术人才。

“产学结合”是高等教育为经济与社会发展服务和经济与社会发展依靠教育的一种有效形式。这不仅是经济与社会发展的需要，同时也是高等工程教育自身发展的需要。这样做，既可以提高工程技术人才的培养质量，也可以更好地适应社会需求，扩大高校和社会的联系，使教学和科研更好地与生产实际相结合，扩大高校的社会职能，加速科技成果转化为生产力。

同时，需要指出的是，要注重实践能力培养，教学与实践相结合，尽早使学生参加生产实践。科研活动是当前高等工程教育改革的世界性趋势。美国和日本本科教学的传统是重通才教育，因此在实践环节上历来比较薄弱，除师范、护理等专业外，一般都不严格规定实习。但近些年来，都出现了变化。在美国，高校和企业进行“合作教育”，开设所谓“三明治”课程。在日本，高校和企业合作推行“产学结合”体制。苏联和西德高校也都十分重视实践训练，西德规定每个学生必须实习 26 周长达半年。苏联工科学生的论文题目往往是研究所或企业科研任务的一部分，实验时间均在 20 周左右，有近 85％的工科大学生参加科研工作。因此他们培养出来的学生，一般适应性比较强，不仅能较好地适应知识的迅速更新，也能适应劳动力市场的变化，这些经验是值得我们借鉴的。

为了探索适合我国国情的培养优秀工程技术人才的新路子，我们除了全面推进和深化教学改革，加强教学实践环节、强化工程训练外，近年来，根据我校的实际情况，我们从工程本科生、研究生的培养工作和师资队伍建设三个方面对“产学结合”做了有益的探索和实践：

(一)在本科生的培养工作中进行了厂校联合培养的试点

经国家教委批准，我校从 1987 年开始，在毕业班学生中进行了厂校联合培养的试点工作。首先在电机系 4 个专业中选了 20 名毕业生进行厂校联合培养，1988 年又扩大到 5 个系 15 个专业 99 名学生。分布全国 11 个省市，北京重型电机厂、天津电梯厂、齐鲁石化总公司、无锡机床厂、杭州化纤厂、广州氮肥厂、四川永华矿务局农电厂等85个企业。这些工科学生在校进行三年半学习，完成全部教学环节后，提前分配到对口的工矿企业，参加为期一年的工程训练。由厂校双方根据学生的实际情况和将来准备承担的工作任务，共同制订联合培养实施方案。一年后，学生再回校完成厂校共同确定的毕业设计课题。同时，根据实际工作的需要，选修一定数量本专业课程，或外系、外专业课程，经毕业资格审查合格，发给同届学生的毕业证书和学位证书。学生回原单位工作，取消一年见习期。学校对这部分学生采用导师制，学校和工厂均安排有教学经验、工程实践经验丰富，工作认真负责的教师和工程技术人员担任导师，对学生德智体全面负责。

试点的实践证明：①联合培养能使学生尽早接触社会，了解国情，增强责任感和事业心。通过在厂期间的见习或上岗参加生产技术工作，学生了解了自己今后的工作去向及社会、工厂对自己的要求，因此回校后，继续学习的积极性、自觉性明显提高，学习目的性明确。②提高了工程实践能力和实际工作能力，缩短了毕业生的社会适应过程。参加试点工作的导师普遍认为，通过联合培养的学生，动手能力和生产实际知识有明显提高。厂部的反映是采用这种方式培养学生可以大大缩短上岗时间，较快地适应工厂工作。参加联合培养的学生的共同感受是能较快地进入"角色"，适应工作要求。③经过一年联合培养，回校选读课程，有明确的针对性，有利完善学生知识结构，增强适应能力。④密切了学校和工矿企业的关系，使教师能有较多的时间接触生产实际，了解社会需求，能促进教育思想的转变和教学改革的深入发展。

(二)主动适应社会对高级工程技术人才的需求，改革研究生教育工作

首先，在研究生的招生工作中，我们根据社会需求，招收定向培

养、委托培养，论文博（硕）士、工程（博）硕士，自筹经费，业余进修以及录取后在工矿企业工作1—3年后入学等多种模式、多种类型的研究生。同时，主动走出校门，与生产部门、大型工矿企业及邻近省区、边远地区广泛开展横向联系，建立稳定的研究生培养和科学研究协作体；聘任校外高级工程师和研究员担任兼职导师，结合生产实际进行联合培养；重视吸收生产单位的在职人员报考研究生，争取生源中的在职人员比例达到60％。试点培养工程硕士和工程博士，并逐年扩大。每年在招生总数中切出一块，供生产单位在职人员或两年后入学的应届生报考工程硕士，计划到1990年招收工程硕士达到100名左右。在学用一致、坚持标准、严格考核、保证质量的前提下，逐步建立并不断完善在职人员攻读学位的制度。对在职人员报考研究生，学校采取单独命题考试的办法。

在研究生培养工作方面，为了拓宽研究生的知识面，增强适应能力，采取研究生入学不定导师，按二级学科统一学习学位课程，然后通过研究生和导师的双向选择，再确定导师。学校增设跨学科跨门类辅修课，由学生选学，计辅修学分，成绩合格专发给辅修证书，逐步建立研究生必须选学辅修课的制度。强化工程训练和社会实践，工程博士、工程硕士的学位论文必须面向应用，结合工程实际和生产实际，解决国民经济建设和社会发展中的重要课题。到1992年，学校将规定，应届毕业生录取为研究生后，除少数学科外，一律先到生产岗位工作两年后再入学。目前在校研究生则必须参加3—4周的社会实践。我们还在制订可行办法，准备选拔少数成绩突出并有工作实践经验的硕士研究生提前或直接攻读博士研究生。

另外，我们正在努力开通渠道，争取和外国公司、企业和产业集团开展合作，联合培养研究生。

(三)建设一支素质好、富有工程实践经验和较强的实际工作能力的师资队伍,是培养优秀工程技术人才的关键

为了提高师资队伍的全面素质,较快地改善现有师资队伍的结构,我们打破了师资队伍建设的传统和封闭模式,开创走产学结合,社会大循环的新路子。

去年 4 月,我们在报上刊登招聘启事,面向海内外招聘具有博士学位的留学人员。此举在海内外引起了较大的反响。到去年 11 月已有 60 多位来自美国、联邦德国、日本和加拿大等国的中国留学博士和博士后来信应聘,平均年龄 37 岁。学校根据需要,经过严格审核,首批已录用 40 多名充实师资队伍。去年 6 月,经国家教委批准,我们按"公平竞争、严格考核、择优录用"的原则,在高校中首先向国内外公开招聘教授,以引进学科水平高、素质好、年富力强的中青年学术带头人。全国有 400 多名中青年学者前来应聘,第一批已决定聘用 14 名,招聘中我们十分重视聘用有丰富实践经验的科技人员来校任教。

在打开校门,大力从海内外引进优秀人才的同时,我们在人事制度改革方面有了新的突破。从本学期开始,从教师总编制中划出一块作为流动编制,实行流动编制制度。学校已制定了《流动编制实施细则》及《选留流动编制人员的工作程序》。实施流动编制制度既可克服"近亲繁衍",一次分配定终身的弊端,增强青年教师实践能力的培养,学校又能形成一支由在学研究生、进修人员、博士后人员和青年教师组成的多层次,充满活力的教学、科研流动梯队。我校已做出规定,今后凡毕业留校或从外校分配进校的本科生、研究生,均进入流动编制。即受聘人员与校内用人单位签订 2—3 年合同。在聘用期内,学校提供良好的工作、生活、学习条件。聘用期

满，实行双向选择、合理分流。大部分可根据本人意愿，到企事业单位工作或去国内外攻读高一级学位。少部分可根据学校教学、科研工作需要聘为在编教师。去年已有30名本科毕业生、毕业研究生被学校有关单位聘任为流动编制人员。今年学校拟再聘用150—200名流动编制人员。

此外，我们努力改进出国派遣工作。注重与外国的公司、企业和产业集团开展人才交流与科技合作。如电机系教授、原校长韩祯祥已与联邦德国西门子公司在开展电力系统软件研究方面达成了全面合作协议。热物理系岑可法教授领导的燃烧研究所与瑞士静尔茨公司开展了劣质煤燃烧工艺方面的研究。学校和联邦德国多家公司都有稳定的全面合作关系。通过这种合作关系，可以使部分中青年教师不仅具有国内工程实践经验，又可以在国外公司、企业或产业集团进行一段时间工作，了解国际科技发展信息，掌握先进的生产技术和管理知识。近年来，我们已向联邦德国、瑞士等国的公司、企业和产业集团派遣了进修访问学者。

对目前在编的青年教师参加社会实践和工程实践，学校也作了规定，鼓励他们通过下厂带实习、带毕业设计、带领学生参加社会实践，下厂搞科研、参加科技服务等接触社会，接触生产实际，增强工程实践能力，全面提高自身的素质。

以上仅是我们在产学结合方面所做的一些初步探索和实践，仅仅是开始。随着我校综合改革的不断推进，我们决心在产学结合，培养优秀工程技术人才的道路上进一步探索和实践，以更好地适应经济和社会发展对人才的需求，不断提高办学水平，努力形成浙大的特色。

学习竺可桢，献身祖国造福人民

今天，我们怀着十分崇敬的心情，在浙江大学集会，隆重纪念忠诚的爱国主义者，我国近代著名的科学家、教育家，浙江大学的老校长竺可桢先生100周年诞辰。

竺可桢先生1890年3月7日出生在鱼米之乡——浙江宁绍平原上的一个重要集镇——东关镇。当时，帝国主义列强侵略和瓜分中国。在他年幼的时候，目睹丧权辱国之耻，身受兵荒马乱之苦，心灵中就萌生了发愤读书、为拯救祖国出力的信念。1910年，年青的竺可桢先生抱着振兴中华的宏大志向，远涉重洋，寻求教育救国、科学救国的道路。他认为中国应以农为立国之本，因此选定美国伊利诺斯大学农学院学习农业科技。当他感到美国的大农业与中国的小农经济不相一致时，又改学当时刚新兴的气象学，从而转入美国哈佛大学研究院地学系，潜心攻读气象学。尽管他身在大洋彼岸，仍时刻关注祖国的命运，关注祖国所发生的灾难性的气象动态。竺可桢先生作为最早出国研究气象学的研究生，深切感到应该把学得的理论知识用来解决祖国的实际问题。在他28岁获得博士学位的当年，就毅然放弃在美国可能获得的丰厚的物质待遇，回国服务。他满怀报效祖国之心，欣然执教于武昌高等师范学堂（即武汉大学前身）后又转任南京高等师范学堂（即东南大学前身）和南开大学，

注：本文原载《浙江大学教育研究》1990年第1期。

从事地理学和气象学的教学。1919 年，伟大的“五四”爱国运动，使竺可桢先生的爱国心与科学精神得到新的发展。他以科学家的社会责任感，撰写文章抨击时弊，揭露迷信，启蒙愚昧，希图通过科学知识的普及来改变社会面貌。当他看到祖国各地旱涝灾荒频呈，台风年年肆虐，便大声疾呼设立气象台。尽管当时反动派当局腐败无能，经费短绌，障碍重重，但主要由于竺可桢先生和他的同事们艰苦不懈的努力，经过八九年的苦心经营，才使中国的近代气象事业得以一定的发展，从而打破了帝国主义势力对我国气象事业的垄断，改变了以往仰赖外人的局面。

1936 年，正当民族危亡、国土沦丧的严重关头，竺可桢先生受命肩负浙大校长的重任。他怀着对祖国、对发展民族高等教育事业的热忱，以他崇尚“求是”、热爱科学、追求真理的勇气，在艰难险厄之中，呕心沥血，倾注全力，为培植中国的科技人才，推进中国高等教育事业的发展，做出了极为宝贵的贡献。竺可桢先生担任浙江大学校长的 13 年，是浙江大学历史上重要的发展时期。特别在外敌入侵之时，他率领全校师生，从杭州出发，冒着战火，辗转西迁，行程万里，历尽艰险，最后到达贵州遵义、湄潭、永兴等地，坚持办学 7 年，不仅汇集和保全了众多的教授学者，培植了数量可观的优秀科技人才，而且使浙江大学从此崛起为全国著名大学之一。在新中国成立前夕，他动员和影响了一大批高级知识分子，迎接新中国的诞生。之后，他长期担任中国科学院的领导职务。

早在 30 年代，竺可桢先生就一再指出，近代科学的目标就是探求真理，一个献身科学事业的科学家，为了追求真理和忠于真理，就必须采取不盲从、不附和、不武断、不蛮横的实事求是态度。竺可桢先生是实践“求是”的楷模。新中国成立前，他向往光明，坚持真理，伸张正义，不顾个人安危，公开揭露并谴责国民党反动派杀害无辜学生的罪行;“文化大革命”十年动乱中,他尊重历史事实,不怕打击报复,旗帜鲜明地宣传新中国成立以来我国科学事业的光辉成就。他的一生跨越了几个时代。他认识到只有实现社会主义制度,我国才有发展科学技术的广阔前途,只有共产党领导下的中国才能走上繁荣富强的康庄大道。他认真学习马克思主义理论来指导科学研究。在实践中,他的思想发生了飞跃。1962 年,72 岁高龄的竺可桢先生,光荣地加入了中国共产党,终于从一位爱国的民主主义者转变为共产主义战士,正如他自己说过的“终于找到了自己的归宿”。他作为一名共产主义战士,在科技战线的岗位上工作到生命的最后一息。

综观他的一生,他总把自己的命运与祖国的命运紧紧地联系在一起,不管环境如何复杂、如何艰难,他总以国家、民族利益为重。竺老这种忠诚一贯的爱国主义精神,是值得我们继承和发扬的。在他的晚年,他自觉地学习马克思主义唯物辩证法,学习毛泽东思想,并以此作为行动的指南,对于这一点,更值得年轻一代知识分子学习。

竺可桢先生是我国现代科学的先驱者之一。早在留美期间,他就积极参加我国第一个以提倡科学、传播知识为宗旨的科学团体——中国科学社的活动,成为该社骨干之一。他为该社办的《科学》月刊撰写和翻译了大量文章,为在我国传播和发展现代科学进行了不懈的努力。他筹建气象研究所,亲自培训气象工作人员,领导开展研究工作,开创中国的气象事业。新中国成立后,竺可桢先生受任中国科学院副院长,以全部精力参加新中国科学事业的创建工作。他参与组织新中国的科学研究队伍,调整加强中国科学院的研究机构,以极大热情组织领导并亲自参加全国自然资源综合考察工作和全国自然区规划工作,同时他对国家重大的建设问题和全国科学规划工作积极贡献智慧和才能。他坚持科学研究面向实际和为农业服务的正确方向，努力推动新兴学科的发展，推动全国性的科学普及工作，促进国际学术交流。

竺可桢先生是我国近代地理学和气象学的奠基者。他学识渊博，治学严谨，一生勤奋好学；持之以恒，孜孜不倦从事科学研究。单从他每天记录气温、气压、气象，时刻观察、研究物候现象，每天记写日记，而且数十年如一日的举动，就令人钦佩不已。他自己说过："我虽然写了不少文章，但我一生专门研究了中国历史上气候的变迁这一课题。"他运用近代科学的理论和方法，搜集和整理了中国历代的丰富的资料，正是以他那种坚忍不拔的毅力和广博的学识，才使他在古稀之年，写成了《中国近 5000 年来气候变迁之初步研究》的著名论著，攀登上世界科学的新高峰。他所创办的东南大学地学系是我国最早的地理系；他编写的《地学通论》是我国第一本近代地理学教材；同时，他是我国首先开设和讲授地学课程的教授。他一生所致力研究的工作跨越了许多学科，都有卓著的成就；在台风、季风、区域气候、物候学、农业气候变化、自然科学史等方面都有独特的贡献。

竺可桢先生不但是我国近代杰出的科学家，又是我国近代卓越的教育家。在他出任浙江大学校长之前，已是深孚众望的学者、教授。在他执掌浙大的 13 年间，正是他精力最旺盛的年代。他忠于真理，大胆探索，为我国高等教育史留下了极有光彩的一页。

竺可桢先生一生提倡求是精神，实践求是精神。由于浙大渊源求是书院，他到浙大不久就定"求是"为浙大的校训。他认为他所提倡的求是精神绝不单是读书做学问，求是精神的精髓主要是探求真理；是奋斗精神、牺牲精神、革命精神、科学精神。特别在抗战那段极其艰难困苦的日子里，正是由于求是精神的激励和熏陶，浙大师生在数度搬迁中仍不馁教学科研之志，坚持探究学问，作出了卓著的成绩。几十年来，求是精神已在浙大蔚然成风。今天，在新的形势下，浙大师生员工正在为建设“实事求是、严谨踏实、奋发进取、开拓创新”的优良校风而加倍努力。

竺可桢先生在浙大创造的教育思想和积累的办学经验，在深化教育改革的今天，仍值得我们借鉴并具有现实意义。竺可桢先生认为大学不仅要教书，更重要的是育人；培养的目标应该以激发学生的爱国主义和为真理献身的精神为宗旨，培养的学生应该一心为公，明辨是非，富有实事求是精神和牺牲精神，以天下为己任。他注重师资队伍的建设，赴任浙大后一直大力谋求师资队伍的发展，他广罗了国内大批最优秀的教授学者，充分发挥教授学者的学术带头人作用。他重视校内的学术研究，强调教学和科研并重。在他的倡导下，浙大形成了浓厚的学术气氛。他注重学生的基础理论教学、实践训练和智能培养，主张选拔第一流的教授到一、二年级去讲授基础学科，提倡学生可以一个专业为主，跨院系选读与自己所学主科相关或自己所爱好的课程，以扩大知识面。还有他重视新生质量，重视新生的始业教育和毕业教育，重视图书和仪器设备建设以及重视体育锻炼和文化活动等一系列办学主张和办学实践，我们都可以从中吸取有益的养分并发扬光大。

竺可桢老校长的高尚品德、优良作风和教育思想与实践，为浙江大学留下了极为珍贵的精神财富。他的名字和浙江大学紧紧联系在一起。浙江大学为有这样一位可敬可亲的好校长而感到自豪和光荣。为了永远纪念他，1987 年 4 月，在浙大求是园树立了老校长的全身铜像，以表达我们对老校长的深切怀念之情，并激励我们特别是青年学生树立崇高的理想，树立坚定正确的政治方向，开拓创新，为社会主义现代化建设事业做出更大的贡献。同时，浙大还设立了以竺可桢名字命名的嘉奖，表彰和奖励取得优异成绩的教师和学生。特别是竺可桢奖学金的设立，得到海内外广大校友积极的捐助。

我没有见过竺校长，无缘亲耳聆听他的教诲，但是老校长一生的光辉业绩，使我时时受到教育和激奋。作为晚辈，作为现任的浙江大学校长，他的精神鼓舞我为教育和科学事业而献身。

同志们，竺可桢先生是我国知识分子的一面旗帜。竺可桢先生为发展我国科学和教育事业而毕生奋斗鞠躬尽瘁的崇高精神是我们学习的典范。今天，我们纪念竺可桢先生，就是要发扬爱国主义精神，坚持四项基本原则，坚持改革开放，振奋精神，艰苦奋斗；增强振兴中华、报效祖国的时代感和社会责任感，促进社会进步和人民幸福；推进我国的社会主义现代化建设事业。我们纪念竺可桢先生，就是要坚持社会主义的办学方向，努力探索具有中国特色的社会主义高等教育的新路子。要加强和改善思想政治工作，建设优良的校风和学风，调整结构，深化改革，主动适应经济建设和社会发展的需要，提高教学、科研质量，培养更多的有理想、有道德、有文化、有纪律的高级专门人才。我们纪念竺可桢先生，就要密切结合中国国情和生产实际，锐意进取，勇于创新、献身，团结协作，敢于攀登现代科学技术的新高峰。我们纪念竺可桢先生，就是要刻苦钻研业务，严谨治学，努力做一个品德高尚、追求真理、热爱社会主义祖国、自强不息、为祖国繁荣富强和人民幸福而无私奉献、有骨气的中国知识分子。

让我们沿着竺可桢先生的足迹，为壮丽的社会主义现代化建设事业而奋斗！

科学研究篇

□ 学校科研工作要坚持面向国民经济主战场，注重基础性、前沿性研究，坚持基础、应用、开发纵深布局，坚持科研与教育紧密结合，加速科技成果向现实生产力转化，发展科研规模，提高科研层次与水平。

□ 尽快建立科技进步新机制，这是个事关经济振兴、社会发展的大问题。要解决好这个问题，首先要进一步解放思想，真正树立"科学技术是第一生产力"的观念，增强"科技兴、国家兴"的责任感，加快改革步伐，在科技与经济结合的机制上有一个大的突破。

□ "产学研结合"是高等教育为经济与社会发展服务的一种有效形式，也是经济与社会发展依靠教育的一种有效形式。

西德科研组织和教育制度管见

作为西德洪堡研究奖学金获得者，我于1979年6月至1981年8月在西德亚琛工业大学液压气动研究所做了两年多研究工作。工作之余，对他们的科研组织和教育体制，有一些初浅了解，感到有些值得我们研究和借鉴的。

科研组织

一、可取的人才结构

现代科研，特别是工程科学研究再也不能设想单靠个人的天赋作单枪匹马的奋斗，而主要应该依靠集体的智慧和力量。因此，科研组织的人才结构显得特别重要。

西德的科研人员年龄结构较年轻，研究人员经常流动更迭。大学工程研究所的主要研究人员是博士研究生，他们入所年龄在26—30岁之间，富有朝气和进取精神，经过5—6年的工作，其中一些人取得工程科学博士学位，然后离开学校去工厂、企业或政府科研机构工作。他们中间的优秀分子在工作实践中进一步取得了管理和实际工作经验以后，又返回大学任教。教授的年龄在40—65岁之

注：原载《浙江大学教学研究》1981年第4期。

间。一般说来，一个人在 45 岁以前上升不到教授地位，就更弦易辙，另求门径。

教授到 65 岁正式退休。这样，作为一个学术领导人，至少有 20 年左右的稳定时间用来领导规划和组织实施学科的发展，积累科研成果和教学经验，以期在该领域内走在世界的前列。定期退休的制度又使得年迈的老教授及时地为具有较新学术思想和事业抱负的新人所接替。

对照而言，我们大学和研究机构人才结构老化，又无正常的人才流动迁徙，加之封建式的论资排辈，中国青年科技人员有志有力难施展，老年科技人员则任职过多，即使壮志未已，但亦力不从心。这不是很值得我们深思吗？

现代科研需要各学科之间的通力协作。他们注意研究机构内本学科专业人员和相关学科专业人员之间的配比，取长补短，配合协作，不但提高了科研效率，而且往往互相启发而产生出新的思想乃至发现新的研究领域。例如我所在的液压气动研究所 85 名科研人员中，除液压气动专业人员外，配有电测仪表、计算机软件等电工系毕业生 5—9 名，从事计算机模拟系统、专用电测仪器和微处理机控制技术等项的研究。而我们大学的教研室、研究室中本专业人员堆集，知识结构单调，近亲繁殖，人才退化。我们应当发扬社会主义优越性，下决心进行适当调整，使之扬长补短，人尽其才，把学校办成学科配套的多科性大学，把各教研室办成人才配套的科研和教学基地。

二、比较有效的科研组织结构

西德与欧美其他国家一样，实行研究所（室）为单位的所长（主任)负责制。大学或系对研究所的学术、人事、经济基本不加干预,只颁布一些必要法规,进行行政管理和协调公共事务。

由于所长原是学术领导,又把握人事、经济大权,真正做到有职、有权、有威,避免了繁复的行政层次和文牍主义的弊病。这种大学分权而治,所内集中统一的管理办法的主要优点是能提高效率和减少浪费。

在所内,所长是学术领导,负责组织领导全所的科研教学活动。各研究人员直接对教授负责,各自有独立的项目,职责分明,互不干扰,避免了许多人事上的矛盾,也有利于发挥每个科研人员的主观能动性和奋斗创新精神。教授的领导也主要体现在定方向、给条件、查进度三个方面。每个科研人员配有1—3名兼职助手,都是在校勤工俭学的学生和做毕业论文者。两者相辅相成,互惠得益。每个研究所(室)均配有精悍的科研服务班子,负责文书资料、仪器设备、科研加工、描图复制和采购供应等项,加上良好的社会服务网,大大提高了科研效率。对照我们“抱铁饭碗”、“吃大锅饭”的人事体制,使人感触良深。我以为在落实好各项政策的前提下,提高我们功效的关键是改革体制,改革管理,明确职守,调整比例。实践已经告诉我们,大批中高级科研人员的简单堆集,并不能推动科研的过程。一支军队必须将帅兵勇、辎重粮秣齐全,才能战无不胜。科研工作向大自然开战也是一样。我常思考为什么许多前辈在国外成就巨大,回国后却往往困难重重呢?除了过去政治动乱以外,我们没有良好的科研组织也是个重要原因。只要改善科研组织,并给以一定的物质支持,我们的科学工作者是可以为祖国“四化”发挥更好的作用,自立于世界学科之林的。

三、相对合理的经济结构

西德的研究人员和辅助人员之间，尽管社会地位上仍有差别，但在人格上是平等的，收入的差别也不悬殊，据说一个青年工程师和一名同龄的青年技工或职员之间的工资差别仅在5%—15%之间。这种相对平均的分配方式是使各类人员安心职守，各得其所的经济原因，也是一个发达社会人们分工协作、安定协调的根据之一。

我所在的研究所共有工作人员85人，其中仅5人由大学开支，其余均依靠合同科研支薪金(科研费的80%以上用于支付研究人员薪金)。重要科研仪器设备的购置按历年科研成果和今后的实际需要，向有关科研基金组织或企业财团申请。这样的经济结构促使他们讲究工效，精打细算，这也正是他们自觉地调整应用研究和基础研究比例关系的经济杠杆。想到我国存在的科研和生产脱节，理论研究和应用研究比例左右摇摆，人才和器材方面的严重浪费，缺乏经济杠杆不能不是一个重要原因。这一经济杠杆迫使学术领导人学会经济学，做好当家人。这对我们这样一个人口多、底子薄、百废待兴的发展中国家显得更为重要。

教育制度

一、教研合一的高校体制

亚琛工业大学是西德最有声望的工业大学之一，近年来已发展成一所完整的综合大学，设有7个系，1979—1980年度冬季注册学生达25447名，有正教授200余名，研究所(室)100余间，拥有欧州最大的机床研究中心，并正在新建一座欧州最大的医疗研究中心。

几乎每一个教研室都设有相应的研究室或所。从教授到博士研究生都身兼两职，既是科研人员又负担教学任务。从液压气动研究所来说，他们的科研和教学工作之间的工作量比例约为 8：2。

学生勤工俭学，中期研究论文和毕业论文几乎全部在校内各研究所进行。他们的研究室确是教学科研的基地，学校真正成了科研和教学的两个中心。科研成果充实教材内容一般分为两步，第一步开设专题课程，嗣后编入基本教材。他们普遍认为："一所大学的三项基本建设（师资、教材和图书、科研实验基地建设）中最基础的是科研和实验设备的建设，这是建造培养工程师的摇篮"。的确，建设一所一流大学，单靠编写教材是不行的，必须有第一流的师资，必须有第一流的科研成果和第一流的科研工作条件，才能造就高质量的学生。

教研结合的高校体制，也是他们理论联系实际的学风的物质基础和组织保证。

我国的科研教学体制不同于西德，国家的科研中心实际上不在大学，而是在科学院和各部委直属研究所。有许多同志把大学科研视作副业，说什么"学校办所，不务正业"，实在叫人啼笑皆非。但是科学院和各部委研究所也在培养研究生，为何不有计划地进行适当调整或联合，把科学研究的过程和培养人才的过程有机地结合起来呢？国家应有计划地扶持大学办所。

二、理论联系实际的良好作风

另一个感受是他们已养成了理论联系实际的良好学风。

在资本主义社会里，经济法则主宰一切，而经济效果的优劣很大程度上取决于科学技术，而科学技术的发展必须是理论与实际的良好结合。空头理论并不能为资本家带来利润，也不可能使科学家本人和他的事业发展得到经济资助，这也许是养成他们学风的社会原因。

他们的大学生在学习期间一般都勤工俭学，每周用20小时在研究所作科研助手，学到许多在课堂上学不到的实际技能。在教学计划中除了课堂教学外，五年内有三项中间研究论文和毕业论文综合性实践环节，并到工厂参观实习，因此毕业生具有较强的实际工作能力。他们的毕业论文和研究论文题目几乎全部结合科研任务进行，没有虚拟题目、假题真做的，并放手让学生独立工作。论文评审的要求有三条，即：对技术背景和基本理论的全面分析；计算机模拟研究的结果；实验研究的成果。他们认为一个工程师的职责就在于能够按照科学的工作方法，正确地、经济地、迅速地解决工程实际问题。理论联系实际的学风本来就是我党的优良传统，但由于我们的教育长期受封建教育思想的影响，加上科研、实验在人力、物力上的困难，以及联系实际比较无的放矢，当前的学风并不令人满意。学制缩短以后强调基础理论，砍掉的不少是实践性环节，许多学生“满腹经纶”不知如何使用，加上前几年升等、升职中的一些偏向，使得空头理论、繁琐哲学在一些人中间又风行起来。若不予以纠正，我想对“四化”是不利的。

三、各级人才严格的训练标准

只有对人才严格训练，才能造就现代化社会所必需的人事条件。西德社会良好的组织状态和效率，正是基于它的教育制度对各级各类人才严格培养的基础之上的。这其实早已为我们自己的革命实践所证明。我们的红军正是靠铁的纪律战胜了武装到牙齿的敌人的，而向四化进军的社会产业大军更需要有严密的组织、科学的分工和各级人员的称职负责。

西德教育制度中给我印象最深刻的是他们有完善的职业教育

制度。无论是刚进入待业队伍的青年人或失业工人，还是想转移专业的人，都必须进一定的职业学校，修读规定课程，通过考试取得相应证书，才能在劳动局登记求业为雇主所录用。许多企业都自办职工技术夜校，给职工提供学习机会，进行智力投资的收效不亚于设备投资。在西德无论是商店售货员、出租汽车司机还是银行职员或私人秘书，都受过严格的职业训练。虽然各人的年龄、经历、性格不一，但工作格式和标准都酷似一模铸成的。过去在战争年代，我们“在战争中学习战争”时尚且办了抗大、教育队，办了鲁艺、党校。在目前待业青年众多，除了广开就业门路以外，为什么不进行适当投资兴办职业学校，让青年在就业前先接受两年左右的职业教育？这比起急急忙忙地塞给一只“铁饭碗”可能要明智得多。三百六十行，行行有专长，行行办学校，当然也可以行行出状元。如果一个社会中人人受过职业教育的话，我们各行业的效率和工作质量一定会好得多，必要法规的遵循、职业道德的发扬也会更有保障。

西德对工程师的培养实行学分制、淘汰制。表面看来学生比我们自由得多，实际上有严格的规章约束和管制。例如学生选课后允许不听课，但必须考试合格才能取得学分，而参加考试又以做完规定的练习和实验为先决条件，只有取得各项证明书才能在学校考试科换得准考证。他们并不赞成只以“考试定终身”，认为重要的是受过全面的训练。对攻读博士学位的青年人进行严格的挑选，除进行必要的考试外，还要审查大学时期的全部成绩，并进行面试，一般还要经过半年到一年的试用期，接受老同事们的实地考察，后由教授、系学术委员会和校长的批准，才能攻读博士学位。经过五年多的学习和工作，在研究领域内做出显著成绩，达到前人没有达到过的深度或高度，在杂志上发表过文章，最后完成博士论文，通过由三名教授组成的、全系师生可以自由参加的答辩，由考试委员会向校长写出评语并出版论文后，才能发给证书。

亚琛大学校长室印发的“攻读博士学位指南”中一开头就声明，西德的工程或科学博士学位制度不是像美国 Ph. D(哲学博士)那样的课程制度，而主要注重于对人的全面科学研究工作的训练。博士研究生除修完自修或教授规定的课程外，必须独立完成某一科学技术领域内当前水平的综合分析，提出研究方法和方向，设计研究系统和安装调整试验设备，应用计算机模拟研究和实验研究，提出独到的深入系统的具有科学价值和应用意义的学术论文。因此，他们的毕业生具有较强的独立工作和实验室工作能力。这对发展中国家也许是很有意义的。

对于高级技术官员或管理干部的选拔，除坚持资历、学识水平以外，还有严格的专业训练要求。我有一位朋友叫塔罗灿斯基，工程科学博士，能流利地讲四种外语，有广泛的兴趣和爱好，并有很好的文学和艺术修养。他有志成为一家大型图书馆或科技情报中心的部门负责人或馆长，向州科研部长提出了申请，但他必须经过两年左右的脱产进修，一年在图书馆边实践边研究，写出若干研究报告，另一年在大学图书馆系选读有关课程，并通过考试，最后写出结业论文，取得证书，才有可能被提拔到馆的领导岗位上。两年之内工资七折。我曾在工作时间看望过他几次，他告诉我每周在馆实习三天，从一部门到另一部门，出纳、修补、订书、分目，一一实践，二天自学和写工作研究报告。这是何等严格的训练和注重实践与理论的紧密结合呀！

而我们在当前改造干部组织结构的进程中，给新老干部以学习的机会，轮训、培训干部比在工作中摸索，不是可以少付许多宝贵的学费吗？

抓好科研基地，加速科技成果转化

科研工作这几年进步是很大的。浙大作为高层次学校，科学研究在学校的地位是确立了的，它不仅是学校为社会服务的一个重要职能，也是改善办学条件，提高办学水平的一个重要条件。同时组织师生参与科研实践，本身就是组织师生投身社会主义四化建设的实践活动，对于从政治上坚定师生的社会主义信念，参与社会主义建设实践活动，也是十分必要的。这几年学校进行了一系列科研体制方面的改革，系办教育，二级学科建立研究所室，教育和科研紧密结合，制定了一系列促进科研发展水平提高的政策，包括精神表彰、物质奖励、按劳分配等，推动了学校的科研发展，不断完善了跨学科联合和研究所室与校产相结合的各种政策纽带，科研经费从 1988 年到 1991 年增长了 1 倍以上，而且稳步增长。我校建立了 9 个国家重点实验室、专业实验室，已经批准建立 3 个国家级的工程研究中心。

我们要继续坚持科研面向国民经济建设主战场，坚持基础、应用、开发纵深布局，坚持科研与教育紧密结合，加速科技成果向现实生产力转化，发展我校的科研规模，提高科研层次与水平。

对于已建的和在建的基地，还需要抓提高、抓巩固、抓发展，在体制上，在管理水平上，还有待于进一步完善。从今年开始，科研处

注：本文是 1992 年 1 月 28 日路甬祥在全校中层干部会议上的讲话，收录时有删节。

应着重抓项目，从项目立项，一直要管到项目转产。另外，考虑在原来的中心管理基础上建立一个重点实验室与中心管理部门，着重抓重点实验室为主的基地建设，抓基地的评估，抓基地的思想建设和组织建设，当然这方面还应有组织人事部门的指导与参与，共同抓好学科建设、学科队伍的建设。科研基地是学校科研工作的根据地，要逐步做到基础研究定向化、系统化，攻关研究基地化，开发研究产业化、工程化，没有基地恐怕就不行。一个基地的形成，既要有队伍，也要有内部的管理，要有一定的硬件设施为依托。如果科学研究只有分散的个体或者是小群体的积极性，没有置于一定规模与二级学科之上的基地的管理、基地的服务、基地的组织的话，要完善规模较大、层次较高的科学研究，也是不可能的。我们既要调动个体的积极性，又要注意根据教育的内在的规律，强化群体的组织力量，这里也包含着一个爱国主义、集体主义、社会主义导向的问题。现代科研要靠集体的力量，没有集体的交流活动做不好学术活动。现代的社会是一个高度组织的社会，现代生产是社会化的生产，现代科技是综合交叉协同的产物，更不要说建设社会主义本质上就是要提倡集体主义导向的。

同时，还要进一步加速科研成果向现实生产力转移，要完善各项政策，紧密地联系研究所、室，加强各系与校产之间的关系，形成校内从研究、开发到规模生产的纵深配套发展。现在我校的科研经费在科研编制 630 个定额基础上，已经达到 4000 多万的科研经费，我们的承受能力究竟有没有限度？如果不调整组织结构，不发挥学校的纵向和横向联合优势，恐怕要么就是科研经费不能再上去，要么就是上去以后砸浙大的牌子，完不成科研任务。出路何在？我想除了要发挥跨学科的优势，组织群体的力量，提高科研的效率和水平，避免一些低水平重复以外，很重要的一条就是要把一些中试性的、开发性的工作分离出来，交给校办工厂去做，校办工厂有人员、有生产、有市场服务，当然这里边有个利益分配问题。既要保障校办工厂的利益，也要保障科研所(室)的利益。这方面，我们已经创造了一些成功的经验，比如像电工厂与电力电子基地这种模式，转移，最后反承包。现在每年学校有政策，每年定额递增，利润超额部分留厂和系，作为厂、系的发展基金。这个政策调动了积极性，去年比前年利润要递增120%以上，幅度是很大的。而其他的厂由于运行模式、政策杠杆恐怕还没有完全搞对头，大家齐步走，大致上控制在20%左右，不高也不低，原因是有一只无形的手，在节制它的发展，这就是政策。所以我们想能否学习、分析电工厂与电力电子之间的关系，当然还有其他一些成功的经验，比如像机械厂与工控所之间，物理系与机电设备厂之间，都有一些成功的模式和经验。生产委员会、科研处、学校政策研究室要共同来研究，把有限的力量更科学地组合起来，更好地发挥优势，取得更好的效益。

尽快建立科技进步新机制

尽快建立科技进步新机制，这是个事关90年代经济振兴、社会发展的大问题。要解决好这个问题，首先要进一步解放思想，真正树立“科学技术是第一生产力”的观念，增强“科技兴、国家兴”的责任感，加快改革步伐，在科技与经济结合的机制上有一个大的突破。

建立有利于促进经济与科技紧密结合的新机制，要深化经济和科技体制改革。当前，科技与经济脱节的状况依然是一个突出问题：一方面，经济建设和企业生产中出现的大量科技难题得不到解决；另一方面，相当数量的科技人员游离于经济建设之外，找不到用武之地，大量有实用推广价值的科研成果无人问津。据国家有关部门统计，这十几年来，我国共取得了12万项重要科研成果，并且以每年鉴定2万项成果、登记1万项专利的速度递增，其中不乏大量的有实用推广价值的研究成果和技术，但这些成果真正能大面积、大范围推广应用的，只占15%左右。这种科技与经济严重的脱节现象，当然有认识不足，投入不足和动力不足的问题，但根本上说，是体制问题。近几年来，通过经济体制和科技体制改革，经济与科技结合的机制逐步在生长、形成，成绩是很大的。但是，体制上存在的主要弊端没有根本解决，同时又出现了一些新的矛盾。例如改革科研拨款制度之后，出现了行业保护主义倾向；科研单位扩大自主权

注：本文原载《改革月报》1992年第3期。

后，偏重追求近期效益，而课题的基础性、前沿性的要求降低了。此外，按专业建制，按行政区域建制的科研单位，学科之间割裂，条块分割的情况仍未根本改变，科技成果转化为生产力渠道不畅通，等等。

建立有利于促进科技与经济紧密结合的新机制，加速科研成果转化为现实生产力，在很大程度上取决于科研单位、高等院校和厂矿企业的自觉参与。企业技术进步是搞好国有大中型企业的关键，极为重要。企业，特别是大中型企业，是科技成果转化为现实生产力，科技与经济的关键性结合部。经济体制和科技体制的改革，重要的是建立企业领先科技进步，提高经济效益的良性循环的运行机制。前不久中央召开的工作会议，在关于搞好大中型企业的措施中，最重要的一条是抓好技术改造，推动科技进步。因此，企业深化改革要坚持计划指导和市场导向，进一步转换企业运行机制，加强对企业技术进步的考核，要结合本行业的实际情况，把衡量企业技术进步的各种量化指标纳入企业承包合同，甚至可以采取国家立法的形式，对企业技术进步进行导向，所有的大中型企业都要建立和完善技术开发机构，同时要创造条件建立企业中试基地和新产品试制车间，完善计量、标准测控手段。建立企业技术开发机构，可以通过联合吸收学校或科研单位，或者依靠自身的力量等多种途径来实现。小型企业或乡镇企业也必须以大专院校或科研机构为技术依托，采取多种形式吸收适用新技术，开发新产品，实行企业和高校或科研单位的结合，要解决宏观的管理体制问题，即要求政府的计划、经济、科技、财政、金融等部门根据各自的情况，从投入的方向上保证和支持企业的技术进步，促进企业进行正确决策，参与平等竞争，实现技术进步，企业除完成国家计划下达的生产任务和技改项目外，还要根据市场的需要，多方筹集资金，强化科技投入，加速技术开发进程。

建立有利于科技和经济紧密结合的新机制，要充分发挥科研院所和高等院校技术开发力量的作用。科研机构要改革内部管理，引入竞争机制，逐步形成自我积累、自我发展的良性循环局面，要完善院(所)长负责制，发挥学术带头人的作用，并按照分流征用、优化配置、完善功能、择优扶持的原则，逐步调整现有科研机构的学科方向、组织形式和运行机制。要有选择地在若干大学，通过政府、行业或企业集团与院校联合，建立若干个工程研究中心，拓宽科技与经济结合的“通道”。这些工程研究中心以及国家重点实验室(专业实验室)为依托，结合工程基础研究、综合性关键技术开发和中间试验，使重大科研成果形成标准化、系列化、商品化的成套技术和设备，提供给大企业、科研单位，进行大面积推广应用，形成一个有相当规模的产业，建立起相应的高技术企业集团，以加速科技成果的商品化和产业化。要采取切实有效的措施，加速组建一些科技、生产、经营一体化的科技先导型企业或企业集团。这类科技先导型企业，应以科技为先导，以大中型企业为骨干，以名优产品为龙头，以科研单位和大专院校为技术依托，以优化产品结构、产业结构和企业组织结构，推动技术进步为目的，结合本地区的科技和资源优势，形成产品和产业优势，以科技进步有效地带动经济增长。要把技术开发和引进紧密结合起来，在开发的基础上引进，在引进的基础上创新，用新技术改革传统产业。要充分依靠大专院校和科研单位雄厚的技术实力，大力发展高新技术、实现产业化。要强调企业与高校科研单位的合作，动员更多的科技人员投入到企业技术进步的主战场上来，各地要根据各自的条件和地区优势，选择自己的发展模式，把发展重点放在生物技术、电子信息技术、机电一体化技术、光纤通信技术和新材料等领域，以努力开发技术档次高、相关性强的高新技术产品，逐步形成具有区域性特色的高新技术产业。采取特殊政策，重点抓好新技术产业开发区，为高新技术企业提供资金、原材料和开放环境。支持公有制、股份制和集体和“三资”企业等多种所有制的经营方式，实行分配与企业效益挂钩的原则，增强企业发展动力和活力。研究并采取具有吸引力的政策，调整政策导向和利益机制，解决分配问题，有计划地吸引和鼓励高校和科研单位的科技人员，特别是中青年优秀科技人员到高新技术开发区去创办高新技术产业。

建立有利于科技和经济紧密结合的新机制，还必须着力创造一个有利于技术进步生长、发育的社会大环境。这需要一系列支持结构和政府的政策支持。从目前我国科技和经济发展的情况看，其中最主要的因素是市场、资金和人才。技术市场机制，是运用价值规律和经济手段，促使科研成果有偿转让，加速技术商品向生产领域转移，沟通技术与市场信息、提高成果和技术利用率的重要手段。建立和完善适应社会主义有计划商品经济的技术市场机制，要运用好经济杠杆，充分发挥利率、税收、价格、工资的调节作用。一是国家计划项目的实施，要引进市场竞争机制，实行课题“公开招标、择优支持、促进协作”的原则，杜绝行政手段的干预和地区保护主义弊端；二是课题经费实行有偿使用或部分返还的原则，经费管理实行预决算制，使有限的经费投入，发挥最大的经济效益；三是各类研究成果和技术，进入技术市场，实行择优选用，有偿转让，采取法律、行政和经济手段，保护知识产权，保障科技人员的劳动收入，多渠道地增加对科技的投入，是推动科技进步的必备条件。

要采取切实措施，形成多渠道、多层次、多形式的科技投入支持体系，各地区科研三项费用每年应逐步有所增加，“八五”期间，应逐步增加到占产品销售额的 2%，企业技术开发费用应逐步增加到占产品销售额的3%。政府要设立专项经费，加强基础研究、应用基础研究和重点实验研究基地的建设。要下决心使科技投入增加高于国民生产总值的增长和财政经常性收入增长，努力形成良性循环。要逐步建立一套支持科技进步的金融机制，即所谓风险投资系统。地方政府可考虑设立技术进步咨询机构，负责对科技项目的评估、立项和预测。建立国家科技开发银行，使有限的科技经费与银行结合起来。与此同时，国家除税收优惠外，还应赋予高新技术产业更多的自主权，使其适应风险创业环境，要充分利用改革开放的有利条件和国际环境，进一步扩大国际科技、学术交流与合作，加速对外开放，大胆吸收和引进国外的先进技术和管理，并切实加强技术引进、消化、创新，建立配套的机制。在引进国外先进技术的同时，采取切实措施和优惠政策，以各种方式吸引外国政府、组织、企业和民间的低息贷款和资助，为科技发展提供更多的资金。要大力倡导尊重知识、尊重人才的社会风尚，调动广大科技工作者的创造性和积极性，要把不断地改善科技人员工作、生活、学习条件这个大问题、大政策抓好，各级党政领导要坚持为他们办实事、办好事，解决分配不公、脑体倒挂等不合理的问题。要从机制上、环境上、政策上创造优秀青年科技人才脱颖而出的良好条件，打破人才的部门或单位所有制，逐步解决人尽其才的问题。要努力关心科技人员在政治思想和业务知识方面的健康成长和提高，积极鼓励他们走出院校，到经济建设第一线去，与生产实际相结合，为祖国的社会主义现代化建设事业建功立业。

努力提高科研质量

一、我们的任务与目标

在当前的形势下，学校面临的任务是什么？我觉得学校的任务还是要成为国家高层次人才培养的重要基地之一，成为国家科学研究，包括创新、基础研究、应用开发研究的重要基地之一，成为国家高新科技产业的重要辐射源之一。浙大应该成为全国名列前茅的理工科大学，成为教育、科研的中心，争取到本世纪末或者更长一点的时间，在教育质量、科研水平，在高新科技产业对社会的贡献方面都稳定地全面地居于全国的前三名。

我想，过去提出的这个目标，现在回过头去看，或者展望将来，是应该达到的，也必须要去争取达到，经过努力也可以达到。现在学校有许多指标已经进入了前三名，当然是不稳定的，也并不全面。还有一些方面相对比较弱，应该既看到成绩，增加凝聚力，鼓起勇气，同时也要看到弱点。我觉得就科研的层次、数量而言，跟学校拥有的潜力还是不相称的，这里也有一个要继续发展成果，促进科技向生产力转移的问题。学校每年有许多成果，积压在本子上很多，真正变成大产业，变成对国家、浙江省有贡献的并不太多。虽然去

注：本文是 1992 年 7 月 4 日路甬祥在学校科技工作会议上的讲话。

年国家自然科学奖实现了零的突破，但真正在基础研究方面有重大创新还是不够的。在科学技术进步奖方面，在新高科技产业形成拳头方面，还是薄弱的。我们不能沾沾自喜，与所拥有的潜力以及国家的期望，国家对浙江大学历年来人、财、物方面的投入来比较，还是需要进一步努力的，要明确所肩负的责任。另外一方面，浙大承担着高级人才立足于国内培养的重任，要为国家输送更多的本科生、硕士生、博士生、博士后，以及承担起更多的继续工程教育任务，为提高国家、民族的劳动者素质，为高新科技产业培养干部贡献力量。

二、科研工作要抓什么重点

当前科研工作要抓什么重点？我认为主要要抓两头：

第一，要抓好创新、基础研究。

基础研究要实行定向化。定向化观念主要是在由学术带头人、各位专家提出的、真正是创新的、有重大前景的基础研究领域里面，要有选择地坚持不懈地支持。当然基础研究领域是有风险的，可能成功也可能失败。基础研究是探索未知的，过程可能几年，也可能要九、十年坚持不懈的努力。浙江大学应该承担起这个责任。过去这方面还做得不够，所以今后在资金支持方面，在重点基础研究的人力保证方面，在待遇保证方面都要进一步加强。

第二，要抓科技转化为生产力。

把已经有的成果，或者把今后的科研成果，有机制、有渠道、有动力加速转化为生产力，形成高新科技产业。这是中央所提出的号召，也是国家与民族振兴的希望所在，我们责无旁贷。这点过去主要是由于传统的计划经济模式在科研领域中的影响，束缚了手脚，过去科研就是立项——完成——鉴定——报奖四部曲。据我了解，市场经济国家没有成果鉴定，它的成果谁去鉴定，就在社会上去鉴定。基础研究要看是不是大家公认的对客观世界新的认识，应用和开发研究要看人家产业部门接不接收，有专利的要看有没有企业购买。我国经济正在加快从传统的计划经济转轨成为计划与市场结合，以市场为导向进行改革。科研体制目标也要主动地转，不要把思想束缚在争取一个成果奖就行了。应该拿成果到市场上、到社会上去鉴定。我相信国家的成果评奖三大奖还会相当长时间维持下来，更多的要有市场评价，要有实际的评价。当然基础研究有另外的标准，要有国际上公认是否有创新。国际研究更要求是国际上的首创性，光国内的首创性意义还不是太大。应用基础研究国内的首创性有意义，真正的基础研究就是要世界第一，第二就没有多大意义。

实际上现在无论是在基础研究、应用研究和开发研究都提出了新的更高的要求，我们应当抓住两头。在上游、基础研究方面，要抓国际领先，真正是创新的、高水平的。在应用和开发研究、科技转化为生产力这一头，我们要抓有重大应用背景、有重大经济效益的、有重大社会效益的成果。在抓下游的工作当中，要面向市场，面向社会。在促进科研往生产力转移方面，要进一步拓宽思路，观念上进行转变。现在包括我本人在内，过去都习惯于研究、论文、成果、获奖这一套模式，今后要从这一套模式转换为面向市场，面向产业，要从相信自己转换为更要相信社会上企业的工业开发能力和市场开发能力。科研成果要成为商品，要适应市场，不是单纯科研人员单独可以完成的，还需要市场开拓能力和经销能力，需要生产、组织经营人员的配合才能完成。而且他们的劳动恐怕不亚于科技人员的劳动。希望社会尊重科技人员的劳动，同样科技人员也要科学地评价市场开拓者和生产组织经营者的劳动的问题。只有互相尊重了，也认识他们的价值，才能有胆量，有主动精神把科研成果推向社会上比较适合的合作伙伴。有许多教授觉得自己这个东西很好，囿在自己的实验室里做，一年做来做去也就是五六套、十来套，也不做广告，也没有很好的社会服务，没有经营销售的策略，最后事过境迁，被人家淘汰。如果把成果与社会运行机制比较好的三资企业、乡镇企业结合起来，利用他们的市场开拓能力，一下子几十个、上百个推销员出去推销，把信息反馈回来，要改的话再改，同时组织起科学生产管理系统，产品就扩大了、发展了，成绩也提高了，成果真正转化为生产力了。

这段时间跟同志们一起去参观考察或学习了许多社会上的企业，包括乡镇企业、三资企业，很受启发。科技转化为生产力，科技是基础，但是市场开拓与经营管理、生产组织也起相当的作用，三者缺一不可。现在我们都怨社会上不重视科技的作用，我在这里想强调一点，要重视社会上已经出现的许多适应市场机制、有市场开拓能力的企业家，许多有很好投资机制的生产组织者，要有选择主动地与他们结合起来，必要的时候还要向他们让利。只有互相认识到对方的优势，结合起来，才能够在市场上形成更大的竞争能力。

第三，坚定不移地走一级学科按系办学，在二级学科上建所的基本模式，同时采取各种方式促进校内的跨学科联合和校内外科技合作。

基础是在二级学科上建所，实行学术带头人负责制，校、系两级应该还权于所，在科研立项、科研人员的力量调配、内部经济分配政策等方面，应该让所长行使自己的权利。在遴选所长、发挥所长作用方面也要严格要求。只有这样才能形成相对稳定的结构，比较合理的梯队，才能形成校内比较巩固的基地。应用研究要基地化，其实不仅限于应用研究，教育、科研都要有校内巩固的高水准的基地，才能有后劲，才能有竞争能力。基地里必须有层次结构合理的梯队，而且要稳定。

美国、日本、欧洲其他发达国家科学研究管理组织的体系，各有自己的特色，但基本一条是不变的，在所内或室内实行稳定的所长负责制，下面又有一个合理的知识结构和层次结构，组成一个稳固的梯队。而且学术带头人有职有权，能够组织实施学科的规划和发展，学科与学科之间在校、系的规划下形成竞争的机制，学校与系再有重点的投入和政策方面的保证。我觉得这是现代科学技术发展经过二三百年的发展的人类共同的成果。小平同志讲，要学习与借鉴国外的包括发达资本主义国家在内有益的经验，我觉得理所当然包括科研体制管理、教育体制管理方面的，这条有共性。要说我们有特点的话，再加上一条在学科内抓好支部建设，起好战斗堡垒作用，能够保证支持学科带头人行使作用。

学校现在的思路就是抓住上游，放开下游，教育科研跟科技转化为生产力实行一元化领导。要使得下游支撑上游，上游推动下游延伸，到适当的时候下游就从学科中分离出来，成为相对独立的经济实体，成为正式的企业了，学科同它的关系可能只有股份关系。当然这个体制在执行中，各系的历史情况有不同，学术带头人的素质也有不同，学科的性质也有差异，不可以一刀切。可以有先有后，有快有慢，规模也可以有大有小，有一些基础教研室，还是以教学为主的，也要保留教研室的模式。即使是转成研究所、室体制的，学校的科研工作还是教育的基本支持条件，要同教育工作紧密结合，要在系的统一领导下承担起教育任务来。它同时要挂教研室的牌子，也要承担教育任务，这一点不能动摇。否则，这个研究所就没有必要办在浙江大学内部，可以办到社会上去，或者办到企业里去。希望通过不断的强调，不断的实践，在今后三五年逐步转入到这个轨道，学校在组织体制方面从教育为主转化为教育科研并重，“两个中心”院校的组织体制的转轨就大体完成了。

在体制方面，现在还存在许多内部的弊端，特别是校、系两级机关主要是学校机关管理职能与系、所的运行方面存在一些矛盾。有的同志谈到办事难，但还谈到有的时候就办到不愿意再跑了，把项目干脆就放弃掉算了。当然我的理解并不是完全讲学校内部，也包括国家机关部门，也有这个情况。这的确是传统模式束缚生产力的地方。校内原来的管理体制、管理习惯是从传统的、统一集中的计划经济模式，或者是传统的教育、科研管理模式沿袭下来的。这几年有许多改进，但是还不能说已经转入到新的运行机制轨道。科研部门、人事部门等学校许多机关可能还管着许多不应该管，管不好，管不了的事情。田纪云同志在中央党校讲话，总结农村工作经验，认为农村这几年之所以发展，就是因为给了农民自主权、自由权，没有其他的。农村经济发展了，国家就安定了，农村就走上富裕道路。粮食自给，副食品自给，票证逐步取消，从农副产品短缺到现在农副产品比较充裕，一直到发展了乡镇企业，部分农村开始走上小康。国家没有投什么资，无非给了自主权、经营权，解放了农村的生产力。我觉得他这个话很有道理，的确如此。过去我们错就错在不相信群众，不相信农民，以为我们自己就是为农民着想，坚持社会主义方向的。过去讲“以粮为纲”，看到种西瓜不行要拔掉，规定只能够种粮食。

引申到学校内部，在管理上要重新思考。所以下半年校机关的改革任务要简政放权，到现在为止学校已经精简了10%的机关人员，定额都已经落实了，但机关改革不仅仅是人员精简，更重要的是要还权于基层，要放权。机关应该管的事情，提高服务水平，不应该管、也管不了管不好的事情坚决不要去管。实际上从这个意义上来说，这也是一场革命，解放生产力。校级每个部处都要思考这个问题，哪些权属于多管闲事了，放下去。我也要讲讲成果转让方面的。科研处过去对成果转让很重视，要维护学校科技人员的利益，但是1000多个项目，如果科研处成果科来把关的话，实在是把不胜把。是不是该把这个权放给研究所、科技人员，相信他会维护自己的利益。科技处进行指导，或者是定期地开一些讲习班，开一些交流会，做好服务工作。要多渠道促进成果转让，工业总公司可以组织，服务公司可以组织，高科技公司也可以组织，放权给基层。过去订科研合同，曾经只有一个公章，现在合同章还是一个，但是研究所、室都发了章。当时也争论不休，说是研究所、室章究竟是按照处级的章，还是按照科级的章，处级的章有40mm，科级的章38mm，刻处级的章可能要审批。后来讨论下来就小于40mm大于38mm，上面去批了，直接发给研究所，就可以签协议意向书了，好开介绍信了。

所以传统的观念有的时候是比较根深蒂固的，现在形势大好，小平同志讲解放思想，讲三个有利于的都可以试可以闯，所以部处要研究，基层同志也要研究，哪些权你们要的，你们提出来，提出来以后学校研究，该还的就还。有职有权，没有束缚，大家才能够放手大干。当然，应该有的规范，应该有的统一的政策规定还是要有，不可能什么事情都没有规矩、没有纪律，这也不可能。商品经济也是法制经济。

在改革开放中还是要“两手硬”，也要加强廉政建设，加强审计监督，要活而不乱。机关职能，校系两级要转移到服务方面，为基层做好信息、政策、人事、资金、房产方面的服务，高效率高质量主动地服务。中共中央、国务院现在发布了要大办第三产业的决定，我的理解，这是经济再上一个台阶的实际需要，不仅仅是精简机构，疏散一点人员的问题,这是现代大规模的商品经济发展的必然。大规模商品经济,劳动力的结构就是第一、第二产业比例减少,第三产业比例提高,服务体系完善,全社会的效益提高。我国第三产业所占比例只有30%都不到,服务很差。所以造成教授还要搞报销,跑批条,做跟他层次不完全一致的事情。教授雇秘书的可能不太有,全校没有几个教授有秘书,教授要去开国际会议了,没法委托人做幻灯片,服务体系很不完善。学校也要乘中央决定大办第三产业的东风,提高生活与教育科研的后勤质量和水平。外面有人来,接待、会议也可以委托,当然这是理想化的,逐步要做到这点。生产力发展是没有止境的,现在人均科研收入是5万、6万元,美国MIT人均的科研经费恐怕是20万、30万美金,当然它有个前提,有良好的社会服务体系支撑在那里。学校人员利用应该考虑向社会延伸,一是想办法扩招博士研究生、硕士研究生;二是向省内和国家教委各拿500个机动编制、流动编制;第三,有广大的社会作支撑,我们的下游、龙尾巴、龙爪子要伸到社会上去,中国的社会有丰富的劳动力,可以组织起来成为浙大的联盟。如果这样来考虑问题的话,生产力发展,科研和开发经费的发展,就不只是5万元,也不是50万元,可能过30年、50年变成500万了。到那时候,要么国家在税收上来监督,以后国家对教育的拨款增加了,然后自办产业限制了,不许你再多办了。那么我们就走上了一个发达社会的新的轨道,重新确立了学校教育科研在社会中的地位。我们应该有这个认识,大胆地利用社会条件,利用社会力量,可以聘用和培养一些经营管理人才,去做下游方面的工作。

三、注重培养中青年学术带头人

今后的5年、10年是新老交替的时期,现在的学术带头人中有许多年长的在今后 5—10 年中都要交班，所以要注意主动地、有计划地培养中青年学术带头人，在实际工作中锻炼，及时解决他们的生活、工作条件，提到领导岗位上来，这是事业对我们的要求。同时在科研发展中，要带动研究生的培养。研究生就是水平，研究生就是科研动力，研究生就是以后科研、经济增长的重要的来源。学校正在想方设法要实现到 1995 年在校博士研究生达到 700 人，2000 年达到 1000 人；硕士研究生也争取有 10％－20％的增长。当然，做这个工作要保证质量，要适应需求，不能盲目地发展，要调整培养目标，引导研究生走向产业。工作要从生源抓起，要结合科研，提高研究生待遇，开拓就职、就业渠道。研究生与学校科研工作是不可分离的，这也是学校有别于社会上研究所的很重要的优势，其他科研机构没有这样大的研究生队伍作支撑。这个优势无论如何要发挥好。

做科学研究，特别是自然科学研究、工程科学研究，应该大胆地、积极主动地利用改革开放的条件，充分利用国内、国外的有利条件。但我校国际交流合作方面的总规模、总水平与我校的层次是不相称的，我们要奋起直追，这个工作一方面各学科的同志要做，另外一方面，外事处、科研处要把开拓国际合作渠道当做一项重要的工作来抓。以后的态势，如果没有大规模的、比较广泛的国际合作，想把我校的科研水平与国际接轨，这很难实现。基础科研有更有利的条件，工程研究和开发研究因为国际上的保密，相对困难一点，但也并不是没有渠道，也可以开展。希望各个学科带头人能够注意做这个工作。在开展这个工作中要以老带新，逐步把青年人带到国际舞台上来。当然在实施过程中要有利于队伍的稳定，防止不正常的流失，要把骨干队伍稳定下来。

积极面对科技挑战

一、科技工作在学校工作中的地位

人类的历史上出现大学教育以来，大学的职能是传授知识、发展知识两个职能，具有两个方面：一是归纳条理，向学生传授；二是高级人才基地，对自然未知进行探索。

培育、维持一支高质量高水平的师资队伍，在校内形成浓厚的科研学术环境，形成教育学生、培养人才的好环境。没有科学研究，对发展本科生和研究生的教育也是不可思议的。

浙江大学无论是从学校建设发展、经济实力、办学条件等综合实力来看，科技工作是一个很重要的依托。五六年前，浙江大学清产核资的总资产数为1亿，今年据统计有5亿，这个资产总数的来源主要靠科研经费来源，科研水平决定了学校资产的增长。科研和教育工作是学校工作的两个中心，是为培养社会主义事业建设人才服务的两个方面，这是基本认识。科研的成功经验在于抓住了学校工作的两个中心，为培养人才这一根本服务。

注：本文为1993年7月12日路甬祥在浙江大学科技工作研讨会上的讲话概要。

二、学校科研工作的基本经验

近年来，校内校外都有一个公正的评价，浙大的近几年是历史上提高最快的时期，这也是各位系主任、所长以及广大的科技工作者艰苦奋斗的结果。

这几年，学校认真贯彻中央关于科技工作的战略方针，从单纯的学术研究走向了国民经济建设的主战场，为国民经济建设服务已成为全校师生的共识。同时浙大教师主动承担国家级重大项目，承担起国民经济建设中解决重大问题的责任。学校的理工科瞄准学科前沿和有重大理论背景的学术方向，长期以来坚持探索，有的已经取得了重要进展。由于坚持了这一条，浙江大学的横向项目和纵向项目的科研经费都有了极大的上升。其中连续几年的国家自然科学基金的申请在全国高校中名列前三名，论文和论文引用也排在较前列。

坚持教育与科研结合，人才培养与科研工作紧密结合的方针，现在研究生已成为科研战线的有生力量。在学术骨干的带领下，学校已逐步形成了一支既有高瞻远瞩的学科带头人，又朝气蓬勃、有前途的流动的年轻研究队伍。学校研究生招生数现在已达每年 900 名，在国内同类院校中属于第 2 位。研究生培养的经费主要也是来自科学研究。

学校上下已达成共识，逐步形成行之有效、较为符合科研发展规律的校内科研管理体制。系、所分开，系管教育，二级学科建所，建立所长负责制，成立以学术核心为主要成员的所务系主要发挥规划、评估、聘任的职能，项目立项、执行、用人、成果转移等基本上由所长自主决定，给学校科研带来了新的活力。现在全校有 90 个研究所，近20个所的经费超过350万元，形成了一定规模，13—14个研究所经费超过了100万，有些所已形成所内硬环境和软环境，有所务秘书、机房、资料等公共设施，有的所在国内外建立了广泛的联系，这是重要进步。在所(室)实运转基础上，还形成了合理的学科发展的梯队，上有学术带头人，中有理论骨干，下有青年教师，保证了学校每年1000多个项目的顺利完成。还有的所在国家、省的支持下，与地方协作建立了一批研究基地，这也是浙大的优势。

贯彻科技是第一生产力，探索产、学、研三结合道路与校办企业结合，通过科技转移、科技入股、联合办厂等多种形式，形成上有科研梯队，下有企业网点辐射的网络体系，有的已见成效，这是我们出路的所在。

通过改革，在校内逐步建立了有利于调动科研积极性，有利于增强凝聚力，有利于所(室)实运转的校、系、所支撑体系。学校成立了法律事务所、专利事务所、外贸公司、杭嘉湖公司、科技开发总公司等；设备处部分转入企业运行，为科研改善物资服务；还改革了研究生招生体制，允许招收委培生；开放了科研校产流动编制。但是机制还不完善，发展有待平衡，今后要自觉地推广经验。

三、我们面临的挑战与对策

面对当今世界科技革命的挑战，形势非常严峻，以发达国家为代表的前沿学科，对全球经济，对环境、资源有很大影响。

①生命科学与生物工程：遗传基因工程；

②信息科学技术：电子、生物、信电；

③新材料：结构材料、高分子材料、复合材料、功能材料、纳米材料；

④能源领域：煤、石油利用转为核能、氢能、太阳能、生物能的利用，氢能为突破方向；

⑤环境科学与工程：污染问题；

⑥空间技术领域：特种材料生成；

⑦海洋技术：海洋资源开发。

上述科技革命领域是今后竞争的核心内容。

国家在经济比较拮据的情况下，较高强度地投入“863计划”，浙大作为高层次的大学，要提高研究水平，在挑战面前要介入，要参与。否则将来连承接低水平项目也很困难，没有技术的优势，企业也不会委托你。今后科研的格局是科技开发由企业自行开发，大学从公司手里拿不到开发经费，这就是市场经济决定的。现在由于我国市场经济发育不全，机制未转变，乡镇企业没有人才。但随着社会进步，企业组织开发产品，用高薪吸引优秀科技人才，这个规律不可阻挡。只有迎接世界革命的挑战，浙大才能有生存的价值。

市场经济挑战给了我们机遇，带来了生产要素流动，对科学研究的要求高了，要求有竞争能力的方案、成果，这样才能争取到经费。市场经济的资源不是平均分配的，科研要主动认识这一点，要找市场大、产业背景好的产品成果作为支撑，事业就能事半功倍。

市场经济的发展，迫使地方政府、企业厂家重视科技，因此学校横向项目有了发展，这个趋势还会维持一段时间。然而反过来，在市场竞争中地方政府、企业厂家会以多种形式、多种方法吸引人才和技术，使得高校留不住骨干，甚至影响一些尚未成熟成型的成果的继续研制。要针对这一挑战，加强管理，稳定学术队伍。以经济政策、组织手段和规范管理，来保住科技人才和骨干以及在读的研究生。用各种形式发挥综合优势，完成高水平高目标的科研任务。

市场经济的挑战使科研体系面向世界，面向社会，竞争是全球范围的，因而只能以开放对开放，建立更完善的信息系统，开展国内国际学术交流与协作，科研工作要集中优势兵力抓创新方面，外围采用“拿来主义”，利用别人已经有的理论认识，站在巨人的肩膀上向前看。这是观念的转变和调整。

关于采取的对策，我这里也谈几点：

一是从客观上讲，科研课题要紧紧扣住国民经济发展，扣住学术发展主流。从资源利用、环境保护、前沿领域去突破；从建设社会主义市场经济、提高产品质量、提高技术水平、减低研制成本上做文章。面向主战场，抓住主流，而不是单纯从资料中找课题，不找冷门，不钻牛角尖。把科技开发、基础研究、创新研究作为中心工作，搞好近期、中期和长期的部署。

二是要着力在科研工作中狠抓梯队和基地的建设，这是我们的根本。从目前的情况看，学校校内分配制度很容易走上各自为政、散兵游勇的局面，要警惕这种倾向。

三是既然决定了学校的国际竞争地位和高层次地位，必须加强国际国内合作。现在我校比起其他如清华、北大、中科院等单位要差，只有少量的合作。因此，要研究战略，积极大胆地开拓领域，使学校的科研走到世界科技的前沿。

四是在社会主义市场经济的环境之下，学校仅有信息人才的优势。在场地资金没有优势的情况下，学校今后要自觉地在世界、国内、省内组织起产业的优化组合，把学校优势与社会需求优势、劳动力优势组合起来，提高竞争水平，提高生产能力，推动社会的发展。

五是学校还要进一步完善科研工作的社会支撑体系和服务体系。要建立知识产权保护体系，保护所（室）学术带头人的应有权利。还有信息服务体系，情报检索服务要扩展到动态服务，服务于科研项目，以日本、美国等国的信息为主。除了服务于科研人员外，还应向中、小企业服务。这个体系很重要，比校园中速网改建高速网更为紧迫，请科研处、图书馆、管理系等结合起来办好这项工作。进一步发挥杭嘉湖公司和技术开发总公司的作用，把科技需求信息反馈给系、所。

六是加强科技人才支撑服务，包括优秀学术人才的吸引、流动人员编制、研究生等问题，在所内、校内提倡跨学科合作，帮助学校在学科交叉、资金、信息、人才引进等方面提供较为完善的服务体系。

现在的形势引起了社会上价值观念的变化，党委与行政要做好队伍建设的思想工作。我们要理直气壮地反对拜金主义、享乐主义、自由主义、分散主义、极端个人主义，提倡爱国主义、集体主义。要尊重知识分子的劳动，进行按效益分配、按劳分配，给予一定的待遇。

形势是好的，学校是有大幅度的进步的。但是下半年、明年的形势是严峻的。我们除了抓各部委的项目、攻关项目、“863 项目”等，还要把目光转向经济发达地区、转向国家投入大的基础产业、转向中国与国际上合作的大项目领域，从大的热点中去找，充分与学科的发展结合起来。

面向国家重大需求，做好国家重点实验室工作

这一年来液体传动及控制国家重点实验室又有新的进步，尤其是取得的成果和正在进行的工作，使我很受鼓舞。高等学校的国家重点实验室能够坚持面向国家的重大需求，面向本学科前沿，努力地为国家经济建设、国防安全和社会发展做技术性、战略性的重要工作，这是非常值得提倡、鼓励和充分肯定的。特别是当前国家正面临全面建设小康社会，加快社会主义现代化建设进程，并且也面临着复杂多变的国际形势。国家重点实验室要为国家做重要的事情，不是满足于一般的发表文章，一般的做一些技术推广和应用工作。

在成果和发展方向中，有几点是很值得肯定的。首先是承担的项目和工作的方向都是瞄准了有关能源等重要的工程和领域，以及新的科学研究和发展方向，瞄准了国防工程建设方面重大的关键技术展开的。这些工作不仅停留在理论工作、计算机建模及仿真技术上，而是应该做到关键元器件突破和整个工程系统的集成，研究工作不停留在大学实验室当中，而是跟企业界和工程界结合。我感到高校的实验室坚持这样的方向不太容易，应该提倡。因为这个实验室属于机械工程学科，坚持这样做不光在科学研究上有价值，而且

注：本文是路甬祥在2004年流体传动及控制国家重点实验室学术委员会会议上的讲话。

对培养工程技术人才，培养理论和实践结合、能够担当国家重任的高级工程技术人才也是必要的。

第二点是在注重应用研究的同时，实验室还注意了应用基础研究与基础性研究，包括应用流体力学、流体测量等方面的工作。基础研究始终是高技术发展的源泉，如果国家重点实验室只搞应用和工程，就不会有原始性的创新，也很难保持持续创新的源泉和动力。注意在把主要力量面向国家重要需求开展应用研究的同时，保持精干力量进行基础性研究工作，不断提高学科的基础，这也是值得肯定和支持的。

第三点是因为实验室的起源是流体传动及控制学科，现在的名称还是叫流体传动及控制，实际上专业已经改成了机械电子工程，客观上所有的机械工程几乎都受到信息化的深刻影响，实际上信息化也带动自动化，带动装备的更新改造。在注意流体传动本身研究工作的同时，实验室在学科交叉和方向拓展上，也投入了相当的力量，譬如信号处理、控制技术、微机电系统等，把信息技术与流体传动及控制紧密地结合起来，提升流体传动的自动化程度及控制水平，这无疑也是必须肯定和坚持的方向。因为整个国家所提出的新型工业化道路，实际上是信息化带动工业化。其他学科也同样，冶金机械系统也是同样的趋势，要加强过程监控、过程控制都要靠信息技术，冶金工程也有自己的前沿，自己的发展规律，但它和信息技术的结合是密切的。我们也是同样的，尤其是流体传动本身固有的特点，流动有很强的局限性，如果不靠信息技术来实现，控制它的精度、温度、效率、质量等都是很难想象的。

第四点是坚持学科主流发展方向的同时，已经开始考虑面向未来和前沿方向的布局和安排。譬如微流体系统，今后肯定是一个重要的方向，因为生物医学工程上要用，另外微机电产业需要用，还可能在其他领域，譬如环境工程等方面也会发挥重要作用，另外高端的理化及生物测试仪器当中也要用微机电和微流体系统，这已经有了布局，应该肯定和支持。我们的布局有自己的特点，主要在玻璃上做，应该考虑究竟在硅片上做还是在玻璃上做更符合我们的特点，要跨出传统学科的局限，再做些探索，再做些思考。作为一个应用类工程类的学科，要有可持续发展的创新能力。路有两条：第一条是不断地将自然科学和其他的基础技术学科中前沿的新东西应用于学科；第二条就是不断开拓新的应用领域，包括从材料、应用流体力学等学科中吸收新的理论和方法，将基础理论和新方法消化吸收为学科所需要的理论与方法。拓展应用领域要符合国家需求，要符合科学技术本身的发展方向。譬如中国的能源对外依赖很大，光"节能"两个字，我觉得流体传动就有大量文章好做，所以要进入到可再生能源和系统集成技术当中。流体传动本身也有提高效率的问题，再不能设计效率很低的系统了，要设计高效系统，负载敏感的系统，要贯彻科学发展观，要解决人与自然的协调发展。另外就是节约资源、减少排放和环境保护的问题，要开拓这方面服务。在新资源开发方面，要注意学科在海洋和太空方面的应用，海洋的确是一个资源丰富的地方，过去我们对海洋的表层、浅层了解比较多，深层了解不多，现在就是要向深层开发，要开发就要有工具下得去才行，首先就要解决深海作业潜水器和机器人的问题。我高兴地看到实验室在这方面已经有了布局，也进入到国家重大项目，进入到关系国家未来发展的领域中去，我觉得这是很有眼光的。这也是我前几年一直所希望，但没有做到的事情，年轻的同志们做到了，我非常高兴。

另外我们作为高等学校的教师，作为科研人员，创新究竟为了什么，光是为了发表几篇文章？为了提个职称？为了获得个人荣誉？还是创新要为国家作贡献，为亿万人民造福，为新一代科技人员的成长作贡献。我觉得在做出贡献的同时，国家和人民也不会忘记你们的贡献，评价是公平的。实验室的研究工作已经真正走到了这个方向和目标上来，这是很值得鼓励、很值得肯定的，希望能够长期地坚持下去，不要动摇，不要受某些单位一时的评价体系所干扰和左右，要相信实践是检验真理的标准，以后判断是对的，才是最根本的准则。过去有一段时间国家重点实验室的评价指标比较偏向适合于自然科学和基础研究类的学科，把论文抬得很高，而且论文也强调数量，实验室向评价指标妥协，所以质量也上不去。如今过了 10 来年，再回过头来看看，几千篇文章里有几篇留下痕迹的，对人类的发展有影响的太少。所以我觉得文章仅仅是一个中间的评价过程，最终的评价过程还是实践，是科学的实践，生产的实践，社会发展的实践。特别对工程类专业更重要，否则会走偏方向。做了很多没有用的文章，牺牲了很多青春年华，结果没有做对国家有贡献的事情。我注意到我们实验室的 SCI 文章是增加的，但是数量比起某些学科来还不是很多，我觉得可以自己看一下我们的文章够不够质量，重点还是要放在质量上，不要片面追求数量。不同的学科文章的产出也是不一样的，做资源环境的，做一个工作可能要 10 年左右的周期，甚至更长，怎么可能发表很多文章；做生命科学的，做化学的，反应过程不过十几秒的时间，可以做很多文章，当然化学方面的文章就多；还比如说做对撞机工作的，一篇文章签名的就有两三百个，怎么跟做理论物理的、做数学的去比较，还是要实事求是地来看待这个问题，我希望学术委员会一起努力，把握这个方向，支持和鼓励实验室，让重点实验室沿着正确的方向前进。

实验室队伍看来是年轻的、富有创造力的、也是已经比较成熟的，我觉得在工程方面要比过去做得好，比如智能化电液控制铜电解阳极自动生产线，能够连续生产，不是光是一个液压器，不是做完了以后，光是发表文章，东西没有，这是不行的。第二个我觉得，在人才培养上，博士生导师、教授、新的副教授和博士后已经形成一个人才梯队。这个实验室的整个领导班子是比较团结的，主要原因是为首者要出于公心，不是有权在手，为自己谋福利；第二要有公平、公正、透明的测评制度，评价大家的成绩。不透明、不公平、不公正的评价方式，实验室一定要走下坡。这几年实验室能够不断地持续发展，跟建立了一套制度是分不开的，不是有什么几级考核制度吗，教授还要评九级、八级、七级的制度，有的人批评这是算工分，我觉得只要科学，算算也无妨。不提倡教授去算什么工分，但是科学量化业绩还是有道理的。对做基础研究的，对新来的同志，还有对实验室作出重要贡献的老同志，都要实事求是地对待，对年长的和年轻的一样考核，老同志当然受不了，可以适当地给一个基数。我觉得建立的这套制度也是一个很重要的保证。

另外我想谈谈学科方向的调整，要从五个方向增加到七个方向，我觉得可以，学术委员会再认真地审核讨论一下，提出一点意见。我个人的想法，方向还是要相对地集中一些，还是要有一定的基础性、有一定的战略性、有一定的可持续发展性方向。应用类的工作，影响面比较广的，新方向是适合的。方向搞得太多，不见得一定很好。也可以考虑把方向分成两类：长时间坚持的基础性方向和带有一定阶段战略性、需几年调整一次的应用方向，这也是可以的做法。关于仿真的问题，我觉得还是要重视，计算机仿真是进入信息时代以后的一个重要方向，计算机的应用一个是控制、一个是仿真，如果是讲信息处理与检测而不包括仿真，把仿真从方向上去除，我担心你们仿真方面力量会削弱，所以我个人的看法，仿真方面的方向还是要坚持。过去我从德国引进一个仿真系统，设了一个专门的仿真研究组，最初做得很好，后来仿真项目不太来钱，只是为人家提供工具和手段，慢慢地兴趣就淡了，不太做了。实际上到现在为止，除了流体力学方面有些发展以外，系统仿真方面削弱了，我们以后要搞系统集成，没有系统仿真手段的话，怎么做实验。信息技术这一块也要很好地注意，可以关注一下宽带无线技术，以后我看总线慢慢地会被无线替代，迟早的事，所以无线技术要引入到工程系统来，给液压设计的发展提供新的空间。现在把所有液压元器件集中在一起，管式元件分布控制可能就会起作用，无线更自由，几十米的距离，完全在局域的有限网和无限网上，无限的传输，带宽可以更好，可靠性也很好。这方面的技术性要引起一点关注，不要以为是通信的问题，以后慢慢转移到控制上面来，这方面要做些超前的或潜在的考虑和布局。我觉得流体传动及控制领域在选方向的时候，还是结合实际，考虑中国的国情，而且要把主要的力量配置在国家紧迫的事情上，适当地配置力量在基础性和前瞻性的方向上。比如说七三开，或者是六四开，在这些大的问题上要有判断，不要随风倒，也希望学术委员会给予帮助和指导。但主要是靠重点实验室和学科的领导班子认真地思考未来的发展，要把钱真正用在提升科研水平、培养科学人才、服务于国家可持续发展、提升国家的创新能力，尤其是流体传动及控制方面的创新能力和竞争能力，国防安全方面的能力，这样才能经得起时间和历史的考验。

最后我觉得还要抓一下文化建设，实验室要在学风和道德建设上树立好的基础，文化建设和业务发展是相辅相成的，科研做得好，教学搞得好，也必须要有制度和文化来保证，反过来，制度建设得好，文化做得好，科研和教学水平的提高也有了保证。所以我建议，下次作报告的时候，能不能加一条实验室先进的创新文化。在“三个代表”中就有一个是代表先进文化的发展方向，作为一个重点实验室，你们为什么能凝聚在一起，能选择比较硬的骨头去啃、去做，这里面文化的作用是很重要的。

实现机械工程技术和产业的新跨越

我要讲的主要有三部分：

首先，主要是针对这次会议。我看了陈鹰主任的报告，下午听了四个专题的报告，同时根据了解，我感觉这一年来，流体动力与机电系统国家重点实验室各方面的工作又取得了新的进步。无论是在人才教育与培养方面，还是在科学研究方面。科学研究不光局限在特色领域，还包括应用领域，有自主前沿的课题，同时又积极主动地、有效地为经济建设服务，加强与企业的联系，在技术的转移转化方面都取得了新的进展，研究的规模、层次、水平都有提高，刚才杨卫校长也说到对于国防安全研究工作方面也有新的进展。

这一年实验室建设方面又有了新的局面，这要感谢国家、省、学校对于实验室的重视和支持。实验室的经费除了课题经费的支持，主要还是靠专项经费来支持，还有来自教育部“985 工程”与“211 工程”的经费支持，还有省里的支持。

在拓展研究领域方面，大家不但注意到传统的流体动力与机电系统等优势领域，同时也拓展了一些新的领域，比如海洋、新能源、一些与地下工程有关的装备，还有生物医学工程领域的应用，都做了很好的工作。另外一方面，我感到欣慰的是在过去比较长的一段

注：本文是 2011 年 11 月 18 日路甬祥在流体传动及控制国家重点实验室第四届学术委员会第三次会议上的讲话。

时期内，我们比较多地关注系统集成，因为系统集成项目周期相对比较短，这次看到以前做系统的，现在开始做大型的工程系统，比如魏建华小组做的工作，同时大家还注意关注关键元器件的研发，这在过去几年重点实验室的介绍当中不太能看到的。现在我们国家流体动力与机电系统中，比较受制于人的就是关键元器件。我们在气动方面做得更早一些，取得的成就也是显著的，比如过去的双螺杆压缩机，现在做的微型高频气动阀，实际上都在元器件方面走到了国际前沿，对这些成绩应该给予高度评价。

为什么会取得这些发展，取得不断的进步？我觉得是因为大家对于重点实验室的定位和理念是比较一致的，已经建立起来的内部考核评价的机制是有效的，说明重点实验室团结合作的文化还是得到了很好的继承和发扬。

至于需要提高的方面，刚才委员们和校长都已经说了，我就不再重复了。希望大家根据委员们和校长提出的意见，结合我们实验室的工作实际，再认真地思考，进一步调整。

其次，我想说一说我们所承担的历史责任与当前形势。今年是国家“十二五”规划开局的第一年。今后 5 年，是中国全面建设小康社会、建设创新型国家的关键历史时期。因为到 2020 年，按照中央的规划，将全面建成社会主义小康社会、基本建成创新型国家。就机械工程学科来说，今后 10 年也是从制造大国到制造强国跨越的关键 10 年，我不敢说这 10 年就能够跨越过去，但至少是非常关键的 10 年。

要实现小康社会也好，建设创新型国家也好，实现机械工程技术和产业的历史跨越也好，流体传动与机电系统作为机械制造核心关键领域，应该承担什么责任？应该做什么贡献？我觉得大家心里面应该是十分清楚的。

到去年为止，全国的气液密行业生产总值大致上是700亿左右，到2015年，估计能达到1500亿到2000亿。刚才，天虎委员估计得比较高，可能会到2000亿，翻一番，甚至更高。在这几年，增长速率几乎都在30％左右。总之，发展很快，液压设备的生产和销售的总额我们已经超过美国，气动比美国要少一些，到2015年，估计在数量上能达到世界第一。但是液压气动这个行业，还有许多关键核心的部件需要进口，整个机械行业大体上每年要进口1800亿美元左右，大部分是关键核心的零部件。整机当然也有一些，比如高端的数控机床。所以我觉得未来5年到10年，以这样一个形势，作为国家唯一的一个流体动力与机电系统重点实验室，要为此做什么贡献？承担什么责任？大家必须牢记在心，要努力推动国家从制造大国到制造强国的转变，努力推动流体传动与机电系统核心关键技术的突破与自主创新能力的提升，我们要更进一步提升紧迫感与使命感。

在全球经济时代，并非要求所有的关键零部件产品都自己制造，有些当然可以买，但只有你具备自行制造与供给的能力，你才能够和别人公平地进行交易。现在，有些主机厂经常反映，因为国内没有可靠的可替代的零部件进行选择，所以已经受制于国外的零部件生产厂商，有些是因为生产进度赶不上，有些是故意限制你的配套，军工系统可能矛盾更尖锐，他一旦得知你这是军工配套的，他更要加以限制。但如果你能具备自行生产与供给能力，价格也就下来了，这些限制也就不可能了。

最后，我提四点建议。

第一点建议，还是要把人才培养放在首位。

在人才培养当中，特别要重视本科生的教育。现在教育部也在抓本科生质量。因为我们这个实验室研究工作量比较大，研究生教育与科学研究结合得比较好，所以研究生质量在当前不是很主要的矛盾，主要的问题还是本科生教育。我们这边的学术骨干究竟花多少精力给本科生授课？实验室究竟拿多少资源改善本科生实验设施？我看了你们的材料，你们做了相应的规定，每个教师上多少本科生的课。但是现在科研工作有很多研究生在做，本科生究竟有没有机会参与科研工作，我心里有疑问。

我记得当时我在亚琛工业大学的时候，每个研究生都有两个本科生研究助理，本科生研究助理两年级以后是要拿津贴的。本科生跟着一起做，他的能力就能够提高，他对专业的认识以及对研究工作的体会就会更好的建立起来，这一点我觉得是很重要的。

另外，刚才很多委员也提到要关注培养年轻人。这个实验室是在我回国后由国家资助建设起来的，我离开之后，主要是靠今天坐在会场前排的，也包括坐在后面的这些年轻同志的努力。老一辈的比我年纪更大的同志都已经退出历史舞台了，虽然我挂着学术委员会主任一职，但坦白讲，我没有给你们拉过一个课题，帮你们争取过什么资源，全靠你们自己的奋斗，我觉得这比用我的影响去做些事情更有意义。

实践已经证明，你们完全具有能力把这个学科推到一个新的发展阶段。我已经70岁了，科学院退下来了，不久人大也要退下了。有人劝我重返研究岗位，我说“No”。我70岁了，最多就做三件事：一、搞一点科普文章；二、如果有需要，搞一点咨询工作；三、如果力气还有，用我自己的脑子和手，写一本或两本教材。我不再回到浙大来，拉课题，带博士研究生。

年轻一代应该超过前一代。我今天为什么讲这个问题呢？我觉得现在在座的45岁左右的同志，也要把主要的精力放在提携、扶持青年人上面。在座的各位，已经到了在这个学科能够承担起重担的时代了，做的研究工作比我们当年都要好。所以要培养更年轻的，尤其要培养35岁以下的年轻同志。

历史上做科学的如此，做工程的可能稍稍晚一点，因为工程需要经验，基本上都是在35岁之前奠定他的一生的学术基础的。在科研领域，大器晚成的人很少。有人举例说达尔文是大器晚成的代表，60多岁才发表文章，但是达尔文随船出海的时候还不到20岁，他的主要的对于生命进化的材料积累，都是在年轻时候积累的，只不过他很谨慎，花了一生的时间来思考分析。

所以要竭力培养青年人，让他们有机会登上历史舞台，尊重他们的自主创新，给他们相对独立的工作空间，给他们相对更多的机会，只有这样实验室才能够可持续发展，才有可能一代强过一代。当然也需要指导帮助年轻人，需要年长一些的老师来帮助。

第二点建议，是机械工程学科要坚持提升我国机械工程设备自主创新能力，为国家由制造大国向制造强国的跨越做出实实在在的贡献。

我们当然要做前沿工作，当然不反对发表文章，但是最根本的检验标准还是对中国的机械制造产业究竟做了什么贡献。论文也要看什么论文，历史上能否留下痕迹，还是两三年之后人家都将它遗忘，这是很重要的。当然也可以从中归纳一些科学问题，把规律进行很好的总结，这也可以发表很好的论文。把实际问题解决了，也能从中总结一些技术要点，发表文章。但最根本的是把实际问题解决了，得到企业、产业界的承认，这应该是最高的评价。

我认为国家的奖励制度和评价制度迟早还要进一步改革的，我们不要以为存在都是合理的，科学研究与创新最终的检验标准还是实践，还是历史。

第三点建议，是坚持探索产学研创新联盟新的机制。

以后的研究机构的存在形式可能也要发生变化，现在跨国公司已经是哪里有市场就在哪里建一个研发中心。虽然我们还没有做，但其他的跨国公司都已经开始做了，形成网络化的研发模式。搞得好的、有条件的大学国家重点实验室是不是也要搞成网络模式？我在科学院的时候就鼓励物理所、化学所等有实力的单位不要守在一个院子里，可以走出来把一些应用的研究、转移转化方面的工作放在那些半导体材料与器件企业集中的地方，去搞第二个 Campus、第三个 Campus，一些人到那个地方去推动，把新的硕士、博士放在里面去培养，比做传统基础研究的氛围应该还要好。我想浙大的重点实验室能不能有勇气创造新模式，在把自己这一块做大做强以外，选择若干的企业或者地区，在产业集聚的地区，在企业需要的地方，与企业联盟做转化中心，或者技术研发中心，或者标准测试中心。我想以这样一种途径，我们对社会对产业界的贡献可能会更大，而且人员的出路可能会更广阔。

现在产学研创新联盟口号是提出来了，但方向并不明确，有些产学研联盟是联合起来搞国家的钱，申报完了大家一哄而散，然后报成果的时候，大家再包装向国家交差。我们做的产学研联盟应该是真正的联盟，要能够为企业做实实在在的贡献。

最后一点建议，是坚持传承与建设“求是创新、开放合作、和谐奋进”的重点实验室的文化。

因为这个群体或队伍，从建立到现在也有 20 多年时间了，不到 30 年，中间有过一些曲折，现在已经走上一个健康发展的轨道了，重要原因之一在于文化。在坚持求是的基础上不断地创新体制、创新机制、创新管理很重要。始终坚持改革开放，不断地改革管理和运行的机制，同时不断地开放。我觉得开放有两个方面，既要对国内的产业界进一步开放，包括对国内的大学进一步开放，还要对国际上进一步开放。说句实在话，有些液压气动设备，中国是最大的用户，中国用户反映出来的问题实际上就是世界的问题，不是像10年20年以前中国处在低端工作的状态。所以要对国内、国外进行开放。原来是因为重点实验室评估要求要有开放性，现在要切实通过开放来提高实验室的创新能力，通过开放来完善产学研联盟，通过开放来推进技术转移转化。

另外，我们要和谐奋进。这个班子基本是团结的，而且主导实验室工作的这部分人，45岁左右的同志，更年轻的同志或者在座的研究生也是基本和谐和奋进的。文化层面，还是要做到踏踏实实，永无止境，还可以不断地提升。不要只讲“人均经费200万，有钱能办事”，有钱不一定和谐，有钱也不一定能使单位发展更进一步，负面的例子也是很多的。所以我觉得我们创新文化的核心需要继承、弘扬、发展，并且能够传承下去。

学科与师资队伍建设篇

□ 学科建设要考虑面向21世纪世界科技发展与全球性的经济竞争的大目标,要根据我们国家的资源特点、产业特点和现阶段的技术需求,明确优势发展的领域和阶段性的重点,必须要考虑培养面向21世纪的社会主义建设的高级人才和接班人的根本目标。

□ 学科建设的运作机制要与我国市场经济体制改革相适应,要与学校的传统和基础相衔接。要处理好学科分类发展与综合交叉的关系;要处理好基础研究与应用开发之间的关系;要处理好学术带头人支撑体系及梯队结构之间的关系;要处理好学科稳定与发展的关系。

抓住机遇　提高学科建设水平

这次教委进行的“211 工程”部门预审评估，是一次非常重要的、决定性的评估会。对于其他部委所属的院校来说，这是一次预审评估，还要报到国家教委，然后由国家教委再批准立项。而国家教委直属院校的预审评估实际上没有第二步，预审评估就是教委的立项评估，所以通过了预审立项仅仅是需要党组再正式开个会，认可与批准专家组的意见。教委领导从来是发扬民主的，是尊重专家意见的。专家组的意见我相信就是以后国家教委对浙大的评估意见，可能会有些文字上的修改，但基本是定性了。这是浙大几代人所盼望的一件大事，也是浙大建校以来，特别是新中国成立以来，改革开放以来，持之以恒、努力奋斗的结果。当然这不是浙大发展的止点，仅仅是为浙大下一步发展确定了一个新的目标，或者说是奠定了一个新的发展基础，今后，国家对浙大的建设与发展将会更加重视，提供更多条件。同时也对浙大在国民经济建设、高级人才培养方面提出更高的要求，寄予更大的希望，浙大人将要肩负起更重要的责任。我想这也是浙大新的光荣。

这次评审专家组都是权威的科学家、教育家，组长由清华大学现任校长王大中院士担任，成员当中有 3 位院士，2 位科学院院士，1 位工程院院士，其余的成员几乎都是现任的重点大学校长，或者曾

注：本文是 1994 年 11 月 18 日路甬祥在全校干部大会上的讲话。

经长期担任过重点大学校长的老同志，他们不仅在自己的学科领域内有精深的造诣和独到的见解，对现代科技教育的发展有深刻的认识，而且有长期高等学校管理的经验。他们的眼光是很敏锐的，对浙大的评价是科学的，是认真的，也是严格的。专家组对学校的评价是很高的，这个评价来之不易，是全校师生员工，包括历任的领导或者已经退休的老同志，已经毕业的老同学，几代人奋斗的结果，是对浙大工作的充分肯定、鞭策与鼓励。专家们也对学校今后的发展提出了许多非常中肯的、确切的意见，指出了今后要努力的方向，这都应该成为修订长远发展规划的依据，鞭策、鼓励我们继续前进的动力。

我认为，在办这件大事的工作当中，体现了浙大同志们的水平，体现了浙大同志们热爱学校、热爱国家、热爱社会主义的强大凝聚力，体现了学校多年继承下来的优秀校园文化与校风传统，也体现了学校这些年来在教育质量、科研水平、办学效益以及综合实力等方面积累起来的雄厚力量。

浙大现在面临的机遇是非常之好。这样好的形势与条件是史无前例的、前所未有的。在“六五”期末，当时刘丹校长与南京大学的前校长匡亚明同志，还有大连理工大学校长等 4 位校长联名向党中央、国务院报告，希望集中力量建设 50 所左右大学。后来国家决定先办 5 所，浙大正好在这 5 所之外，大家都感觉很惋惜。现在终于实现了进入了“211 工程”建设的、国家重点投资的大学，今后浙大的发展有了国家更强有力的支持。前不久国家教委与浙江省人民政府还签订了共建浙江大学的协议，浙江省委、省政府历来对浙大十分重视，这次又在协议中再次许诺要对浙大在政策、资金投入、社会支撑等方面给予大力的支持，包括许多社会保障措施方面要视同省属院校一样对待，要把浙大的发展纳入到浙江省、杭州市的社会发展整体规划中去，而且从“九五”规划开始，就从省财政当中开始立项给浙大专项的补贴，这也是从来没有过的。

我反复看了专家组评审的结论。结论说浙江大学是我国一所基础坚实，实力雄厚，特色鲜明，充满生机和活力，具国内一流水平，在国际上有一定影响的社会主义大学。这是对浙大的历史、地位、现状的充分肯定，也是党和国家多年来对浙大办学的肯定。这是浙大新的起点、新的基础。

当前，浙江省、上海市、江苏省、福建省等东南沿海地区，向北再延伸到山东省形势都是大好。上海已经成为长江三角洲地区今后经济社会腾飞的龙头，浙江省也是一块经济腾飞的热土。而且，沪杭甬宁高速公路网络正在快速延伸，高速线建成以后，上海和杭州的连接基本是近在咫尺了。再加上通讯网、FAX，沪杭甬宁铁路、京沪线的双轨高速线的建成，浙江大学的地理位置环境会变得更好，应该有更好的发展。这是我们所面临的形势，大家应该为之兴奋。

我们的机遇如果分析一下，也是值得去抓住，值得感到高兴的。

第一，面临着世纪之交，科学技术正处在一个大发展大调整的时期。比如，计算机技术、通信技术，如果前几年主要以硬件高速发展为特征，随着集成规模不断发展，运算速度不断提高，机器不断小型化，美国提出信息高速公路，世界上出现多媒体技术，认知科学、人工智能方面的引入，计算机面临着以软件、网络、系统为特征的新一轮竞争。这一轮竞争中，正好带来了机遇。虽然学校的硬件力量并不太强，但有很好的理工结合的背景，有很好的应用技术。发展应用软件更多是跟民族文化、文字以及产业、行业的特征联系在一起的，这正好可以大有作为。中国的医学院校为中华民族的健康，为人民的幸福作了很大贡献，但是现代医学的发展，离不开化学和物理、计算机、信息、仪器仪表，离不开材料科学与技术，离不开工程，甚至眼科学也离不开光学。现在要发展生命科学与医学工程是一个很好的机遇。

我国从计划经济走向市场经济，过去学苏联，高等教育70%放在工程教育上，在历史上看来是有贡献的，不能全部否定。但是现在要发展市场经济，培养的不仅仅是掌握现代科技知识，现有工程师技能的高级人才，要能够懂制造工艺原理，会设计，更重要的是要了解社会市场的需求，要有文化艺术方面的修养。现在的工程师要从事在市场上有竞争能力，而且在世界市场上有竞争能力的产品设计、制造、营销工作。因此，现在社会上产业结构也发生调整，第一产业，从业人口要缩小，工程化、技术水平要提高，要走农业工程这个道路；第二产业，传统产业在继续改造，新兴产业不断具体；第三产业，金融、贸易、科技、教育方面的服务性产业成为现代社会中占据劳动力最多的领域。

在这样机遇下，我校可以依托理工的背景来调整结构，发展应用人文学科，加强经管学科。要有许多经济、管理人才，要有跟世界接轨的注册会计师，要有数量经济的专家、劳动经济的专家，要有高水平的企业管理人才、国际商贸人才，要有现代市场条件下的传播和公共关系方面的人才，这都是为了提高中国产品的质量、档次，提高在国际市场的竞争能力，提高中国企业的销售能力。其他学科也同样。材料学科结构也在调整当中，传统的材料已经被以高分子、复合材料、功能材料为特征的新材料发展所替代，能源逐步从传统的主要注重数量转移到更多注重质量、效率，对环境的清洁内容。这些科技发展的变化，当然是个挑战，但从积极的角度来理解，应该是提供了发展的机遇。如果没有这些调整，强者已经占据了优势，我们怎么能够在短期内上去呢？就是在科技发展过程当中，在变化与调整当中，后发的国家，或者相比较还不占优势的学校，才有可能迎头赶上。

第二，中国经济高速发展，对外开放不断扩大。学科的发展、人才的培养，都是为了经济的发展和社会的进步，要认真分析社会的需求，分析自我。浙大是综合改革的试点院校，这几年认识到应该更多面向市场，面向中国的经济和社会的发展，同时也有选择有重点地保留一支队伍攀登科技的高峰。但是，对于中国经济和社会发展要求有没有做过战略性的分析，有没有做到在你的服务领域里了解得如数家珍，许多人不一定回答得全。分析一下，凡发展得比较好的工程或者是经管学科，都是把科技前沿、学术前沿了解得比较透，对于国情、需求了解得比较透，两者之间找到了结合点，发挥了自己的优势和长处。如工控所的发展就是用现代控制理论之矢，射我国许多传统产业改造之的。从石化控制到钢铁冶金控制，再到造纸自动化，得到了公认，也发展了队伍，增强了实力。郑光华先生和汪槱生先生发明双水内冷发电机，也主要是想解决中国发电能力不足的问题，因为用双水内冷改造老机组，就可以提高效率，可以大幅度、成倍地节省材料。郑光华先生转入电力电子领域，是看准了材料和微电子工程的发展所提供的机遇，以及电力电子在调节、加热方面的广阔的前景，坚持这么多年为工业服务，取得了成功。研究电力电子的教授全国很多，为什么我校的电力电子能成气候，能出院士，能成为现在的工程研究中心？是经济的发展，社会的发展提供了机遇。问题是能不能抓住这个机遇，能不能把学科的发展、学校的发展挂到社会主义飞驰的列车上去。如果不抓住机遇，就要在这场竞争当中掉队；如果抓住了时代发展的列车，可以为国家多做很多贡献。

第三，正好处在一个新老交替的时期。今后 5 年，大致上每年有 100 多位副教授因为自然的原因将要退休，将有相应的一批青年同志接替岗位。新同志接替，不是简单的接班，而是学科调整、知识结构调整的一个很好的机会。究竟是沿袭历史上的老传统，老先生退了，简单找自己一个嫡传弟子，然后继续守住那个老摊子，还是物色遴选一个有新的学术视野、有更好更新的学科基础、有开拓创新精神的年轻同志来接替，开拓新领域。国外的一些大学，一位老教授退了以后，经系学术委员会讨论，最后还要报校长批准，考虑究竟这个研究所名称是继承还是要进行调整。一般都进行调整，调整研究所名称来迎接世界科技革命和教育需求、新的挑战，然后在全世界范围内，或者在全国范围内，张榜招聘贤人，来主持这个新领域，开创一个新局面。不是说老同志在这个调整中就比较难，我现在也50岁了，人过了50岁以后，惰性要比较大一些了，原来熟悉的东西往往包袱也重一点，不太容易放弃，这也是事实，当然也有例外。校内也有一些年资比较高的教授，过去在历史上带领新方向。如何志钧先生，他领导开创计算机学科的时候，好像已经接近60岁。但一般来说，年轻同志的包袱更少，他的知识结构更新应该说对我校的结构调整是好机遇。退下来的老同志怎么办呢？他们所熟悉的领域，国民经济还是非常需要的，中国是一个市场很大，技术跨度也很大的国家，而且往往现在市场上太新的东西不容易推广出来，比较成熟的东西、比较传统的产业恰是有比较成熟的市场。老同志可以投身到校产当中去，帮助年轻同志管学校产业，做个董事长、副董事长、常务董事等等，不要太多干预，帮助年轻同志把把关，压压阵，支持一下，对学科也有帮助。大家都是浙大团体中的一员，国家有今天，学校有今天，是靠这个集体，也靠每个同志的奋斗。我们这一代人就是贡献给浙大，命运跟国家的富强、浙大的前途连在一起的。新老交替的时期，如果想得清楚一点，处理得好一点，是我校调整结构的好时期，不要把它变成一个很简单的自由交替，而是要在交替中完成结构的调整，完成新的发展阵营的组织。

当然这次是一个预审评估，形成的是征求意见稿，但实际上我认为我们已经进去了，给了我们一次很重要的机遇。同时，对于进入“211 工程”的机遇也要有辩证的、清醒的认识。国家给的条件仅仅是就外部条件而言，每年所能增加的经费，也仅仅是两三千万。当然，国家对学校投入的增加是很大的，增长 30%或更多，但对支出所占的比例仍然并不大高，为 20%或 25%。这笔钱是机动的财力，是很宝贵的。如果能抓住这样的机遇，好好地规划，认真地操作，使这笔钱花在刀刃上，对浙大能起到“点石成金”的作用。要用这笔钱来保证重点，用这笔钱做催化剂，做增强剂，做激励剂，使浙大的 5000 多名教职员工，18000 多名师生员工，真正成为一个“快中子堆”或者“可控热反应堆”，让能量释放出来，释放出建设社会主义、振兴浙大的能量。我想是有信心到 2010 年，以至于更多一点时间，跻身于世界一流大学行列。

要完成这个目标并不是那么轻松的。在确立这个目标时反复讨论。我是个保守主义者，我还讲，2010 年恐怕很难，是不是把时间尺度适当放长一点。后来，还是专家们认为，浙大能行，你们写上，以后其他学校也能行。专家有这个意见，就写上“2010 年及以后的努力”。教育质量方面，我们是有充分的信心。大概到 20 世纪末，在本科及研究生方面大致能够达到亚洲一流的水平，在国际上也可以不逊色。但在科研、在管理，尤其是在学校综合实力方面，要真正达到世界一流，恐怕还要花很大努力，而且要走出有中国特色的道路来才行。请大家能够珍惜，能够思考，能够很好的规划。学校只能做宏观的、粗线条的规划，真正学科的规划靠在座各位，靠学科领导人，执行更要靠全体同志努力才行。

希望在 2010 年及以后的努力，浙江大学跻身于世界一流水平的大学行列。要实现这个目标，想分三步走：

第一步，到本世纪末，在教育质量、科研水平、办学效益、管理水平、学校的综合实力等方面都稳定地居于国内同类院校的前列。

这是过去反复讲的，不动摇的，不变的。我们是有信心的，但是也并不轻松。因为天时、地利条件的确跟北京、上海的院校相比还差一些。所谓的同类院校前列的概念，希望能进前三名，稳定在前三名。这是不那么容易的，是动态的、竞争的。

第二个阶段目标：希望到 2005 年在教育质量方面以及一部分学科水平和科学研究水平、学校的办学效益、管理水平方面达到亚洲一流大学水平。

这里没有提综合实力。因为到 2005 年，学校的财政投入、设备条件恐怕比起日本、韩国、新加坡甚至中国台湾地区、印度的某些大学还是有差距的。但不跟他们比待遇，比实验室的设备。我们在教育质量、某一些学科的水平、科学研究以及管理水平与办学效益方面，是有信心的。当然，2000 年到 2005 年这个时间跨度稍稍短了一些，但是，它是衔接着 2000 年以前 5 年的努力的，实际上是从现在开始有 10 年到 11 年的跨度。还是应该有信心、有可能的。

第三个阶段目标：希望到 2010 年以至于更长一点时间的努力，达到跻身于世界一流水平的大学。因为“211 工程”国家已经规定了时限，希望到时能够建设一批重点大学，其中有若干所达到世界一流水平。专家意见也认为浙大就是这若干所中的一所，所以不能把这个时间杠杆再往后推，要奋发努力，希望在教育质量、科研水平、管理水平、办学效益和办学实质方面都能够跻身于“世界一流大学”的行列。清华大学用的词是“建设成为世界一流大学”，浙大是“跻身于世界一流大学”，也就是要更加努力一点，“硬挤进去”。浙江大学和清华大学还是有一定差别，我们要努力。之后，站在一流大学的层面里边，再竞争、再力争上游，那是 2010 年以后的事情。所以这个目标是一个很高的目标，“革命尚未成功，同志仍须努力”。

但是我们扪心自问一下，学校博士研究生的质量如何，创新思想、创新成果如何，在工程领域方面解决国家战略性、重大问题的能力和成果如何，在学术积累当中，有没有世界公认的、有影响的大师和专家？学生在社会上有没有担当成为社会的栋梁、精英人才？不要说跟国外的大学比，没有诺贝尔奖获得者，就是跟清华比，清华大学的社会栋梁比比皆是。我们当然也有许多社会栋梁，但是没有像他们那样多的作为顶梁柱或者作为大横梁的，还是有差距的。我们不但要培养一批有建树的科学家、工程师，还要培养一批党和国家的领导人才，要培养一批中国大企业的管理人才。这还是需要社会承认，要世界上公认的，恐怕不是很容易。“十年树木、百年树人”，一所学校水平的发展与进步，要持之以恒几十年、成百年的努力才能做到的。发展不仅是要看教育科研水平，还要看管理水平，包括教育管理水平、科研管理水平、人事管理水平、后勤管理水平、服务水平，也包括我们的党政思想工作水平。

这次评估从现状来看，我校的水平是好的，是优秀的。后勤方面在咨询会议期间就为学校争了光。校长们都交口称赞，说浙大的后勤管理是有水平的。有许多校长、党委书记还跑到学生食堂去微服私访、考查，有的还在那里用了餐，觉得食堂也是一流的。我这里要向后勤的同志们付出的劳动致敬。学校里没有一流的后勤做基础是完全不可能的。党政工作方面，我们长期以来贯彻党的方针政策，贯彻知识分子政策，针对浙大实际，创造性地开展工作。最根本的一条是尊重人才、尊重知识，全面地执行党的知识分子政策、执行党的科技政策、执行党的教育方针。所以，才有现在这样政通人和的局面。学校并不是没有矛盾，但比较少人为的、尖锐的矛盾，大家把心思都用在改革上、发展上。我觉得这是我们成功的地方。这个目标不能动摇,要持之以恒、坚持不懈,千方百计去实现它。实现这个目标要靠全校师生员工的努力,要靠学校党政领导班子的组织、协调,要靠全社会各方面的通力支持,我们坚信这个目标在中央和省委的领导下是一定能够实现的。

谈高校学科建设的内部组织与实施

学科建设是学校的基础工作，学校是执行学科建设的一个主体。国家对学校的要求是一个总目标，希望浙大在下世纪办成一流大学，为国家提供更多更高质量的建设人才，提供更高水平的科学研究成果，能成为长江三角洲地区高新企业的一个重要的支撑点。这是国家的总体要求。但是要实现这个总体要求，学科建设作为校内的基础性建设，就要考虑怎么来组织实施，这里有学校的责任，有系的责任，有所的责任，有每个领导的责任，有每个教师的责任。我想是否可以分层次地来思考。

第一，规划、评估、聘任。

客观的规划与评估看来主要责任在学校和系。全校的布局当然要校一级来抓。一级学科范围内的布局主要应该由系学术委员会在系主任领导下，以系的高职称人员为主体，广泛征求各方面意见来考虑。在执行过程中的质量、目标的实现，好坏与否的评估工作也应由学校和系来负责组织。因为系基本是按一级学科建立的，或者说绝大多数是按一级学科建系的，我们有条件这样来做。做这项工作的当然不是光靠系主任一个人，光靠校长或者是副校长几个人，主要还是要由校、系两级领导机构，依靠专家，包括校内校外专家来进行规划的研究、咨询与评估工作，作出判断，作出决策，作出

注：本文原载《师资培训研究》1995 年第 1 期。

聘任。

第二，学科建设的执行人、执行单位。

我认为学科建设的执行人、执行单位应该在二级学科，在研究所。系的范围恐怕太大，要去执行某一个学科建设的话，系主任要管的面太宽，是有难度的。执行单位应该是在所一级，学校实行的是研究所所长负责制，或者学术带头人负责制，有所务会议，所下面可以有研究室，当然可以同时兼有教研室，也可以所下面直接领导研究组。这就是学科建设的基层细胞。科学院里面有许多所，有的所有3000余人，它实际上是一个行政管理单位，所长好像校长一样，是个家长，什么事情都要操心都要管。他没办法去执行业务领导，最多只能执行学科规划的工作，无法执行学科建设的工作。

学校里过去是教研室，它是以教学为主要任务的一个组织机构。这当然是发挥过历史作用的。但是现在学校要变成一个研究教学型的大学，既要做教学工作，又要做科学研究工作，而且进行高级人才的培养，更多地要依赖科学研究的进程来实施。研究生离开了科学研究，怎么进行研究生的教育？所以，学科建设更重要的是要建立符合教育、科学研究内在规律性的组织机构。

要做到这一点，必须要给所长以职权，但对研究机构的设立，所长没有权。所长毛遂自荐说我愿来建个什么所，这是不现实的。首先是上面有个蓝图，要建设发展一个什么样的所，然后全世界招聘，招聘来以后，请你去做所长。你可以提出具体的方案来，或者在竞选所长的时候，或者在应聘的时候，可以作报告，讲自己的蓝图和规划。这个规划如果跟国家或者是跟学校总体规划相一致，条件也适合，人家就聘任你，聘任以后给职给权。学校里一般给的条件，一是给固定编制。给了固定编制以后请什么人由你自己定，当然有的还附有规定，要符合条件。比如说你的秘书一定要符合秘书条件的人进来，只不过人事部门审核和备案而已，一般是不驳回的，你有用人权。二是给空间，一开始就谈好给多少房子。三是给启动经费作为起步。诺贝尔奖获得者到美国，他要价 700 万美金，人家也满足他了。我们这里做不到，但总是要有一点。四是最重要的，所长有发展权。这些基本的东西给了以后，他要有发展，开展科研教育，培养研究生，也就是在国家的法律框架内，在学校总体条块的框架内，他有自主发展权。如国家给 5 个编制，但他后来发展到 100 个了，其他的 95 个是他聘用的，聘用了以后，他来负责发工资，协调他们的关系来组织做课题。实际上是计算机分布式系统，或者是社会科学里面的分级管理体制。所以校长或科学院院长要操心的，实际上是管好下面的系主任或所长。所长来考虑在学校规划之下他本学科的发展。当然我这里讲的是人格化了。国外的确是自然人，作为所长，有的权力比较集中，但是也可以考虑不一定是一个人，也可以是几个人的联合，有一个群体，发挥集体的作用。我想这也未尝不可。这要根据学科的实际情况来考虑。国外也有各种不同的模式，日本是讲席制，德国是所长负责制，基本上是一个人。德国大的所也有几个人在一起合伙的。马普学会的研究所，是由几个室主任共同领导的，成立一个所务会议。所长是放在所务会议之下的，所务会议集体讨论决定，所长去执行，与党委领导下的校长负责制有异曲同工之妙。

这两年，学校有点发展，我总感觉到我们除了经济杠杆以外，很重要的一条，是成立了以二级学科为主的研究所，虽然还是在萌芽之中，各研究所情况也不一样，有的所是独立实体，有的所是个“联邦”，但毕竟有了 90 多个研究所了，所长至少有了发展权、空间权，也核定了一部分编制，现在又有了一点流动编制的用人权，所以发展会快一些。我觉得在这一个组织模式下面，要逐步跟世界接轨，否则无论同国内的同类大学竞争也好，同国际的同行竞争也好，是不可能的。因为人家是有“师长”、“团长”，带领着一支队伍在那里向自然界作战，仅是靠“散兵游勇”，这怎么行？再有聪明才智，有时候冒一下是可能的，但要达到一流水平是不可能的。所以我希望浙大能在学科建设方面思路更清楚一点，或者说在发展过程当中步子更坚定一点，措施更有力一点，能够充分发挥所一级的领导作用，走出自己的道路来。而这个道路也是许多发达国家科学研究机构经过 100 多年走出来的道路，是符合客观规律性的。当然不一定搞“一刀切”，可以允许各所之间的组织模式有所区别，有的所下面可以有室，有的所下面可直接是研究组；有的所可以所长比较稳定，也有的所可以实行所长轮流坐庄，比如搞一、二届，然后换一换。但是学科建设要搞上去，光靠学校集中统一领导是不可能的，一定搞不好的。给你搞好一两个有可能，你要搞好一片，这是不可能的，因为校长的知识是有限的，精力也是有限的。因此，真正的学科建设的执行者，它的力量所在是学科内部，是在学科带头人领导下的梯队。

第三，学科内的梯队结构与人事结构的问题。

我觉得学科带头人很重要，赋予所长以权限，和有效的所务会议的组织形态也很重要的。但在梯队结构方面，我这次去德国考察以后，再次验证了我过去的认识，得到了进一步肯定的结论。我认为学科在梯队结构上是不合理的，各研究所的科学家所占的比例远远大于其他人员，这样的结构必然有一部分科学家要去做非科学研究的工作，或者说真正优秀的科学家得不到一个有效的支撑体系，不能发挥他应该发挥的作用，效益是不会很好的。可以去看看马普学会，也可以看看日本、美国，情况是雷同的。马普学会 1992 年一共有 8900 个雇员。其中只有 2400 个科学、科技工作者，不超过 1/4；3900 个奖学金获得者，也就是博士生，或者是访问学者，占大概

45%；还有30%左右是辅助人员、秘书、技师、职员。我看了马普学会的所，没有去看研究室和研究成果，跟他们高级人员谈，要求看他们的支撑体系，他们都陪我看了。比如在慕尼黑附近一个培养出好几位诺贝尔奖获得者的一个所，是研究生物化学的。它有自己的动物场，有自己的药品室，有自己的德国最大的生物化学方面的资料室，实际是图书馆，有自己的一个车间，机械加工设备俱全，虽没有加工中心，但数控机床、车、铣、刨床都有，还有线切割、电火花，另外还有整套非金属加工设备，还有表面金镀银的镀膜设备。自己有20多个工人和技师。它的实验装置要具有获得诺贝尔奖的试验条件和要求，这类装置在市场上又买不到，没有专门的新的装置，就不可能来做这样的实验，新的构思就难以实现。他们的比例是科学家占1/4。访问学者不可能单独立题，主要是导师指导下或者在合作研究者领导下进行工作，是他们的科研助手，另外还有事务助手、技术助手，加在一起是1∶3。

我国无论大学和科研机构，科学家都是要从头做起，要亲身实践。年轻时候他是如此，中年时候如此，到老年了还是如此。现在有了研究所，当然情况好一些。这个情况同国外的科学研究机构有很大的不同。现在国家尊重知识、尊重人才，但由于历史原因造成的观念和人事结构到现在为止并没有转过来。去年开始分管人事的唐晋发副校长在积极做工作，培养20个秘书，现在也只20个而已，刚刚开始。我们到许多实验室里去看看，辅助工作叫研究生在做。其实研究生主要应该做技术辅助工作，或者研究助理的工作，其他具体事务还应该有另一些人做。当然这些人应该是合同制的，学校应该少承担他们后勤，或不承担他们后勤，但是所付的待遇工资要同他们在本地区其他单位工作要相当或略微从优，你才请得到人。其中有一些特别优秀的分子，也可给高的待遇。而实际情况不是这样，因为助手是客观需要的，每次大运动结束以后，都强调要落实知识分子政策，然后要配助手，配的助手都是大学毕业生，甚至研究生、导师的弟子，当然是很好了。头两年工作很积极，三五年以后要结婚，再过七八年以后要提职称，最后跟导师平起平坐了。他不愿意一直做下去，这当然是这样，他原来的教学基础不是做助手这个工作的，他的教学基础理应为国家再多做一些其他更多的工作。你现在要叫他做这个工作当然不行。所以我觉得要研究，是否要留这么多的本科生和硕士研究生。恐怕要把梯队调整到有优秀的学术带头人和学术骨干，同时要有一支比较有效的支撑队伍，素质很好的高校的文秘、资料、管理系统和技术服务体系。这些人不要很多，一个研究所三五个足够。然后是一批研究生。也可四五个教授合一个支撑体系，然后是一批年轻人、访问学者。这样的运行机制学校负担也轻了，真正拿待遇的，学校要给保障的是一批教学和科研的骨干队伍，或者是支撑体系当中的骨干，其余的都是采取社会化、合同化管理的聘任人员。这样学科的负担更轻，它不需要那么大的一个支撑体系。特别是理论性的学科，它主要的是聘用文秘，几个教授聘用一个秘书就行了。同时要有资料，要有比较好的资料。不要把资料都塞在自己的口袋里，造成管理不善和使用效益不高的毛病。所以如果把这个组织体系认识清楚，脚踏实地地调整和建立起来，而且建立得越早，建立得越好，这个队伍发挥的作用就会越大，就会在与同行的竞争中取得一点优势。其实这种模式在国外已经是多年稳定的，或者是几十年近百年稳定的。

对学科带头人的挑选问题，在这里我还想再补充几句。学科带头人的挑选，学校曾经搞过全世界招聘，吸引了一些人，有一点效果，但效果并没有像预想的那样好。现在我们的热情在减退，我自己也同样，当时也是说“钓鱼”和“养鱼”相结合吧。自己培养也要抓紧，这当然是一个现实主义的想法。但是反过来再从理性上来思考一下的话，既然要把学校办到一流水平，理所当然学科带头人也要一流水平，一流水平的人是不可能在自己这么一个小单位里边可以全部培养得出来的，世界大得很，真正要使科学研究达到世界一流水平，学科带头人必须到世界上去进行挑选，去公开招聘。这不仅仅是一个不搞“近亲繁殖”的问题，也是一流人才的来源大面积遴选、浓缩的过程。现在国际上发达国家都坚持这样的原则不变。当然它有经济力量在全世界招聘，他们思想也很解放，的确是不分种族也不分宗教信仰，但主要看学术水平，你愿意到他那里去服务，他就请你去，然后给你同样条件，给你订合同，用他的法律、用他的规范来要求，然后让你发展。美国是最典型的，它的教授当中外籍或者是外国血统的美国人所占的比例有多少？10%、20%，还是30%，平均起来我看肯定不少于20%。尤其是越冒尖的大学，它的外籍学者比例也越多，是全世界进行挑选的。所以我觉得在这一点上，从理性上不能倒退，一定要坚持。但在实践上，要采取一些措施，在许可的条件下，在政策上要进行倾斜，来保障一些人。我们不可能也没有力量一下子达到跟美国或者德国竞争人才这个程度。科学院最近出台了“百人跨世纪人才计划”，就是想抓一批世界一流人才，那是在全世界招聘的，如果招聘到，认定了，大致每个人投资100万元钱。三年之内给100万，然后三年以后再作一些跟踪支持，逐步走入社会化轨道。周光召院长去年到德国去的时候，跟马普学会的会长谈妥，准备在上海搞一个试点，由慕尼黑的研究所出面，再由上海细胞生理所合作，一起来搞一个中德青年研究小组，主要是招收中国籍的科学家，在上海由两院联合来资助。德国人每人一次性补助20万马克，中国科学院每人一次性资助100万人民币，对等资助。中国给他的待遇是在选定以后，按照上海地区的正教授的平均待遇给,现在是每月 1000 元工资。德国人再给 1000 马克,那实际上就是 6000 元工资。现在来应聘的是 110 个人,准备在 110 个中挑选 4 个人。这就说明,这个待遇虽然不比在美国高,但是中国青年科学家还是有一点爱国心的,他愿意来上海发展事业。许多是美国留学生应聘的,也有国内的。我觉得学校如果自身力量有限,或者打不破平均主义的话,是否采取用一点外力,可以搞一点试点,不一定全面推开。不打破平均主义,要走到前头去可能很困难。我们能不能也想想办法,当然人要选好,要德才兼备,学术上要有水平,他要真心实意地在这里,不要一面在这里,一面又在外面做生意,这样是不行的。要始终把学术带头人的遴选问题当做学校学科建设当作重点的重点,因为这是一个龙头,如果没有这个龙头,再有钱也不行。有钱建设一个教学型的大学是可以的,想建设一个研究教学型的大学是不可能的。国内有这样的例子,国外也有这样的例子。关键还是要靠人才,要尊重人才,爱护人才,才能充分发挥人才的作用。

第四就是学科建设的动力机制究竟在什么地方。

动力机制照传统的观念来说,其一是我们的理想。想把学校建设到一流,每任校长都有这么个心愿,浙大的师生也都有这个心愿,这是人的一种进取心理,一种理想的支撑。其二,知识分子也好,科技工作者也好,跟进取精神相联系的是一种想创造的欲望,他要不断探求发展、探求新的领域。这是不能全部用物质利益来概括的。的确有一批人,不断希望能探求新的知识,有新的发现和创造,他觉得这是一种心理上的安慰和满足,是一种人生乐趣。这在历史上也很多,我们就要找这种人。如果一个人完全是生意经的,商业头脑的,完全想赚钱的,那不要请他来做学科带头人,请他到外面去做生意好了。我觉得这是要着重考虑的,学校是个教育单位,当然还要注意他思想行为要端正一点，因为他还要做导师的，思想行为如不端正的话，对学生影响不好，这是不行的。

进取心理、探索新的知识，是一个方面的动力。另外一个动力他也要生存与发展，也就是说人在社会上，他要得到社会的物质，使他能够生存，并在精神上能够受到人的尊重。研究所里面的每一级的人，实际上都有这个愿望。做校长的、做系主任的要尽可能尊重学科带头人。做学科带头人的同样要尊重梯队成员，要尊重群体中的其他成员。要保证梯队成员与同档次人员、周边地区人员，在同一时期当中要达到一个中上水平，他才会有满足感和安定感。当然有少数人，少数的先进分子，物质上他无所谓，他可以衣衫褴褛，或者自己不求温饱，而是孜孜以求地实现自己的理想、目标，革命家如此，科学家当中也有这些人。我这里讲的是大多数人，所以在制定利益政策的时候，要深入地思考这些动力机制，然后来努力满足这些动力机制，当然不可能全满足，使学科带头人，使学校每个岗位上工作的同志都能够进一步调动积极性。还要发挥党团组织的作用，发挥政治优势，党团组织的作用是讲理想、讲奉献，这是一种精神的激励因素。

学校这两年，之所以科研经费能上去，教育水平还能维持，某些方面还有所提高，我觉得是与学校里执行的一系列经济政策与精神激励相结合，与尊重人、发挥人的积极性的政策相关联的。今后恐怕还要不断注意。最近国家教委的领导同志来浙大考察，他们认为浙大作为一流水平的大学，浙大的教授理应有一流水平的待遇，我觉得这句话很有道理，我们要认真的分析。当然这里面有个财力的问题，要想办法，不能因为财力问题而听其自然，否则就要恶性循环。水平低了，好的人留不住，青年人留不住，以后水平更低，那就恶性循环了，所以要研究学科建设内部的组织与实施动力的问题。

论高等学校的学科建设

一、学科建设的目标与原则

第一个原则，学科建设要考虑面向21世纪世界科技发展与全球性的经济竞争的大目标。

我国现在虽然是发展中国家，但是周围的合作伙伴、竞争伙伴都是发达的资本主义国家。由于中国经济的高速发展，欧洲人来了，美国人来了，日本人也来了。他们看好中国的市场，希望到中国来找到他们产品的销路。他们带进来的当然有管理、有技术，更有资金，但是重要的是带来竞争。中国的民族工业要上去，中国要在世界上有立足之地，大学和研究机构不能把自己学科建设的目标立低了，要立到世界的前沿，要从全球竞争的高度来考虑问题。现在不能提倡从头到尾都要自己研制、自己生产，这不符合世界潮流，也不符合科学发展的历史规律。但是，对一些基本技术，特别是前沿的一些技术，如果不自力更生研究，人家不卖给你。比如微电子技术，或者是在信息科学领域、军事领域，甚至是一般的量大面广的民用产品，都有许多这样的例子。我们自己的研究至少可以起到一个敲门砖的作用，把技术引进的门给敲开。此外，通过研究可以跟踪

注：本文是1994年4月路甬祥在浙江大学学科建设会议上的讲话。

前沿，可以培养出一批人，也可以在一些技术方面走出自己的路，迎头赶上，有所前进，有所突破。

第二个原则，学科建设要考虑我国四化建设的实际需要。

学科建设要根据国家的资源特点、产业特点和现阶段的技术需求，明确优势发展的领域和阶段性的重点。特别是技术科学、工程科学领域，更要注意这一条。技术科学也要在一些领域把水平搞到世界前沿去，要实实在在地考虑解决当前资源特点、产业特点、技术需求的阶段目标任务。

第三个原则，学科建设必须要考虑培养面向 21 世纪的社会主义建设的高级人才和接班人的根本目标。

高校不是一个单纯的科研机构，学科建设主要在于培养人才。考虑这个目标对于学科建设的内涵、结构、学校的总体布局，及一个学科内的微观结构，包括人才结构、梯队结构，都要作相应的考虑，要满足教育上的要求。

第四个原则，学科建设的运作机制要与我国市场经济体制改革相适应，要与学校的传统和基础相衔接。

学科建设是要花钱的，最简单的办法是国家拿钱，我们来做，或者请人来做。现在看来，国家可以拿一点钱，但是不可能全部由国家来承担。学校还要通过自身的努力，根据我国社会主义市场经济体制改革的总体环境，来考虑学科建设的运行。即使如德国，国力很强，法制税收很健全，工程院的运行机制还是主要依靠市场，国家只给 30％的资金，而且还是通过合同方式。对于技术科学或应用科学的，就要和经济挂起钩来，即使不与个人收入直接挂钩，也要和研究工作经费的运筹挂起钩来。选择什么样的运行机制，这是要考虑的，也是学校前几年改革所探索的道路。讲理想好讲，讲长远目标好讲，难的是实实在在解决现实的问题，怎么能从现在的状态走向比较理想的未来？我认为只要思想比较符合实际，又比较解放，就可能走得快一点，走的弯路可能少点，发展的速度就会快一点，否则就可能走很大的弯路，也可能与将来的理想衔接不起来，走岔了，甚至走反了；也可能个人富起来了，学术水平下去了；也可能是某一些专业、某一些学科一时得到了发展，另外一些长远的、21世纪非常重要的领域被忽视了。到时候，社会发展到那个阶段，需要这方面的人才，需要这方面的科技的时候，没有了基础，不能为此作出应有的贡献。

同时还要处理好四个方面的关系。

第一，要处理好学科分类发展与综合交叉的关系。现代的自然科学、工程科学是分化发展的。要处理好充分地发挥学术自由和现代的研究工作要高度有组织地实施之间的关系。无论理科、工科都是如此。阿尔兰德提出，现代的研究工作是要高度有组织的。德国的托克马克装置更是如此，一百六七十个科学家，有许多是获得博士学位的，大家围着一个装置转，完全是集中统一领导，每个人都干其中的一个部分。

第二，要处理好基础研究与应用开发之间的关系。基础研究是发展知识，是今后更大规模应用开发的前导、源泉和基础，是不可忽视的，否则中华民族以后难以在世界上立足。但是应用和开发是直接转化为生产力的桥架，它取得的效益可能更快一点，投入也要求更多一点，组织的力量与人数也要更大一些，当然梯队结构也有它自己的特点。

第三，要处理好学术带头人与支撑体系及梯队结构之间的关系。现代科学研究，学科建设要重视学术带头人的作用，这是龙头，是领导人，但是学术带头人周围要有一个结构合理的支撑与服务体系，要有一支流动梯队。这实际上也是学术自由与集中统一领导，充分发挥群体作用与发挥学术民主之间的辩证关系。

第四，要处理好学科稳定与发展的关系。根据前面讲的原则，学校学科的总体布局要不断地进行再思考，要经常地做一些必要的调整。现在学校提出的以工为主、理工结合、理工文管综合发展的学科大格局不太会有大的改变，问题是要研究在每个一级学科领域内，要作怎么样的选择，确定自己的重点，确定自己的优先发展领域，确定自己的适合国情的发展模式，我们现在的学科布局是否符合长远目标，是否符合培养社会主义高级人才的实际需求，运行机制和发展道路是否与我国社会主义市场经济体制整体改革环境相适应？这是一个动态适应的过程，当然一旦确定以后不能经常做大的反复和变动，但是要不断地再思考。

二、学科建设的外部结构与联系

学科建设不是孤立的，是在社会大环境中进行的。学科建设的目标与原则也要求学科服务于社会。我们不能进行封闭的自我发展，学科建设要思考与外部的接口和交互的关系。

第一，学科建设要纳入到国家科研与人才培养的规划与总体网络当中。如学校有一部分学科建设已纳入到国家的工程研究中心网络、国家的重点实验室网络，有了这个网络，就能跟上整个国家的需求，整个国家的规划，与整个国家的科技发展紧密相连，当然可以迅速发展了。

第二，学科建设要纳入到社会教育、科研、生产大循环链条中，成为其中的一个有机构成环节。理科、工科、文科教育，基础研究与开发要跟社会的产业、社会的发展与需求串行起来，也就是说每个研究所的背后，应该有一个联系的产业。它接受你的人才、你的成果，你主动积极地为它服务，这样才能源源不断地得到支撑，得到发展，得到新的思路。当然这种衔接的办法对于理科与工科是不同的，文科与工科也是不相同的。但是从总体上看，应该是社会链条中有机的一环。

第三，学科建设要纳入与国际同行交流合作的网络体系。学科带头人要参加国际交流，如参加一些重要的国际会议，到国际学术组织网络中去进行交流，这样才能逐步走上国际一流的水平。在学科外部接口关系当中还有一条，即改善并主动吸纳国内专家为我们学科建设服务，这当中包括科学院和兄弟院校，约聘一些有真才实学的、能够帮助我们发展的教授专家，约聘一些在产业部门工作的专家来参加学科建设。

三、学科建设的经费来源与投入方向

学科建设很关键的问题是要有经济实力，有经费投入。当然投入包括货币投入、实物性投入，也包括感情方面的投入，这些都要有。这里讲的是经费来源的投入。对投入要做一些原则的分析，大致上讲，一次性投入有房产投入和设备投入，这是主要的。另一部分是经常性投入，有运转经费，要有项目，要有人头费。学校要投入的主要是一次性投入，学校把学科规划做好，把学科带头人请来。学科带头人要提出一个更详尽的学科发展的执行计划，然后学校给予一次性的投入。经常性的投入与项目经费学校可承担一部分，主要承担教育的必要部分与从事基础研究必要的部分。其余的运转经费主要依靠学科带头人，依靠研究所这个基本实体的各方面去对外争取，通过申请基金，申请横向项目，或者是成果转让等途径来解决。这是学科建设投入的基本格局。

学校现在要做的事情，第一是要把学校能投入的这部分做大。这个工作难度也很大。我们希望“211 工程”能够有钱；希望学校的基金能够筹到款项；希望校产能够生财有道上交学校；希望已经有基础、有实力的研究所和所办公司能够拓展财源，科研经费这部分能够增加，学校需要有调控权；还希望教育科技事业能够得到社会的更大支援。

第二是要注意抓重点。如果把学校投入这部分平均分配，大家都半饥不饱了。要保证重点，保证那些学科规划符合学科建设原则目标的，学科发展方向符合科技发展和社会发展需求的，学科梯队和学科带头人是有水平的，条件是成熟的。对有能力实施的学科先投、早投，投得中当然效果就好了，在投资策略和技巧上是能做点工作的。

第三还需要进一步提高学科带头人对学科竞争与投入的观念与意识。一方面选学科带头人，特别是工科，要注意他的组织管理及经营的能力。首先要求学术水平高、作风要正派，还要有组织管理能力和经营思想。若学科带头人在这方面稍差，但至少学科领导班子内部应有这样的分子。系与学校在遴选学科带头人时，要注意这个问题。现有许多学科带头人都意识到这个问题，都走到社会上去了，但与国际上比，跟某些兄弟院校比，还应该承认是有差距的。还要继续发扬求是创新精神，既能够严谨踏实、实事求是，又能奋发进取、开拓创新，这一点我觉得很重要。另一方面，学科带头人在学科内部也要广开财路，要建立基金，甚至组织研究所的董事会，要打开国际合作的渠道，争取外援。因为学校争取外援的原动力在学科。当然在投入方面还可以做一件事情，就是把存量基金做优化组合的工作，包括校内的存量基金与存量资源，以及把校内的学科与校外的存量资源做优化组合。校内的资源，有一些因为历史原因分散的，可以联合起来，因为空间、设备、资源集中起来有利，把不需设立的机构精简，把开支都集中到所里去，同时还可以跟社会的其他方面的研究机构和产业联合。但在联合的时候我们要恪守一个原则：不丧失浙大教育科研的整体性，不丧失浙大教育科研的公开性，不能把某个所卖给某个企业，变成企业的一个开发部，如果这样做，公开教育、公开科研就丧失掉了，这恐怕不利。当然，也可以采取一些变通办法，譬如研究所与企业搞联合，不搞排他性的协议，把研究所的一部分跟他合作，其他部分还是自由的。

学科建设这个问题是学校长期发展的一个永恒主题。学科建设如果能抓得好，抓得紧，抓得符合实际，又有长远的目标，而且校内建立形成一套比较科学的、跟国际接轨的、符合我国当前国情的规范，尽管浙大在地理位置上不如上海、北京，尽管浙大目前的发展还不如一些兄弟院校，但是还是大有希望的，能够走在国内同类院校的前列。我觉得学科建设目前在改革机制方面，已经走出了一段路，但这段路既不能低估，也不能作太高的估计，也仅仅是走出一段而已，离开理想的目标，离开稳定的校内法制化的管理，差距还很大，这恐怕还要有十几年时间的努力，总要有一两代人的努力才能完成，这与国家的改革一样。但我们不能等待，也不能松懈，不能放松脚步，有一些学科能够走得快的，尽量支持走得快一点，不要一刀切。我衷心希望通过共同努力，将浙大学科建设进一步推到新的高度，为国家作出新的贡献。

努力建设一支政治坚定、业务精良的教师队伍

教育是面向未来的事业。今天的教育担负着培养和造就一代跨世纪建设人才的责任。教育工作的好坏，教师质量的高低，直接关系到培养人才的素质，关系到社会主义祖国和民族的未来。加强教师队伍建设，特别是要切实抓好教师思想政治教育，努力建设一支政治坚定、业务精良、学风严谨、结构合理的高校教师队伍，已成为学校坚持社会主义办学方向，推进和深化高等教育改革的一个重要课题，是办好学校，培养社会主义合格建设人才的主要保证。

新中国成立 40 年来，特别是党的十一届三中全会以来的 10 年，随着我国高等教育事业的巨大发展，高校师资队伍的建设取得了十分可喜的成就。高校教师队伍不仅在数量上发展壮大，而且在业务素质和整体结构上也发生了引人注目的提高和改善。由于“文化大革命”十年动乱对教师队伍严重摧残而造成的青黄不接的现象已得到缓解，我们已经建立起一支能适应高等教育事业发展需要的、学科门类比较齐全的、有一定数量和质量的高校教师队伍。广大教师在党的领导下，忠于人民的教育事业，长期辛勤地耕耘在教育、科研、生产第一线，脚踏实地，努力工作，为培养社会主义建设事业需要的合格人才作出了可贵的贡献，受到了党和人民的尊重，作

注：本文原载《中国高等教育》1990 年第 4 期。

出了无愧于时代和无愧于祖国的贡献。

因此，从总体上说，这支队伍的政治思想和业务素质是好的，是值得信赖的。他们不论是现在、还是将来，都是发展我国教育事业的主力军，是振兴教育的希望所在。

然而，从宏大的社会主义建设事业和改革开放的大环境对教育事业提出的需求和面临的挑战来看，目前高校教师队伍无论从结构，包括年龄结构，专业知识结构，还是从思想和业务素质都面临着许多亟待进一步改善的问题。尤其是近几年来高校教师思想政治工作受到不同程度的削弱，已严重制约教师队伍个体和整体素质的提高。这虽然不单纯是指学校教育，但也切中了学校教育中存在的主要问题。当前，除了学生思想政治工作亟待加强以外，必须迅速扭转忽视教师思想教育的状况。近几年来，教师的政治理论学习，既缺乏长期的计划性，缺乏科学的系统性，又缺乏明确的要求和深入的专题研究，甚至流于形式，收效不大。在部分教师中对改革和开放中出现的新问题、新情况缺乏马列主义的科学分析；个人主义、自由主义等思想有不同程度的滋长，尤其是青年教师中存在着不安心教学工作、教风不正的现象；还有一些教师忽视对学生的严格要求，在教学中重才、轻德，重业务、轻政治，只教书，不育人以及职称、待遇等政策导向需进一步调整完善。这些问题的产生，虽有国际大气候和国内小气候的影响，但也和思想政治工作削弱，我们工作中的失误，政策导向上的偏颇以及社会上长期困扰教育事业发展的问题没有很好解决，尊师重教、尊重知识、尊重人才还未形成社会共识等问题有关。

这些问题提醒我们，要建设好一支合格的教师队伍，必须充分重视教师的思想教育工作并切实予以加强和改善，列为学校的基本建设，作为学校建设和发展的一项长期的战略任务，常抓不懈。大力加强高校教师的思想政治工作，建设好一支政治坚定、业务精良、学风严谨、结构合理的教师队伍，是学校一项长期艰巨的任务，是办好学校一项基础性、战略性的工作。

从社会主义初级阶段对教师职业的要求，从教师在学校教育中所处的地位和作用看，我们认为，应该明确学校思想教育要求达到的目标。这些目标大体上可以归纳为三个方面：

——思想政治方面：教师应当坚持社会主义，拥护中国共产党的领导，坚定地、自觉地全面贯彻党的教育方针，忠诚于人民的教育事业。正如邓小平同志提出的，作为灵魂工程师，应当高举马克思主义、社会主义的旗帜，用自己的文字、作品、教学、讲演，教育和引导人民正确地对待历史，认识现实，坚信社会主义和党的领导，鼓舞人民奋发努力，积极向上，真正做到有理想、有道德、有文化、守纪律，为伟大壮丽的社会主义现代化建设事业而英勇奋斗。邓小平同志在这里提出的对文化教育工作者的目标，是充分崇高的。要实现这样一个目标，广大教师应不断加强自身的学习和修养，努力提高马列主义理论水平，树立无产阶级科学的世界观和人生观，正确处理政治与事业、理论与实际、教学与科研、个人与集体之间的关系，确定为社会主义现代化建设而奋斗的信念，增长为人民服务的社会责任感，努力做到有理想、有道德、有文化、有纪律。

——道德品质方面：教师应当以身作则，为人师表，具有高尚的职业道德。要树立对学生高度负责的精神，全面关心学生成长，在教学业务工作中，既要认真负责，一丝不苟，严格要求又要以自己严谨的治学态度和优良的教风，遵纪守法、忠于职守的模范行动去带动学生，去感染学生的情操，把学生在业务学习中体现出来的创造性和主动精神，引导到正确的轨道，引导和带领学生自觉地走联系实际、结合大众、了解国情、参加劳动的成长之路，使他们按照党和国家需要的方向健康成长。加强教师的职责教育,使广大教师懂得,在学校里,教书与育人是一个有机整体,是教师职责的两个方面,不能偏反;教师不仅要向学生传授科学文化知识,而且必须自觉地承担育人工作,在向学生全面地传授科学文化知识的过程中,进行政治思想和道德品质教育,培养学生认识世界和改造世界的能力,教育学生拥护共产党的领导,坚持社会主义道路,热情帮助他们健康成长。简言之,作为合格的教师,都应努力做到:献身教育、忠于职守、热爱学生、教书育人。

——在学识业务方面:教师应该具有扎实的基础理论,渊博的专业知识和理论联系实际的好学风。要努力研究教育科学,不断地提高自己业务素质和能力,特别是教学组织能力、社会实践能力和创造思维能力;要熟练教学环节,掌握教学规律,研究教学方法,提高教学水平;要不断地汲取新的知识,了解世界科技和教育发展的动向,优化知识结构,活跃学术思想,以适应教育面向现代化、面向世界、面向未来的需要。

需要指出的是,上述对教师思想政治和业务素质方面提出的明确要求是一项长期的建设任务。要实现这样一种长期的目标,必须在各个时期针对教师队伍建设中存在的问题提出有针对性的要求。这是因为,随着我国社会和经济的不断进步,随着高等教育改革的逐步深化,在教师队伍建设中必然会不断地出现新的问题、新的情况,如同教师的业务上培养提高是一项长期任务一样,教师思想政治的提高也是长期的、永恒的课题。

从当前来说,加强高校教师的思想教育工作,建设好一支合格的教师队伍,我以为应着重抓好以下几个方面的工作。

第一,要大力加强马列主义、毛泽东思想和政策与形势的教育。要有计划有系统地组织广大教师读一些马列著作,并把理论学习作为提高教师思想政治素质的一门必修课；要拟定长期的学习计划，制定自学、听课、讨论和考核办法，真正落到实处。学习马列主义之所以重要，在于它可以给我们提供一个正确观察社会现象和分析社会问题的立场、观点和方法，提供科学的世界观和人生观。作为高校人才培养直接承担者的教师，只有掌握了马列主义的科学真理，才能运用理论思维的力量，运用辩证唯物主义的观点，来指导我们所从事的教学和科学研究工作，解决我国现代化建设中的实际问题，加深对党的基本路线和方针、政策的认识，加深对中国现状、历史和社会的认识，增强信心，把稳方向。

第二，必须把青年教师的培养教育工作作为建设合格教师队伍的战略重点来抓，积极引导他们深入社会实践、接触工农群众，了解国情历史，走青年知识分子成长的正确道路。近几年，高校教师队伍的一个明显变化，就是青年教师所占的比例逐年上升。

以浙江大学为例，自 1982 年来，全校已补充了 1000 多名青年教师，其中具有硕士以上学历的占 66.5%。他们基础理论扎实、外语水平高、学术思想活跃、勇于开拓创新，是教师队伍中的一支生力军，是学校未来发展和教育振兴的希望所在。但是我们必须看到，青年教师从家门到校门，出校门进校门这种独特的生活经历，使得他们中的绝大多数人缺乏社会生活和实际锻炼的体验，不同程度地存在着脱离实际、脱离工农、脱离国情、脱离生产的状况。必须有计划地组织青年教师参加社会实践，这是提高他们思想政治和业务素质的重要一环和必由之路。青年教师参加社会实践，应该结合专业业务，如参加工矿企业的技术革新、技术开发、社会调查、教学实习、智力开发，等等。浙江大学近年来通过与大中型工厂企业、集团公司建立校外结合办学基地，建设稳固的教学科研实习基地，吸收青年教师和大学生参加社会实践活动，效果很好。一方面促使青年教师运用自己的知识去解决生产建设中的实际问题，提高实践能力，同时生产实际中提出的新问题、新课题也会促使他们去努力探索，从而获得新的知识，促进本身业务水平的提高。此外，通过社会实践活动，使他们了解社会，同工农群众相结合，体察国情，认识生活，加深对党的方针、政策的理解，提高对坚持四项基本原则、坚持改革开放总方针的科学理解，有利于他们理论联系实际，脚踏实地，树立起正确的人生观和坚定正确的政治方向。

第三，大力加强党的建设，发挥党的政治核心作用、党支部的战斗堡垒作用和党员的先锋模范作用。在现有的教师队伍中党员的比例是相当高的，浙江大学党员教师占教师总数的47%，而且教师骨干、教研室主任中党员的比例还要高。因此努力加强党的建设，管好干部，充分发挥党员教师的作用，使党员教师努力成为合格教师队伍的核心和中坚。浙江大学在实行校长负责制之后，始终强调党在学校中的政治核心地位不能变，党组织的战斗堡垒作用不能变，党员的共产主义信仰和理想不能变，党员的先锋模范作用不能变，党员严格的组织纪律不能变，党的三大作风不能变。近年来，党委还采取积极措施，制订了校、系两级党课制度、党内生活考勤制度，完善和加强校务、系(所)务会议制度，建立所、室务会议制度等，有效地发挥党的基层组织的保证监督作用和政治核心作用；同时通过加强对全校政治思想宣传工作的领导，通过创办业余党校，定期研讨党支部工作，加强教研室基层党支部的建设，加强对党员教师的思想教育工作，努力促使党员教师自觉地加强自身党性修养，密切联系群众，教书育人，廉洁奉公，努力工作，带领广大教师一道进步。

第四，积极改进教师思想政治教育的方法和内容，建立一套行之有效的管理方法，制订切实可行的政策，加强教师的思想品德考核，努力探索一条符合学校实际，加强教师思想政治工作的新路子。当前重要的是在学校内部要建立和完善教师思想政治工作的领导体制，健全教师思想政治工作队伍，逐步形成以学校各级党组织为政治核心，党政工团密切配合、互相协调，由专、兼职相结合的高校教师思想政治工作队伍。

工程教育和继续教育篇

□ 开展继续工程教育不仅密切了大学与工业的联系，丰富了大学的社会职能，而且对工程教育的结构、教学方法也会产生巨大的影响。

□ 工程教育终身化要求我们对本科教育、研究生教育和继续工程教育作通盘考虑，注意其间的统一性和连贯性；要求我们重新思考普通教育和专业教育的关系，转变普通教育从属于专业教育的传统观念；要求我们检讨过去“一次性”的专业教育计划，同时要使工科学生树立起不断更新专业知识的意识，并为将来的在职进修与学习做好准备；要求大学更主动地与工业合作，摒弃“自我中心主义”，为工程教育终身化尽到自己的责任。

世界继续教育的发展趋势和中国继续教育的进展与展望

20世纪70年代以来，继续教育在世界范围内得到前所未有的发展。这是现代科学技术作为生产力中最活跃的因素迅猛发展的必然结果，是现代社会高度社会化的商品生产对劳动者提出的实际需要。中国的继续教育在过去的10多年来已取得了长足的进步。90年代的10年，是我国发展非常关键的时期。在这样的时刻，研究世界继续教育发展的趋势，进一步深化对继续教育的认识，具有更大的现实意义。

一、国际继续教育发展的特点和趋势

1. 日的明确

1965年法国著名成人教育专家保罗·朗格朗关于终身教育的提案，打破了传统的教育观点，主张“应当使教育在每一个需要的时刻，以最好的方式提供必要的知识和技术”。从而终身教育成了国际课题，并为人们所接受。1983年5月在德国汉堡举行的国际终身教育会议把终身教育归结为“当代社会的一种绝对必要，是使全体人民在未来得到和谐发展的唯一途径，是更新劳动力知识技术的战

注：本文原载《高等工程教育研究》1992年第1期。

略投资”。根据这一教育理论，在职专业技术人员的继续教育是终身教育的主要组成部分，是使受过中等或高等教育的职业人员更好地适应不断发展和变化的社会需要而进行的再教育。其目标可归结为：更新知识、拓宽知识，提高知识水平和层次，为转换新职业而重新系统地学习新的专业知识。

因此，在世界各国，国家把继续教育作为提高国民素质和综合国力的一项重要对策；科学技术部门和企业把继续教育看成开发新技术或高科技产品、开发创造力、采用新的工艺方法、不断提高产品质量、确保自身的竞争力、保持先进科技水平和领先地位、不断增加赢利的重要领域；而国民则把继续教育看成是提高本人就业竞争能力和工作质量的措施。这样，在国家、企业和国民之间就有一个共同的结合点，发展继续教育的社会目的和动力是十分明确的。

2. 发展速度快、规模大，经费投入充足

随着新科学技术的迅猛发展和国家、国民、企业三方面对继续教育重要性认识的深化，近10年来继续教育的发展速度快、规模大。在苏联，全国设立了1000多个在职人员进修网点，每年在不同的继续教育学校、学院和大学接受培训的专家在300万人以上。法国1987年全年的继续教育共为360万人提供了2.9亿人时的课程，用于举办继续教育活动的经费达350亿法郎，其中继续工程教育约占200亿法郎。1980年美国各公司用于举办各种训练班的经费估计高达300亿美元，相当于联邦和各州政府用于高教拨款的一半。美国军方也对军人实施了继续教育计划。IBM公司每年拨款数亿美元。大约半数公司领导人相信一个公司的生产率可以受继续教育的影响，半数认为竞争的形势明显地受继续教育的影响。

3. 教育内容新，学科交叉，专业门类、水平层次规范化

国外的继续工程教育已进入较成熟阶段。教学内容能紧紧跟

上新技术革命形势,能跟踪高新技术,注重课程配套、知识结构和层次结构的完整性,并重视对工程技术人员创造力的开发,这是当前教学的一个重要特点。例如,美国继续工程教育电视网(AMCEE)所提供的课程分为16大类,除一部分是大学或研究生学位课程外,多数是反映某方面科技最新进展的课程。美国规定,公司领导人在继续教育中必修的一套课程包括电视工程基础、人工智能、实用机器人、办公自动化、电子计算机程序语言、项目管理等内容,但学时仅131学时,可谓内容新,学科交义,知识结构配套,层次高。西欧共同体目前每年向各国提供的高级继续教育培训课程达1168门,并由300所学院研究所提供该课程。

继续教育课程发展的另一倾向是规范化、系统化、按学科分类,并注意与大学和研究生学位课程的衔接,内容新颖,实用性、基础性、系统性相结合。

4. 国家立法,企业资助,大学与社会支持

为了确保继续工程教育事业的发展,许多国家实行关于继续教育的国家立法或地方法规、公司内部法规,而且注重严格按程序执法。法国早在1970年7月就由各行业劳资双方签署了一项有关继续教育的协议,接着在1971年7月法国国民议会又通过了规定"培训假期"的修改补充法令,用立法形式规定了在职人员接受继续教育的权利、时间及经济来源等实际问题。法国法律规定"凡超过10人以上的企业雇主必须拿出工资总额的1.1%以上作为继续教育费用",1976年这一比例平均已达2%。一所大公司为了确保自己的竞争能力,用于继续教育方面的费用往往高于法定比例,有些高技术领域的大公司高达10%。日本、英国、美国、德国等发达国家均已有相应立法,使继续教育的实施有法可依。

各国均重视大学参与,充分发挥大学师资、设备、资料信息、学

科门类综合方面的优势，以发展继续教育，这是国际继续教育的又一共同趋势。他们强调技术与教育、学校与工业之间的伙伴关系，强调企业对科技竞争的需求是继续工程教育决定性的动力。例如，苏联1000多个进修教育单位中就有301个附设在高校内；法国仅在1982年一年就有1.7万余名企业高级人员进大学接受专门课程继续教育；美国的继续教育由大学举办的占24%，一批著名的大学都设有专门的继续教育部或职业进修部。美国威斯康星州立大学曼迪逊分校继续教育部每年注册听课的进修人员达2万余人次。在美国，有24所大学还联合成立了国家技术大学(NTU)的电视继续教育节目，为公司服务；33所大学也联合成立了一个类似的继续教育网络(AMCEE)，利用卫星在全美进行继续教育服务。企业和各种学会、协会、同业会也大量组织和支持继续工程教育。

5.越来越多地采用先进的传递手段，使教学手段向经济、迅速、覆盖面大的方向发展

继续教育的先进传递手段包括电视、广播、计算机联网、电子黑板和卫星通信技术。例如美国AMCEE在1989年就向社会提供了16个专业方向483门课程的电视录像带，并于1985年9月3日起利用G-star I卫星每天从美国东部时间上午11时至下午5时连续播放各种继续教育课程讲座。此外，欧美一些发达国家还正在发展利用计算机联网，进行不需要离开工作岗位和家庭的所谓家庭继续教育课程。一些专门系统还具有师生对话功能。

6.地区性合作和全球合作的趋向不断加强

近10年来由于地区和全球经济技术合作的不断加强，推动了继续教育地区合作和全球合作的新发展。欧洲共同体和北美分别合作利用地区卫星进行继续教育。拉美、东南亚及非洲也建立或正在筹备建立继续工程教育的合作组织。联合国教科文组织、国际电

讯联合会(ITU)以及世界卫生组织(WHC)都已通过一些世界项目积极推动了继续教育。1989 年 5 月国际继续工程教育协会的成立标志着继续工程教育正在向全球性合作加速发展。该协会目前已有 52 个国家、400 个单位会员,而且还在不断发展。通过全球合作的加强,许多国家将会受益。值得指出的是,一些发达国家和企业正在把继续教育当做传播和推销本国、本企业先进技术和优势产品的重要手段。因此继续教育与商品市场结合的趋向也在加强。

研究国外继续教育的发展特点和趋向,可以了解科学新技术、工业生产、社会产业结构、生产社会化程度、综合国力的增强、劳动者素质的提高与继续教育的关系,从而进一步推动我国的继续教育。

二、我国 80 年代继续教育事业的发展

继续工程教育这一名词引入中国来已有 10 多年了,在这期间我国的继续教育发生了深刻的变化,取得了巨大的成绩,经历了一个从开创到初步发展的过程,目前正面临着一个稳步发展提高的新形势。

1. 继续教育受到党和国家的高度重视,成为经济建设的一项长期战略措施

我国把继续教育放到重要位置是在党的十三大首次确定的。自党的十一届三中全会以来,党中央和国务院始终强调,科技发展、经济振兴乃至整个社会进步,根本上取决于劳动者素质的提高,必须用极大力量加强对劳动者的职业教育和在职继续教育。

10 年来,国务院各部所属机构,国家教委、国家经委以及中国科协和各级政府已愈来愈重视继续教育。继续教育的管理体制正

在逐步理顺，1988 年 5 月，全国继续教育由原国家科委划转人事部统一管理，把专业技术人员的继续教育作为党的知识分子政策和全国专业技术人员综合管理的一项重要内容，这种把管理培训、考核使用和奖惩统一起来的管理办法，将会进一步推动我国继续教育的深入发展。

2. 有关继续教育的对象、任务、指导方针正在逐步明确

10 年来，我国每年大约有 100 万人次专业技术人员接受不同程度和不同手段的继续教育，对我国如何走有中国特色的继续教育路子进行了大量的探索。1987 年 12 月，国家教委、国家科委、国家经委、财政部、劳动人事部、中国科协等 6 个部门联合颁布了《关于开展大学后继续教育的暂行规定》，国家经委、国家科委、中国科协联合颁发了《企业科技人员继续教育的暂行规定》；1990 年 4 月，人事部又拟定了《全国专业技术人员继续教育的暂行规定》，进一步明确了我国继续教育的对象、任务、指导思想和对各级专业技术人员实施继续教育的要求，解决了继续教育的方向性、方针性问题。

我国实施继续教育，根本指导思想是坚持为社会主义建设服务；基本方针是“面向现代化，面向世界，面向未来”；对象是从事专业技术工作的在职技术人员，受教育面比国外广泛，包括文、理、工、医、农、商、军、教等各业人员并且包括管理人员；任务包括知识的更新、补充、扩展和加深，完善知识结构，提高受教育者的业务水平和创造力。经过实践和借鉴国外的经验，我国也正式提出了对新就业的大、中专毕业生实施继续教育的任务，关于专业技术人员每年应实施继续教育的最少时间，高中级专业人员为 12 天/年，初级专业人员为 7 天/年。

3.第一部继续教育的地方法规已经制定，这将推动我国继续教育的法规建设

1989年10月11日，天津市第十一届人大常委会第11次会议正式通过了《天津市专业技术人员继续教育规定》，这是我国有关继续教育的第一部正式地方法规。它在继续教育宏观管理上提出“保护、强制、激励”的运行机制，还提出了有关私营企业的继续教育费用、专业技术人员的申诉权以及把继续教育列为各级领导干部（包括企业）任期目标的考核内容之一等观点。天津市制定的正式地方法规已经对其他省、自治区、直辖市产生了很大影响，是我国继续教育发展过程中的一件大事。

4.政府部门、企业、协会、大学各方参加，并以企业为继续教育主战场的局面已逐步形成

据1987年抽样调查资料，我国的继续工程教育的办学比重，政府部门占24.8%，企业占32.7%，科研机构占9.7%，大专院校占20.6%，社会团体占11.6%，这表明，我国已形成一个综合办继续教育的体系。

在1987年后，企业的继续教育，尤其是大企业的继续教育有了更多的发展，因为它符合本公司、本企业的需要，针对性强，费用较少，节省时间，通过短期培训就可以掌握新技术并付诸生产。“改革需要继续教育，发展也需要继续教育”，“企业的竞争就是人才的竞争”等观点，已被越来越多的大企业所接受。一批带头企业从继续教育中尝到了甜头，加深了认识，并开始把继续教育纳入了企业活动的轨道。部分大中型企业还成立了中国继续工程教育协会企业工作委员会，促进了横向联合，以企业为主的继续教育主战场开始形成。大企业的继续教育在经历了一段以知识补缺为主的阶段后，已向下列方向发展：①把继续教育列为企业整体生产经营目标的组

成部分；②把继续教育的规划作为企业经济、科技发展规划的重要组成部分；③为改善企业人才结构，建立一支高素质的专业技术人员队伍，除开展量大面广的培训外，已注意向高层次的继续工程教育开拓，培养企业的高级工程技术人员、高级生产经营人员和高级决策人员，使之成为企业的骨干；④为增加企业内涵和开拓能力，充分发挥自身的技术优势占领市场，向高科技领域要效益；⑤加速对管理干部队伍的培养，实现现代管理，向管理要效益；⑥针对本企业的特点，搞好本企业培训基地的建设，与大学、科研单位联合办继续教育。

这就使部分企业形成了一种较好的管理体系，办学效果也得到了提高。为了实施上述目标，中国石化总公司已制订了1990—2000年的继续教育规划；第二汽车制造厂在1986—1990年间开展了对机电类高级工程师培养途径多样化的研究；武汉钢铁公司、宝山钢铁总厂都实施了对新入厂的大学毕业生第一年试用期的继续教育，武钢和宝钢的专题研修班也取得了很好的经验，为许多企业所借鉴；鞍钢从1987年起，实行了继续教育学分制的管理办法，进入了正规化制度化的新阶段。

国防科技工业部门的继续教育发展很快，在1986年4月成立了国防科工委继续教育中心，已连续召开五次继续工程教育专题研讨会，出版了继续工程教育杂志，对推动国防口的继续教育做出了很大贡献。

我国高等院校已经把继续教育作为高等教育的重要组成部分，作为学校联系社会、服务社会、推广高校科技成果和促进厂校联合、促进教学改革的重要途径。高等院校目前与企业联合办学、委托办学已相当普遍，并且正在逐步向建立生产、科研、教学相结合的一体化方向发展。据1987年调查，大专院校办学比重占20.6%，但期望值却达到40%，这表明广大科技人员对高等院校介入继续工程教育持积极的心理动向。目前高校的问题是应解决好继续教育的规划，结合生产实际，加强针对性，不断开出高质量的继续教育课程。

我国各部委、学会、协会对推动我国继续工程教育发展的贡献是巨大的。各部委的有关组织，如继续教育协会、各种科学技术学会，在组织、协调、指导具体实施继续教育方面起了重要的作用，近年来在制订继续教育的总体发展规划方面更显得重要。

中国科协及所属各级协会，1980年以来，通过举办各类专业培训班，举办卫星电视教育、学术讲座、函授教学等，已使200多万科技人员接受了继续教育；还开展了国际间的交流合作，在开创、推动和发展我国继续教育事业中发挥了积极作用。

可见，我国继续教育参与面广，而且各有特点。当前，为了进一步推动我国的继续工程教育，建立一个全面规划的体系，仍是极为重要的事。

5. 多层次、多规格、多渠道、多种形式的继续教育同时开展

我国的继续教育的层次大致可分为：①新毕业大专学生上岗教育；②初级专业人员培训；③中级专业人员培训；④高级专业人员培训；⑤高级专家研讨。规格有短期办班，学分积累制进修，高一层次的学历教育，在职硕士课程进修，高级研修班。渠道有单位自办，企业、高校科技单位合办，派人到外单位代培，出国进修、考察、参观、访问，聘请国内外专家讲学、研讨。形式有自学、听课、学术交流、实地调研、研讨等。总之，经过10年的实践，继续教育变得灵活了，国际合作也得到了进一步发展。专业技术人员高级研修班是我国高层次专业技术人员继续教育的一种有效形式，具有学员学术水平高、师资水平高、研修水平高、组织办班水平高的特点。高研班有国家计划内的，由人事部门统一举办，研修的内容都是某地区某行业

急需解决的课题，以适应高层次专业技术人员更新知识、拓宽知识面并直接服务于经济建设、科技进步和社会发展的需要。另一类是国家计划外的由部门、地方举办的高研班，也很有发展势头。

6. 开始注意对继续工程教育加强课程建设和实施登记证书制度

继续教育的课程一般说不能沿用现有学历教育课程，它应具有信息量大而快、内容新颖、针对性和综合性强等特点，因此继续教育的课程建设是提高教育质量的根本保证之一。机械电子工业部门在开设现代方法设计的继续教育时邀请了 14 所高等院校编写 13 门课程；冶金工业部对冶金工程师继续教育规划了一个推荐方案，共组织 11 个专业委员会制定了 6 个主体专业的继续教育方案，编写了《冶金继续工程教育丛书》；中国石油化工总公司也已列出了课程计划。当然，这些仍只是开始，还有待实施。推行继续教育登记证书制度在我国刚开始进行局部试验，这是对专业技术人员带有一定强制性和鼓励他们不断提高业务水平的制度，其效果如何仍有待实践。

三、90 年代争取我国继续教育有新的发展

分析国内外继续教育的发展特点，可以得到什么启示呢？大致有：

1. 必须深化对“科学技术是第一生产力”的认识，从而进一步提高对继续教育工作的认识

据统计资料表明，在 1952—1989 年期间，我国全民所有制独立核算工业企业的发展，技术进步所占的比重，平均值只占企业发展的 20%，而美国占 71%，日本占 65%，苏联占 63%。可见影响我国工业生产发展的关键仍在于没有充分认识科学技术是生产力中最

活跃的决定性因素。因此要把教育和科技放在战略首位。继续教育是对在职人员进行目标明确、针对性强、投资少、收效快的一种教育，是学校教育后所必需的继续和补充，是不断提高劳动者素质的重要手段，应该把它列为促进我国国民经济和社会发展的重要对策。

2. 理论和实践相结合，探索有中国特色的继续教育道路

我国是社会主义国家，实行公有制基础上有计划的商品经济，国家还不富裕，人口多，不同地区的经济技术发展很不平衡，传统工业技术从总体来看还比较落后。因此，继续教育的发展一定要走出一条符合我国国情的路子来。关键的问题是如何使继续教育在指导思想、管理体制、办学体系、立法原则、经费来源、激励机制、考核评估等方面适应我国科学技术发展和社会主义四化建设的实际需求。继续教育要为科技兴农服务也是我国的一个重要特点，农业科技的每一进步就会带来大量剩余的劳动力，解决这一问题的主要渠道就是发展乡镇企业，这又进一步促进了继续教育的发展。继续教育在师资培训、干部培训、计划生育、医疗保健、环境保护和国防建设等领域也都有我国的特点。继续教育还有一个不断提高人的政治素质问题。因此我国的继续教育面大，层次差距也大，使继续教育成为我国终身教育的重要组成部分，是一个战略性的问题。

3. 进一步完善继续教育的教育体系，采用先进的教学传递手段，不断提高继续教育的效益和质量

要建立一个好的教育体系，就应该研究工业界、科技界、大学究竟如何在继续教育中共同合作。在成立继续教育企业工作委员会后，应该研究如何成立科研机关继续教育工作委员会、高等院校继续教育工作委员会等问题，然后逐步通过协调成立实体性的机构来促进联合。无论工业界、政府和专业社团，都不可能由一个机构或

个人作为全部工程领域和跨学科范围继续教育的实施者。如不实行联合,就会形成资金浪费,课程建设水平也不会高,更难以大面积运用先进的教学传递手段。目前首先要强调大学与工业界的合作,因为许多继续教育课程是大学与工业直接协作的产物。要在人事部和国家教委的领导下,充分发挥中国科协和中国继续教育协会的核心和纽带作用,以及大学、研究所、企业的办学积极性,统筹兼顾,合理布局,在 20 世纪 90 年代逐步形成比较适应四化建设需求的全国继续教育网络,不断改进教育内容和方法,提高教育的实际效果。

4. 着眼社会主义经济建设,制订继续教育规划

在国家制定的中长期科技发展纲要中,继续教育被列为重要措施之一,但仍需落实。我认为,应该先从进一步理顺各级管理体系着手,国家和各省、自治区、直辖市应加强对全国或本地区继续教育的统一领导和规划。规划应有科学性、预见性、现实性和可操作性,要建立在科学论证的基础上,树立持续稳定协调发展的思想,切忌大起大落。

5. 加速有关继续教育的法制建设

以立法形式保证继续教育的稳步发展。我国继续教育受各种形势影响较大,要根本改变这一局面,尽早制定继续教育法是必需的,这也是一些发达国家的经验。

6. 加强对继续教育的理论研究,积极开展学术交流和国际交流以及各种合作活动

继续教育在世界上发展的时间还不长,在我国也只有二三十年的历史,对于继续教育的理论研究,无论是国际或国内均很不够。我们应当组织力量,以马克思主义思想为指导,总结国内外继续教育的实践经验,进行继续教育的理论研究。从理论上搞清继续教育与政治、经济、科技、学校教育、社会发展的关系,为继续教育的立

法、发展规划、课程建设、经济来源、师资建设、执行和组织方式、国际交流等提供依据，使我们的工作更有原则性、系统性、预见性和创造性。

加强国际交流和合作是当前国际继续教育的重要趋向，我们要在深化改革、开放的基础上努力做好这一工作。最近国际继续工程教育协会已批准设立国际继续工程教育中国杭州站，该站由中国科协和浙江大学及有关企业组成。我们将努力在继续教育的国际交流和合作方面创造经验，为中国继续教育的发展服务。

继续工程教育是我国高等教育的重要组成部分

继续工程教育的概念和对象，世界各国不尽相同。结合我国的国情，通常指大学毕业后的在职工程师和其他技术员为适应职业需要而进行的知识更新和提高的培训。继续工程教育是开发智力、提高科技队伍素质、振兴国民经济的战略措施，是我们迎接新技术革命挑战、实施高技术计划的基本对策之一，也是提高全民族科学技术水平的新途径，它应成为我国精神文明建设的一项内容。

高等学校具有进行继续工程教育的知识优势和优越条件。本文从我校开展继续工程教育的初步实践，提出继续工程教育是我国高等教育的重要组成部分的见解。

一、积极开展继续工程教育是高等工业学校贯彻落实教育要"三个面向"这一方针的重要组成部分

我校自 1984 年以来，先后为各工业部委、浙江省各厅局所属企事业单位举办了各种类型的进修班 129 个计 7000 余人，代培高等院校教师 1000 余人，共计 9000 余人。平均每年约 3000 人，多数是短训班。如果按平均两个月的短训班计算，大约相当于 600 个本科

注：本文原载《浙江大学教育研究》1987 年第 1 期。

生的年教学工作量，占我校每年招生数的 1/4 左右。近年来，各兄弟院校都不同程度地开展了继续工程教育工作，规模日益发展。这充分说明了继续工程教育不但是近年来我国经济全面高涨的迫切需要，而且也是我国迎接新技术革命挑战和社会主义精神文明建设的需要。

继续工程教育正在成为我国高等工程教育的重要组成部分。

教育的根本任务是培养人才。我国高等工程教育要根据“三个面向”的方针、根据教育规律、社会经济结构和科技发展趋势来确定未来人才的规格和培养层次，为 20 世纪 90 年代经济振兴培养高级工程技术人才。由于高等学校在校学生成才的过程，受到教育规律、学制和层次的限制，因此“正规”教育的效益具有滞后性的特点。继续工程教育是使我们摆脱局限于教育效益滞后性的传统规律，着眼于当前生产和科技迅速发展的需要，利用高等学校的知识优势对在职科技人员进行知识更新和新技术传播的强有力手段，从而为当前我国社会主义经济的建设提供直接的动力，是我国实施高技术计划的基本对策之一。我们认为这是现代工科大学开放性的一个重要特征。

继续教育既为未来的需要培养人才，又为当前的生产开发智力和提供技术进步这种双重功能的发挥，始自 100 多年前的美国。当时出于农业发展的需要，全美各州都成立了一个“土地赠予学院”，对农民直接进行科学技术教育，极大地促进了美国农业的发展。20 世纪 40 年代以来，特别是最近 20 年来，科学技术的迅速发展、世界范围内新技术革命的兴起，知识迅速增长、学科高度分化和高度综合，促使企业和在职科技人员以继续工程教育的形式和手段跟上时代步伐，保持产品和专业技术的先进性和生命力。

当前我国经济、科技、教育面临着重大改革的形势，改革、开放是推动中国历史前进的两个巨轮。由于经济体制改革和在“对外开放、对内搞活”这一基本国策的推动下，农村经济迅速发展，城乡中小型企业大量涌现，交通和能源工程重点发展，传统工业急需革新，科学技术发展规划的实施和高技术研究攻关，引起了新理论、新技术、新工艺引进消化的高潮，促使我国与工业发达国家之间的科技、商业和文化教育各方面国际交往日趋频繁，迫切需要有一支在数量和素质上能跟踪世界新技术动向、有创新能力的工程技术队伍，迅速造就一批精通国际经济、贸易、金融、法律等各项涉外专门业务的中高级科技和管理人才。高等工程教育如果不能使现有在职科技人员的素质跟上经济增长的步伐，那么，科技和教育对经济和社会发展的“前导”作用和“后劲”作用，都将成为一纸空文。将不但无法缩短我国在经济上、技术上与发达国家的差距，甚至可能连“同步发展”都做不到的。

我国现有的各类科技人员总数 700 万人中，工科约有 120 万人，其中具有大专以上学历占 0.3%。由于长期的轻视知识、闭关锁国等原因，致使占这支队伍的总数 52%以上的人在年龄老化的同时濒于知识老化的状态。但是尽管如此，这支队伍在今后 5—10 年内仍将是我国工业和科技发展的中坚和骨干。通过继续工程教育使他们获得新的科技信息、调整知识结构、扩大学术境界、提高创造能力，就显得更为迫切和具有重大的现实意义。如果全国的高等工业学校以每年 10 万人的规模开展继续工程教育(相当于目前在校工科生总数的 1/4)，则至少需要 12 年才能使现有工程技术人员获得一次知识更新的机会。根据当今世界上关于知识“半衰期”的观点，大学毕业后一般工程师知识的半衰期是 6—10 年，微电子技术一类的高技术“半衰期”还要短，有人认为只有 2.7 年。美国有 200 万工程师，每年大约有 1/4 以上的工程师接受不同程度的继续工程教育，可见在扩大规模、提高水平方面，我们高等工业学校面临的任务非常繁重。

小平同志最近指出，国力的强弱，经济发展后劲的大小，越来越取决于劳动者的素质，取决于知识分子的数量和质量。近年来，在继续工程教育方面的初步实践使我们对此加深了认识，决定成立浙江大学继续工程教育学院，在总结前阶段经验的基础上组织专门的行政机构，对全校的继续工程教育工作实行统一管理，充分利用我校理工结合、多学科、综合性的知识优势，在培养人才、发展科学技术的同时，把继续工程教育作为贯彻“面向现代化、面向世界、面向未来”这一方针的重要组成部分，努力提高办学水平。

二、继续工程教育是高等工程教育一个新的层次结构和教育模式，应充分利用其“新”和“快”的特点获得教育的最大社会效益

继续工程教育是高等教育一个新的层次，是一个新的时代特征，也是传统教育观念的一次深刻变革。从我校的实际情况看，培训学员中具有大专以上文化水平的占学员总数的42%，其余多数是中专文化水平。具有大专以上学历的主要来自各工业部委，中专学历的主要来自浙江省各厅、局所属企事业单位。由于我们地处浙江，这是由浙江省现有科技人员文化水平的层次结构情况所决定的。因此，在原则上，继续工程教育的主要对象应该是具有大专或大专以上文化水平的在职科技人员。但是，预计在相当长的一段时期内，中级科技人员仍会占有相当大的比例。这也是符合我国现有科技人员总的文化水平层次结构状况的。但是，所有的培训学员，不论是工程或科技人员、管理干部或兄弟院校进修教师，目的都不

是为了专科、本科学位，或取得硕士、博士学位，而是在自己所从事的专门技术经验和知识的基础上输入新的科技信息，充实新的理论基础或计算机、外语、管理知识，调整知识结构或专攻一项新的技术。总之是在原有的基础上扩展科技知识领域和增加知识深度，不同于专科、本科、硕士、博士这四个层次的系统教育，因此它是高等工程教育的一个新的层次结构和教育模式。

从学科结构来看，三年中129个进修班除社会科学系、今年新建的生物系和中文系以外，遍及全校其余的19个系以及图书馆、中心实验室、计算中心和研究生院共35个学科（专业），其中计算机技术932人占总数的10.3%，外语837人占9.3%，管理474人占5.3%。明显反映了新技术革命发展趋势、特别是近代微电子和计算机技术发展的需要。以短期、灵活的方式，"新"和"快"的教学内容，达到了社会需要与学校可能性的高效率结合。如机械系液压教育中心以80年代液压新技术和国际先进水平的实验室为机械工业部举办了"液压系统的计算机仿真"和"电液比例控制技术培训"等，都是以新的学科理论和技术成果为背景，有力地推动了国内同行在本门学科领域内的学术交流和水平的提高，仅节能风机这一项技术的提高和推广，年经济效益在1亿元以上，同时也充分发挥了高等工业学校在新兴、交叉学科方面发展的特长和优势。

国外继续工程教育成功的先例和我们初步的实践充分证明，开展继续教育不仅是社会的迫切需要，也是高等工业学校教学、科研的发展与社会的必然联系。它绝不是一种额外负担，而是促进学校自身发展与改革的活跃因素。进修的学员来自各地，多数已是企业的业务骨干，是有丰富实践经验的同行，而学校承担培训教学的多数也是学有专长的中高级职称教师。因此，培训过程也是向学校输入信息、扩大协作、开拓新的应用研究领域、提高教学和科研水平的动力。

通过培训密切了学校与工业部门、企事业单位的联系，使学校得到多方面的支持，特别是本科生实践教学的支持、研究生研究课题的领域拓宽，因为这是当前高等工业学校正规教学中特别薄弱的一个重要教学环节，是依靠学校自身力量很难妥善解决的。在当前的教学改革中，对于加强本科生的基础理论、外语、计算机的教学，通过努力学校是有条件做到的，我校在这方面的试验近年来已经取得显著的效果。但是工科大学生的工程实践技能和素质的培养显得相对薄弱，我们正在设想采用类似“三明治(Sandwich)”的办法与企事业单位建立合作教育试验，以期提高工科大学生的工程师基本训练素质。我们寄希望于在继续工程教育过程中开拓这种试验的可能性。

初步的实践同时证明，继续工程教育是一项教育经济效益提高的一种教育模式，我们初步计算了一下，三年来在国家教委没有给我们额外增加经费和人员编制的情况下，平均每年培训 3000 人，如果按教学工作量计算，大约折合 100 人的教师编制，相当于全校教师总数的 1/27 却承担了全校教学总量的大约 1/16。可见教育经济效益是很高的。事实上这是充分挖掘潜力、调动教师积极性的结果。教师可以增加一点合理的经济报酬，既缓解了超编满员状态，同时把相当一部分教师的注意力从校外兼课转向校内，起到稳定教师队伍、提高学术水平的积极作用。当然，进一步开展继续工程教育需要制定政策而不能只寄希望于挖掘潜力。因为学校从开展继续教育中获得的经费收入是有限的，由于人数多、学科分散、周期短，对教学和后勤管理都带来一定的压力。我们决定将坐落在钱塘江畔的浙大三分部的一部分辟为继续工程教育学院，为来自全国各地的学者、专家、同行提供宁静舒适的学习和生活环境。

三、积极努力，为继续工程教育作出更大贡献

现有资料表明，在美国，工程方面的继续教育规模和数量非常巨大。美国企业界用在教育上的投资，1984年高达400亿至600亿美元，接近全美所有公、私立四年制大学的年总经费（600亿美元），成为推动美国工业发展的强大动力。经办继续工程教育的机构有公司、大学、学会和私人四个系统，其中公司、企业所办约占50％以上，而大学约承担24％。

我国的继续工程教育正处于起步阶段，企业单位有迫切的需要，但受到师资及一定的教学物质条件的制约。中国科协和所属省市科协的科技进修学院是继续工程教育的一个重要方面军，但正处于恢复、发展之中。高等工业学校应承担较大数量和较高层次的理论和技术水平的继续教育任务。我们要加强兄弟院校之间的联合和协作，互相支持，互相交流，形成有特色的继续教育地区网络。

我们设想，当前我校继续工程教育学院的基本重点是五六十年代毕业的大专或本科生（包括一般高等院校教师）。考虑到继续教育应该面向本地区、面向浙江的地方工业，也应把中级在职科技人员的继续教育作为重要对象。因此在教学的组织上除按学科分类外，大致有三个层次：中专层次、本科（包括专科）层次以及具有高级职称（职务）的继续教育层次。

根据前阶段的情况，教学目的和内容分为四类：

1. 知识更新、拓宽、提高类：这是继续教育的主要目的，根据五六十年代本科教育的知识结构的局限性，充实必要的基础理论、技术基础理论、外语、计算机等未学过的新的科技知识和科学技术最新成就。包括高等学校师资对新兴、交叉学科的专攻。

2.管理和经济科学知识类：新形势下对企业领导人和工程技术人员马列主义基础理论、现代管理和经济科学知识的补充，转移到管理工作岗位的科技人员对现代管理(包括计算机信息管理)知识的必要学习。

3.配合新技术、新材料、新工艺、新理论的推广应用，开办专题班，加速“四新”的开发、推广和转化。

4.经济、商业金融、法律等涉外科技、文化交流所必需的经济、情报、法律知识或出国人员专门外语水平的提高。

培养方式以短期为主、长短结合，有下列形式：

(1)2—3个月为一期的短训班，攻读2—3门课程；半年为一期的培训班，攻读4门课程；一年或一年以上的专业进修班，系统地掌握有关专业知识。

(2)以半脱产或业余学习为主的各种专业进修班。

(3)直接到企业所在地举办各种技术培训、讲座。

(4)其他多种形式继续教育，如单科进修、专项技术培训、助教进修、硕士课程攻读、高职称科技人员专题研讨以及充分利用学校与国外高等院校之间的学术交流，组织国内外学者共同的学术讨论会和合作研究，把继续工程教育的水平推向更高的层次和深度。

为继续工程教育开设的课程，在学校现有学科种类、师资特长的基础上，要不断根据学科发展的动向、国家(地区)经济发展趋势、投资计划的落实和需求，向企事业单位、专业学会进行调查研究，在扩大知识领域和促进学科交叉的方向上设计新的综合性课程和知识模块，以不断提高学员应用和开发能力。

从近几年我校实际开设的课程及其发展趋势看，可以有大学本科教育的重复课程以及少量研究生课程，这对于提高我国现有科技人员知识水平的层次比例是有利的。

继续工程教育在我国还是一个新的事物，在理论和实践上还需要认真研究和探索。既然许多国家的实践已证明了它的作用，相信它作为我国高等教育的重要组成部分，对于我国的四化建设更具特殊的意义。我们将进一步努力，为发展我国的继续工程教育事业做出更大的贡献。

高等工程教育的发展趋势及其对策

一、引　言

自从本世纪二三十年代尤其是第二次世界大战以来，由于科学技术的迅猛发展，政治、经济、社会的深刻变革，高等工程教育发生了一系列相应的改革，逐渐形成了高等工程教育的一系列现代的特点。

诚然，由于各国的政治制度、文化传统、价值观念以及自然和社会情况、经济发展水平的不同，作为培养国家建设人才重要方面的高等工程教育，其教育方针、培养目标和体制各有差异，但也并非没有共同之处。本文将着重探讨现代工程教育发展的共性问题。我们认为，现代高等工程教育发展趋势的显著特点是：工程教育的基础化、综合化，工程教育与科研、生产的一体化，工程教育终身化和工程教育国际化。值得注意的是人们在针对这些特点所采取的相应对策上的差别，远远大于对这些特点本身的认识。甚至可以说，我们现在还缺乏针对这些特点的有效对策，以致工程教育改革还没有取得应有的进展。因此，在工程教育改革的对策研究中强调现代

注：本文原载《浙江大学教育研究》1990 年第 2 期，是路甬祥在 1990 年国际高等工程教育学术讨论会（中国杭州）开幕式上所做的报告。

工程教育的特点或许是有意义的。

二、工程教育的基础化

当今时代，一方面科学技术迅猛发展，科学知识陈旧的周期缩短；另一方面基础科学研究成果转化为新技术、新产品和新产业的周期也日趋缩短。现代技术是科技密集的技术，任何一项新技术（包括高科技）无不来源于基础科学和技术科学的新发现和发明。因此，加强基础教学，课程内容基础化势在必行。工程教育界和工业界几乎一致地赞同这个基础化运动，认为它是应付科技快速变化和工程技术人才专业需求变化的唯一有效的途径。而且，随着工科学生毕业后的时间推移，包括基础教学在内的普通教育将愈发显得重要。许多国家的大学和组织纷纷预言，这个基础化运动将持续到 21 世纪。

西欧、北美等国的工科院校有着按学科设置专业的传统。注重专业教育的中国、苏联等国近年来正努力调整专业设置，加强基础教学，拓宽专业面，其基础化的倾向更为突出（见表 1）。可以相信，今后一段时间，大学本科教育或工程教育的头几年将强调包括基础教学在内的普通教育，工程第一级学位教学计划的毕业生还不是真正的工程师，真正的专业工程教育将出现在本科毕业以后的见习期或初级学位以后的研究生教育计划。

表 1　中国、苏联专业设置的演变

中国	年　份	1958	1978	1982	1984	1989
	工科专业数	194	396	740	255	125*
苏联	年　份	1956	1975	1982	1987	
	工科专业数	144	223	233	171	

* 新专业设置方案预定数。

近二三十年来，虽然各国由于教育传统各异、工科基础教学占课程总量的比例有增有减，但总的来看，现今其所占的比例居高不下(见表2)。而且，当前加强基础教学主要不在于量的增加，而在于质的更新和提高，也就是说加强基础教学不是靠增加学时，加重师生负担，增加其他人力物力的消耗，而是通过调整课程结构，精简教学内容，提高课时效率，改进教学方法，运用现代教育手段，培养学生独立学习的能力等措施来提高基础教学的质量。

表2 六国基础教学占课程总量的比例

国　别	美国	联邦德国	苏联	澳大利亚	英国	中国
基础教学占课程总量的百分比(%)	≥50	≥50	≥65	50	45	58

尽管人们普遍赞同工程教育的基础化，但对所谓基础的看法还存在很多分歧。有的把“基础”等同于普通的“基础课”，有的则把“基础”理解为目前大学生欠缺的基本技能，等等。我们所指的“基础”是指对于工程师有普遍的实际应用价值的基础。工程教育中的这个基础大致有两类：一类是工具性基础，包括作为“推理工具”的数学、“作为从事工程职业(如设计)之工具和作为实施其他许多活动(如交流)之中介”的计算机技术，以及口头和书面交流所必需的语言；另一类是知识性基础，包括为“理解工程原理”和适应知识密集型技术所必需的自然科学，及作为科学原理转化为生产应用之桥梁、处理由技术本身提出的科学问题的工程科学。当然，所谓掌握这两类基础，即意指将它们转化为相关的知识、技能和能力。

基础科学与工程科学的更新和增长虽然没有专业知识那么快，但的确也有很大的发展，尤其是近几十年来微电子学、计算机科学、材料科学等一大批新的科学和技术的崛起，在很大程度上改造了工程教育的“基础”。这些科学和技术逐步进入工科课题，业已引起并且继续促成工科课程结构的深刻变革，工程科学已是今天高等工科课程的核心部分，有的则成为新的工程学科教学计划设置的基础。当今计算机技术的革新、计算机技术适用性的迅速提高，也影响了基础科学的教学。有人预言，今后工科的数学课程将不再是目前这套在半个多世纪前开始的、在没有电子计算机时所制定的数学课程，工科数学教育将把重点放到学会利用计算机求解和理解计算机给出的答案上等等。如何在有限的时间内将越来越多的基础知识、理论和基础技能纳入工科课程？面对新的科学技术结构，我们又如何重新有计划、有组织、有系统地提供现代工程师所必需的基础，而不仅仅是简单堆积各门学科的概念、事实、原理和理论？毋庸置疑，这些都是给工程教育的基础化运动提出的新的难题。我们以极大的兴趣注意到美国 NSF 资助的工科课程开发计划。其首批 10 项研究课题中有许多课题皆涉及课程计划的重新建构，尤其是对基础部分。例如，Drexel 大学的名为“为工科学生提供一种改进了的教育经验”的研究项目就试图把工科课程的前半部分改造为交叉的、互补的三个组成部分：①工程原理，将用一种统一的方法提供现有分散在若干系的课程中的材料；②工程的数学和科学基础，将用不同的方法提供现有分散在数学、化学、物理和生物各课程内的材料；③工程实验，将提供实验理论和实践方面新的重要经验。教学内容的展示将充分利用交互式计算机电子媒介，这无疑是有益的尝试。

三、工程教育的综合化

工程综合是工程师的工作之最显著的特征。工程师的工作对象主要是技术系统本身和该系统与其环境的接口，包括二者的构造、组织、过程和控制。现代工程问题，小到家用电器大到空间探索，往往极其复杂。它不仅与一门学科有关，而且往往要涉及多门学科的综合知识，还要涉及政治的、经济的、社会的、法律的、地域的、资源的、水文和气象的、心理和生理的因素。毫无疑问，工程综合的范围较之以往有了更大的拓展。今天工程问题的技术内容和要求非但没有减少，非技术方面的则反而显著增加。这要求工程教育加强交叉学科或多学科的教学，扩大管理科学和人文、社会科学的课程设置。

人文、社会学科的修养，其实不但为一名工程师所必需，而且也是一个现代人所必备的素养。现在的问题似乎不在于要不要理工科与文科的结合，而是在于怎么结合？今天，人文、社会学家需要学习技术，工程师需要学习人文、社会学科，但工程师学习人文、社会学科和人文、社会学家学习人文、社会学科，不仅在深度和广度上相距甚远，而且学习的目的也各不相同。工程师的学习主要是为认识技术和人、社会之间的复杂关系，以便使技术更好地为人和社会服务，而不是像人文、社会学家那样主要是认识人与人之间的关系及社会环境和人类的活动，以便理解人和社会。因此，如果从职业训练的观点来讲，工程师学习的人文、社会学科应当不是“纯”人文、社会学科，而是根据工程和科学的社会责任来选择、组织的。例如，工程师需要的经济学知识，可以由工程经济之类的课程提供，经济学家眼中的经济学理论和原理则显然是不合适的。同样，工程师需要学习的技术美学、技术社会学、人类工程学，并不能由纯粹的美学、社会学、人类学来提供，如此等等。

如果说上述这类综合是发生在工程教育的边界上或与其环境接口上的一种综合，那么在该系统的内部，工程教育的综合化更是在长足发展。现代技术尤其是高技术，例如生物工程、微电子技术，本来就是跨学科的。若要在高技术领域立足，必须首先开展交叉学科或多学科的研究与教学，培养后备力量。当今许多高等工程教育机构兴办交叉学科中心，开展跨学科教学和设置一体化核心课程，建立“双学位制”等等，应当说绝非偶然，而且也有了不少成功的经验。众所周知，中国现行的学位制度是学士、硕士、博士三级学位制度。为了更好地顺应工程教育的发展趋势，我们正在少数交叉学科试行一体化教育计划，例如机电一体化教学计划，该计划的毕业生可以直接获得工程硕士学位。

需要着重指出的是，工程教育的综合化不仅仅反映在学科之间的组合上，而且还表现在探索并确立工程教育自己的核心。近几年来，人们开始关注工程设计的教育和训练，有的还制订出或实践着在本科水平和(或)研究生水平加强设计的教育计划。工程教育界的不少有识之士认为，现代设计正在从经验的传统进化到成熟的工程理论与技术科学，应当确立其学术的地位。此外，由于工程活动中的无论是研究与开发还是生产与营销莫不与设计相关，而设计正是结合的过程，任何专业的工程师首先应是该专业的“设计师”，应当把设计科学教育放到相对重要的位置上。如果这种看法正确，那么进一步强调工程设计的教育和训练无疑是必要的。

工程教育的综合化，说到底是造就现代社会所需的高级专门人才的问题。人们一直在努力探索把伦理和道德教育、思想政治教育和劳动实践教育结合到教学中去，因为未来的工程师首先应是社会中的合格公民。为能自觉担起时代赋予的使命，他应是一个有社会责任感的、遵纪守法的，有爱国主义和国际主义精神、诚实而崇尚科学的，有高尚品格修养、职业道德和较强业务能力的完全的人。用这个观点来考察工程教育，也许有助于把长期争论不休的博雅教育与专门教育在新的基础上统一起来。

四、工程教育与科研、生产的一体化

现代技术的发展，导致一大批科学技术“知识密集型产业”问世。当今知识密集型产业在整个国民经济中日益占有更重要的地位，改变了社会的产业结构。知识密集型产业的特点是：物耗较少、能耗不多、信息量大、产品更新周期短、投资效益高。这就决定了现代生产对科技和教育的依赖。在不少国家和地区，知识密集型产业往往以著名的理工科大学为依傍，以科学园区的形式崛起。另一方面，现代科研规模加大，课题的成效愈益取决于社会的科学能力，尤其少不了产业界在资金、设备上的支持。工程专业教育的目标本来就是为社会培养德才兼备的工程技术人才。现代社会的高等教育不能再像以往那样自我封闭在大学校园之内，单纯以课堂和教学性实验为中心，而是需要接触、了解先进的工业技术，面向工业实际选择毕业设计和学位论文课题，在工程实践中炼就真功夫。这种相互依赖性使各国大学都先后走上了与工业联合之路，从而工程教育与科研、生产出现了“一体化”趋势。

工程教育与科研、生产的一体化，正在引起工科院校的社会职能形式、工程师形成途径，以及教师队伍的素质和构成的相应变革。事实证明亦如此。近年来，许多国家的大学和企业携手建立了教育、科研、生产的多种联合体，譬如美国的“合作研究中心”、“工程研究中心”、“多学科研究中心”、“科学园区”等多种多样的大学——工业联合体，英国的“科学园”、“地区性技术中心”，联邦德国的“工程科学交流中心”，中国近600个“横向联合体”，以及日本的“产、学、官”研究协作体制，苏联的教育、科研、生产一体化改革方针，都已推动了大学和企业在技术、设备、人员、资金、人才培养等方面的广泛交流和合作。特别值得提出的是，今天随着“一体化”而勃兴的各种合作教育形式，如英国的“三明治”教育课程，美国、加拿大的合作教育课程，日本的产学合作课程，中国的厂校联合培养等等，已给学校工程教育带来了新鲜空气，改变了过去重理论轻实践、重研究轻应用的状况，丰富了学生的课堂学习经验，同时学校也从产业界得到有力的支持。

加强基础教学固然是时代的要求，大势所趋，但片面强调理论以致轻视实践和应用，无异于“单条腿走路”。工程理论知识的传授和工程训练好像是现代工程师形成的两条腿，缺一不可。忽略工程应用和训练其结果只能使工科大学毕业生轻视生产实践，不热心也不胜任工业中的岗位。显然，工业界不欢迎这样的毕业生。当然，面对现代科学技术发展的特点，我们不能把“工程训练”搞成工匠、技师式的训练。而要着重训练学生综合、分析和处理工程问题的意识和能力。种种材料表明，今天工业界对工科毕业生的两大渴望：一是扎实广博的知识；二是工程观念，即符合工程实际的价值观。合作教育中的工程应用和训练无疑有助于改善以往工程教育的不良状况，为工科学生的毕业设计和论文与工业实际问题的结合提供了更多的机会。因此，把工程教育与训练结合起来的各种形式的合作教育，得到大学、工业界和学生的欢迎和支持。随着工程教育与科研、生产一体化的发展，三方都将获得更大的利益。

五、工程教育的终身化

近几十年，知识老化的半衰期越来越短。据称，本世纪 30 年代为 8—9 年，80 年代已缩短到 3—5 年。受过高等教育的工程技术人才，参加工作三五年左右，他在大学学到的专业知识将近一半变得陈旧过时。对此，一方面要加强相对稳定的科学基础的教学，不断更新课程内容；另一方面意味着一劳永逸的“一次教育”的概念已经过时，于是“二次教育”又称“回归教育”、“终身教育”应运而生。目前，为了实施终身教育，各国基本上采取三种形式：第一种是进大学学习第二专业；第二种是企业或研究所给予职工培训或进修；第三种是参加社会业余教育。此外还有各种形式和主题的研讨会、假期进修、短期课程，等等。

继续工程教育作为工程教育终身化的一种具体表现形式，自20世纪70年代末开始迅速发展，至今其发展的势头仍然不断高涨。除了科技发展、知识更新的客观要求外，还有两个不断变化的需求。一是企业的需要。企业为了在日趋激烈的市场竞争中取胜，需要新的发明创造和技术，以提供新的产品和服务，开辟新的市场，转而要求工程技术人员接受继续工程教育，不断更新知识，发挥聪明才智。二是工程技术人员自身的需要。为了谋求新的职业，转换岗位或晋升，以及满足个人的兴趣和爱好，他们主动参加继续教育活动。正因如此，许多国家对继续教育极为重视，有的甚至通过国家法令给予保障。自1979年在墨西哥召开“第一次世界继续工程教育大会”以来，80年代在法国巴黎、美国佛罗里达州的奥伦多市和中国北京，相继召开了第二、第三、第四次世界大会。继续工程教育已经成为继工科大学教育后的另一重要的工程教育环节。许多工科大学，已经将本科教育、研究生教育和继续工程教育并重，作为高等工程教育的三大任务。据称，70年代初法国参加继续教育活动的理工学院仅占17%；现在已增至90%以上。美国每年接受继续教育的工程师人数大致为工程师总数的12%—15%，全国有1.2万个单位办继续教育，工科院校半数以上设有继续教育学院或中心。联邦德国25%的大学已设继续工程教育中心，100%的大学都有相当数量的教师参加继续工程教育的教学工作。苏联每年接受继续教育的工程师占其总数的20%以上,在70年代末就有近百个继续工程教育机构。匈牙利有百余所学校开设继续教育课程。巴西10年前的此类课程在短短几年内就增长了3倍。在中国,由国家教委、国家科委等6部委于1987年联合发布了《关于开展大学后继续教育的暂行规定》的通知,极大地推动了我国继续工程教育的发展,本次大会的发起院校几乎都已设立继续教育学院或成人教育学院。

继续工程教育的发展,不仅密切了大学与工业的联系,丰富了大学的社会职能形式,而且对工程教育的结构、教学内容和教学方法产生了巨大的影响。因此,工程教育终身化要求我们对本科教育、研究生教育和继续工程教育作通盘考虑,注意其间的统一性和连贯性;要求我们重新思考普通教育和专业教育的关系,转变普通教育从属于专业教育的传统观念;要求我们检讨过去"一次性"的专业教育计划,同时要使工科学生树立起不断更新专业知识的意识,并为将来在职进修与学习做好准备;最后,要求大学更主动地与工业合作,摒弃"自我中心主义",为工程教育终身化尽到自己的责任。

六、工程教育的国际化

就本质而言,大学具有国际性。大学是整个人类精神文明的结果,是"超越民族、超越地区和超越文化传统的"。当今世界的经济活动和科技、文化活动的国际交流日益增强,对大学教育也提出了国际化的要求。同时,交通工具、通信工具的迅速发展,为大学教育的国际化提供了可能。自20世纪60年代特别是80年代以来,欧美各国、日本、亚太地区和海湾地区的许多国家纷纷制订发展规划,采取措施加快高等教育国际化进程。"大学国际化"既可视为适应国际化社会的需求而做出的努力的全过程，也可当做衡量一个国家大学教育或某所具体的大学的水准以及在当今世界的地位的尺度。

在此背景下的工程教育国际化趋势也许是更直接、更显著的。因为技术是世界经济发展的基础，而工程师则是在世界范围内应用技术并带来相应技术经济利益的主要人物。从经济活动的环境看，市场的范围已不再限于一个国家和一个地区，而是跨越国家和地区发展到全球。这一方面加剧了工程产品和服务的国际竞争；另一方面对新型工程技术人才的培养提出了巨大挑战。这种态势要求工程教育对国际市场的趋向做出反应，要求工科大学开阔视野，从仅仅为了维持和(或)获得自己的学术优势，拓展到积极参加培养 21 世纪工程师的人才竞争。

我们注意到近几年的一些工程教育国际性会议，已列入了工程教育国际化的主题，参加热烈讨论的不仅有工业界的代表，也有工科大学的教授和行政人员。美国 Illinois 大学(Urbara-champain)对工程本科学生实行国际教学计划已有 20 年的经验，目前还在继续发展之中。包括 UIUC、UC-Berkeley 和 Rose-Hulman 等 11 所美国大学在内的一个协作组，也积极参与了推进工程教育国际化的活动。欧洲共同体 12 国意图使欧洲大学一体化，从 1987 年起积极促使大学生获得在共同体内另一所具有同等资格的高校学习一个阶段的机会。苏联也计划建立一所跨越东西方边界的欧洲大学，以把欧洲科学和艺术界最有天才的师生聚集在一起。在中国，在改革开放的 10 年里，国际教育交流和合作同样也有较大的发展。以中国国家教委直属的 36 所院校为例，共聘请了 4600 多名专家、教师长期任教，邀请了近 9000 人次的外国专家、学者短期讲学，还派出 6500 多人次的学者、教师参加在 50 多个国家举办的 3000 多个国际学术会议。同时，国家教委所属的一些高校还牵头在我国主办了

214 个国际学术会议，吸引了世界各国的 4000 多学者与会。我国还派出 1300 多名专家、教师去世界的 30 多个国家任教。我国出国留学人员已达 5 万多人，同时接受了来自 117 个国家和地区的留学人员 9000 余人。一些高校新建了一批涉外专业，一些涉外研究机构也先后建立起来。外国语言、外国文化和历史、对外工业贸易、国际金融等科目已成为工科大学生和研究生的最热门的选课。

尽管目前各国对工程教育国际化的理解还不尽一致，做法也各有侧重，但归纳起来不外乎以下几个方面：①调整和改革课程，以更快地反映世界科学技术的先进成果，增加和扩充反映国际文化和工商背景的课程，加强第二语言教学；②发展多种形式的海外教育，派遣留学生短期进修或攻读学位，学习先进技术和异国文化，培养国际竞争意识和应付国际环境的能力，同时大力发展外国留学生教育；③创办跨国性、国际性的大学或大学教育中心，利用两个或多个国家的资金、师资、实验设备等，联合培养高校专门人才；④加强国际学术交流，开展地区性、全球性的课题协作研究。

七、结　论

综上所述，现代工程教育基础化、综合化、一体化、终身化和国际化的特点是人类科技进步和社会、经济发展在工程教育中的综合反映，也是工程教育适应这种进步和发展的必然结果。从工程教育的本质和根源上说，它们是相互统一的，并非各不相干。总之，认识工程教育的总的发展趋势，不失时机地跟上世界潮流，结合本国的具体特点、发挥自己的优势，我们就一定能够造就出成千上万的合格的未来工程师，应对 21 世纪的挑战。

对我国工程本科学习年限的再思考

一、我国高等工程教育界的学术争鸣

1983年,我国高等工程教育界结合高等工程教育结构改革的研究,曾对工科大学本科的学习年限进行过一场热烈的讨论。讨论意见可表述为三种观点:(1)本科学制应为5年,以保证学生获得比较完整的工程师的基本训练;(2)本科学制应为4年和5年并存,分别培养两种规格的工程师,或者少数办学条件好的重点院校定为5年制、其他院校定为4年制,或重点专业定为5年制、一般专业定为4年制;(3)本科学制应为4年,少数学科专业因其主干学科较多、技术比较复杂而定5年制另当别论。

讨论者从不同角度或方面阐述了自己的观点与建议,争持不下。尽管有过总结性意见,即“为了适应社会主义现代化建设对人才的多种需要,工科本科在学习年限上实行4、5年并存。大多数学校实行4年制,一部分基础好的全国重点高等工业学校的学习年限改为5年”,人们还是困惑不解:“4、5年制两种学制是一种规格的两种要求?还是同一层次的两种规格?这个界限始终未划清楚。5年制和4年制到底差别在哪里?是5年制所有方面普遍比4年制

注:本文发表于《高等工程教育研究》1988年第2期。

高一档呢？还是在某些方面有较高的要求呢？”

收集在《高等工程教育结构改革研究》一书中的若干文献，极有代表性地详细阐明了关于学制的三种观点。为展开本文讨论，我们首先对这些不同的论点加以综合评论。

第一种观点：逐步全面恢复本科5年制。这种意见基于如下论点，即现行4年学制基本不适应工科本科专业的培养目标。4年制的教学计划不仅负担过重，而且难以保证学生获得较完整的工程师基本训练。而且，工业发达国家本科学制的历史、社会、教育及经济背景（实际学习年限、师资水平、仪器设备、用于学习语言的时间、学生生活条件），同我们有很大的差异，简单照搬美、日等国的4年制与国情不相适应。

第二种观点：部分恢复本科5年制。这里的“部分”有两种不同的理解：一种指部分重点院校；另一种指部分重点专业。前者认为，由于重点院校客观上具有一系列优越条件，恢复5年制可以充分发挥优势，培养出较高规格的本科专业人才。后者认为，年制长短不应以重点和非重点的学校划分，而应以专业培养的实际需要确定，仅对那些多学科基础的、知识密集或技术密集的专业实行5年制，以保证人才培养质量。两者都强调了4年本科学制的部分不适应性，前者着眼于不同层次规格或档次的人才由不同办学条件的学校培养的必要性，后者着眼于科学技术的发展对不同学科专业提出不同培养过程要求的必然性。

第三种观点：维持本科4年制。这种意见认为现行4年本科学制基本上适应我国经济建设的需要，教育质量基本上是有保证的。高档专业人才培养是研究生层次的任务，可以通过实行两种硕士生制度，在工学硕士以外发展工程硕士教育来培养工程师类型的人才。现行4年制教育计划中的一些矛盾，可以通过教学内容、教学方法、教学手段、教学制度等等的改革来解决，不必采取增加一年学制的不经济的做法。

上述三种不同观点，都是以一定的事实和理论为依据，在需要和可能相统一的前提下得到的一种可选择的方案。在复杂问题的多因素、多目标决策空间，众多备选方案的出现并不奇怪。本文不打算对这些方案简单地表示赞成或否定。我们认为，1983 年的学制讨论已经提出了问题的各个方面，形成了学制问题的完整的"因素场"。本文任务在于从这个纷繁复杂的"问题情境"中，首先辨明实际需要解决的"问题"，以此作为起点，然后再探讨"问题"的解决方案。

有人会问：是否多此一举呢？问题不是已经清楚了吗？仔细研究以上种种观点和意见，我们认为要解决的问题并不清楚，或者说问题虽然清楚但却不是同一个问题。例如，前两种意见皆涉及 5 年制，第一种意见的 5 年制主要是为加强工程实践，而第二种意见的兴趣则主要是在科学和文化教育方面。这两种意见大体上都把本科教育给予的"工程师的基本训练"理解为一种完整的成材教育，而第三种意见多少认为本科教育只是阶段性的非完整的成材教育。在这种情况下，试问：本科学制的讨论究竟是要解决哪个问题呢？如果什么问题都要求解决，实际上等于什么问题都不得解决。

高等工程教育当然不会因为学术上的讨论未有终局而停止自己的发展。近几年的我国高等工程教育还是发生了值得重视的变化：(1)相对于工程本科教育，专科和研究生教育的数量与规模得到迅速的发展；(2)社会和工业界对本科生的培养质量，无论在业务能力上还是在基本文化素质和思想政治方面，都提出了强烈的批评意见或者新的更高要求；(3)工科院校在本科 4 年教育计划内苦心经营，学分制、选课制、双学位、第三学期、第二课堂、工程实践、社会实践、军事训练、法制教育、学风建设、优生培养、课程改革等措施正在抓紧试点或全面施行，希望以此顺应社会需要，完成中共中央在教育体制改革决定中对高等教育提出的任务；(4)重点院校纷纷把自己的注意力转移到研究生培养和科学研究方面，在加强学科建设的同时，学校水平和实力进一步提高和增强，拉大了与一般院校早就存在的差距。总之，原先企图通过学制改变加以解决的矛盾，有的是以昂贵的代价寻求解决，同时带来一系列新的矛盾，多数则非但没有解决，反而加深或扩大了。这些情况表明，我们有必要在今天新的形势下重新研究本科学制及其培养目标这个老问题。

我们认为，学习年限取决于培养目标的规定，培养目标因工程职业和学科专业的不同要求，随着涉及人力、财力、物力的不同培养条件，有着不同的类型；由此而确定的学制本不应该各校一律。

二、承认多样性和坚持多样化

客观事物矛盾运动的复杂性决定了客观事物的多样性。现在重提这个辩证唯物主义的命题，是因为在我们的管理体制中常常忽视了它，不能自觉地承认并且坚持它。以实施高等教育为主要任务的高等院校，其功能在不断扩大，专科、本科、研究生教育的任务分工和层次划分也日趋明确。进而言之，本科教育也同样开始面对着不同类型和层次的需要，承担着培养多种高级专业人才的任务。例如就工程本科教育来说，社会和工业界既要求培养出具备较完整的专业知识、掌握一定职业技能、能在较复杂的技术岗位上得心应手工作的一类人才，也要求培养出具有现代科学技术的深厚基础、能从事研究、开发、创新、组织和管理的一类人才。

欧洲经济共同体曾把工程师分为“C、L、E”三类，即理论工程师

(C类),指那些习惯于抽象思维,对于表面看来无联系的事情有综合的认识,并且表现出充分创造性的、能提出技术理论的技术人员;联络工程师(L类),是介于C类和E类之间的技术人员,他们能理解抽象事物,能把技术理论转化成实际的设计以便实施;实施工程师(E类),是指那些负责执行由理论工程师最初构思理论,再由联络工程师应用于工厂现实的工程实际的技术人员。在苏联论述发达资本主义国家工程教育的一篇文献中,也把工程师分为三种:一种是理论工程师(设计技术科学、新的工艺、材料),他们在基础科学方面应有高深的知识和更高的学位(硕士、博士);另一种是工艺工程师,他们有着很高的数学修养,经常同工程设计活动问题打交道;最后一种是工业工程师,他们直接面向工程生产实际。简单地说,也就是分别侧重于研究、开发、制造(或施工、运行)的几类不同的高级工程技术人才。在这种情况下,企图以简单的培养模式和整齐划一的学制,同时去满足不同层次、不同规格、不同类型的需要,这是不科学的、不经济的。当然,在这种情况下要求工科院校保证它的"产品"质量,也是困难的,甚至是不现实的。

美国高等教育鉴定协会(COPA)新出一份研讨高等教育质量的正式报告,明确提出了"多样性"(diversity)问题,并且把它列为改善和提高美国高等教育质量的重要原则之一。报告强调指出:"为多种不同需要服务的高等教育必须采取多种不同的形式。"这份题为《教育质量与鉴定:对多样性、连贯性和创造性的呼吁》的报告说:"(美国)社区学院提供普通教育和职业性的课程。四年制学院的目标是普通的和技术的教育。大学综合了本科的文理科目和专业课程,以及研究生的学习和研究。职业技术学院为打算尽快谋得生产性的和有报酬的工作的个人做准备。私立职业学校培养多种行业的专业人员。这些学校的任务不同,通过分工,服务于多样化的社会。若以同样的方式要求它们，就可能削弱其满足不同需要的能力。”我们应当看到，美国以及其他工业发达国家的高等教育取得今天的成就，这种或类似这种的多样化不能不认为是一个重要因素。

(一)纵向比较：我国工科学制和培养目标的沿革

从我国高等教育发展历史看，我们对高等学校办学层次和规格的多样化问题，虽也曾经或多或少地给以注意，但始终未能在实践上得到总体的合理的均衡发展，高等教育模式基本上是单一的。

1951 年政务院规定：高等学校，即大学、专门学院和专门学校，修业年限以 3—5 年为原则。1954 年初，高教部提出 4 年制本科以“工程师”为培养目标，2 年制专修科的培养目标为“高级技术员”。1955 年全国文教工作会议确定：“高等工业学校的学制由 4 年改为 5 年，专修科除必要者外，早日停办。”这一时期，我国招收研究生的目标明确规定为“培养高等学校师资和科学研究人才”。从院系调整后的 1953 年到 1957 年，工科累计招生人数为：研究生 1815 人，本科生 178697 人，专科生 24544 人。这三种层次的大致比例为 0.9∶87.1∶12.0。

1958 年开始的“大跃进”，使得高等工业学校的数量成 10 倍地增长；1961 年以后，仍比“大跃进”前净增 2 倍。1962 年教育部把工科本科生的培养目标改提为“社会主义建设所需要的各种专门人才”，“在学业上必须完成工程师的基本训练”。这一时期，研究生的培养目标则表述为“攀登科学高峰的优秀后备军”，“在学术上应大致相当于苏联副博士或美国博士的水平”。从 1958 年到 1965 年，我国工科累计招生数为：研究生 4014 人，本科生 545102 人，专科生 67986 人，三个层次的大致比例为 0.7∶88.3∶11.0；若按 1962 年到 1965 的数据统计，该比例则为 0.8∶97.8∶1.4。

1978年,教育部确定理工科类本科学制一般为4年;1980年初规定培养目标为“德、智、体全面发展的高级工程技术人才”,在业务上“必须获得工程师的基本训练”。这个学制和培养目标的规定基本上延续至今。1980年,人大常委会通过《中华人民共和国学位条例》。该条例为学士、硕士、博士三级学位分别规定了不同的学术水平。从恢复全国高校统一招生考试制度和培养研究生制度起至1983年,工科累计招生人数为:研究生22770人,本科生561417人,专科生80336人;三个层次的比例为3.4∶84.5∶12.1。

回顾这段历史,显然有以下几个问题需要提及:

1. 我国高等工程教育层次结构的变化,主要表现在研究生教育的发展,而本、专科人才的比例则是大起大落。尽管后者的比例目前倾向趋于合理,但是无可否认,由于我国国民经济对于人才的实际需要,目前以较高层次的本科人才用作较低层次的专科人才之浪费是严重存在的。在本、专科结构未作大幅度调整前而全面恢复本科5年制,则是加重这一浪费。

2. 工业界需要的高级人才的成材教育周期加长了。“文化大革命”前是本科5年,“文化大革命”后是本科4年加硕士阶段的2—3年,而且由于种种原因,工学硕士毕业生乃至工学博士生的绝大多数,实际上并不具备独立担负专门工程技术工作的能力。

3. 工业界能从高等院校直接得到的这种相当于工程师资格的人才之数量近百倍地减少,要在短时期内用加速发展研究生教育的办法去解决这一严重矛盾是不可能的。

4. 应区分两个不同的概念。“文化大革命”前5年制的“工程师的基本训练”是一种成材教育的要求,而现在4年制的“工程师基本训练”是一种非完整的成材教育要求。在这种情况下,维持本科4年学制,则将始终保留两种不同要求之间的种种尖锐矛盾。总而言之,由本科层次向社会输送高级人才,过去是而且今后若干年内恐怕仍然是占有绝对的比重。改变简单模式的工科本科教育,实现其多样化是势在必然的。

(二)横向比较:完整和非完整成材教育的两类模式

工业生产需要能够独立从事设计、制造、运行、管理、研究和开发不同类型的高级技术人才。对这些人才的培养,世界各国采取了适合自己国情的不同途径。综观各国高等工程教育,大体可以分成两类模式:一类如美国、英国和日本等;另一类如苏联、联邦德国和法国等。撇开修业年限的长短不谈,前一类模式的本科目标大致有两个。一是培养进入一般职业的专业技术人员,一是为获取更高级学位作准备。无论哪种目标,对于培养工程师层次的人才而言,其本科教育都是一种非完整的成材教育。而后一类模式的本科教育则是一种完整的成材教育,其工程本科目标主要是培养能直接从事相应专业的高级工程技术人员。

为方便讨论,我们依据近期的资料,对这些国家的工程本科教育作一扼要叙述。

1. 美国:美国可攻读学位的高等学校分三类:2 年制的社区学院(Community College)或初级学院(Junior College),4 年制的学院(College or Institute)和大学(University),学制 4 年或 4 年以上的专业学校(Professional Schools)。它们分别可授予协士、学士、硕士、博士等学位。此外,美国还有大批专科性的中学后职业性学校(Technical School),提供多种职业训练,颁发证书或文凭,但不授予学位。

4 年制本科是美国高等工程教育的主要部分。其工程本科的目的为:(1)通过学习专业性的工程学课题,培养能为工程实践作出贡献的毕业生;(2)培养在工程方面攻读硕士研究生的毕业生;(3)为终身学习和职业发展打下基础,以支持进化着的职业目标。因此,美国的工程本科教育具有通才教育的特征。本科培养目标没有具体的专业要求,只有大致划定的“主修领域”或“学科范围”。本科毕业生要能适应工程师职务的需要(包括设计能力和工艺水平),仍要由企业雇主给以 6 个月到 1 年或更长一些时间的在职训练。工科学生传统上通过“企业—学校”的合作教育和暑期勤工俭学而得到的若干工程经验和实际技能,自 60 年代以来大为削弱,而科学技术进步和社会发展要求现代工程师的基础理论教育和非技术性的基本文化教养的内容,越来越多地加入到教育和教学计划。这使得各种层次、各种类型学校的分工愈益明确,加速了高等工程教育的多样化的发展。我们注意到,为使国家的工程教育具有迎接未来挑战和竞争之能力,美国工程界和工程教育界不断提出诸如重建 4 年制课程标准、实施 5 年制和双学位制、加强合作教育,以及将那些增加的专门学科训练放到研究生阶段解决等多种建议。

2. 英国:英国现行的高等教育体系比较复杂,学校类型很多。一般可粗略地分为三大类:第一类是可自行授予学士学位和(或)高级学位的大学(Universities and University Colleges),包括 17 世纪前建立的老大学、17 世纪至 20 世纪初建立的红砖大学和第二次世界大战以后建立的新大学;第二类是属于高等专科性质的理工学院(Polytechnics,又译作多科技术学院或高等专科学校)和技术学院(Technical College)等其他学院,它们也设有学位课程,通过 CNAA(全英学术资格评审委员会)或附属于大学亦可授予学位;第三类则是各种中学后继续教育机构。

英国高等学校没有统一的学制。例如,英格兰和威尔士的一般大学本科课程的修业期(全日制)为 3 年,苏格兰为 4 年,而工程、建筑、医科、牙医等则需3—6年。理工学院依据入学资格和修读的课程,有2年制、3年制的,也有4年制的。由于英国高等教育有全日制、部分时间制和工读交替制等多种办学形式,取得本科学士学位或文凭的实际学习年限因人而异。

英国的工程和教育界普遍认为,培养一个完全的工程师包括工程的教育和训练两个方面。英国的工程本科教育执行着两类不同的教学计划。一是传统的3年制。工科学生主要是在校学习基础面和专业面比较宽的课程,就业后再由所在企业给予2年左右的工业训练,而后担负工程师的职责。另一类是学习年限在4年或4年以上的"三明治"式教学计划,即学校的课程教学和企业的工业训练轮番进行,其中因安排方式不同又有所谓"厚三明治"(如1+3+1年制或1+4年制)和"薄三明治"之分,后者在修业期频繁交替关于工程的教育和训练。著名的费尼斯顿报告曾经建议,这种三明治式教学计划应当部分地应用到工科研究生的培养过程中去。该文献还提出一种根据不同入学资格培养工程师的三渠道新模式:①1年诊断性的公共课程+2.5年全日制课程(或3年"三明治"课程)授工程学士+2年(或1.5年)研究生训练和实习,获得"注册工程师"资格;②1年诊断性的公共课程+3年全日制课程获工程硕士称号+2年研究生训练和实习,获得"注册工程师文凭"资格;③3年"三明治"课程得高等教育文凭(或2年部分时间制课程得技术员教育证书)+2年(或3年)相应的实习和实践训练,获得"注册助理工程师"资格。

3. 日本:第二次世界大战以后,日本的高等教育以美国学制为蓝本进行了全面改革,新制大学的实施就是在美国教育使节团报告书的建议下进行的。现今的日本高等学校,有学制为4年的大学(医学、牙医、兽医等专业为6年),一些大学设大学院(即研究生院,其硕士课程一般2年、博士课程一般3年);学制2—3年的短期大学;以及5年一贯制的高等专门学校(有人比之为"高中加短期大学")。1984年,日本文部省认为,招收高中毕业生、讲授高等课程的专修学校和各种学校也可列为高等学校。

日本的学位只规定有"博士和硕士、其他学位",4年制大学毕业授予的学士(Gakushi)只是一种表示学历资格的称号。4年制大学是典型的通才教育,其工科教育计划虽有现场实习和毕业研究等环节,以及占相当比重的专门教育,但其指导思想仍以文科和综合技术为目标,培养"世界通用的日本人"。即使"专为承担改造日本全国现行大学体制的使命"而建立的筑波大学,其指导方针也是"以培养具有创造性能力和优秀素质的人才,促进学术文化的发展为目的"。至于大学院的目标。根据《学校教育法》规定,则是:"传授与研究学术上的理论和应用,并且进一步探讨其奥秘,为促进文化的发展做出贡献"。但是日本大学强烈的学术和研究倾向,并未使自己在工业和社会对人才的大力需求中处于被批评的地位,这是因为日本工科学生入学前的高质量先修教育和就业后的教育与培训由工业和政府负责实施。如日本企业内部的教育,就是在终身雇用形态下作为提高企业活力而建立的一种独特的工程教育体系。若干尖端技术的教育并不期望大学,而是企业内部有组织地独立进行。据报道,许多日本公司为新毕业的雇员提供的教育计划是老雇员的两倍;而在美国500人以上的公司,其教育费的90%用于在职雇员,只有10%用来培训新手。由上可见,美、英、日三国的高等工程教育在本科学习年限和学位方面是相同或类似的。但由于国情不一,在实施非完整成材教育的实际过程和具体做法上,仍然表现出很大的差异。在借鉴这类模式的经验时,应注意辨识这些差别。同时尤应注意,三国的工程训练全部或大部分借助于工业企业,这一点与我们的现状有着很大的不同。

4. 苏联、联邦德国和法国：与美、英、日三国的非完整成材教育模式不同，苏联、联邦德国和法国三个国家，在其高等教育体制中没有清楚划分的学士、硕士、博士三级学位制度，甚至没有固定的研究生教育形式（如联邦德国）。

苏联的第一级学位是授予研究生的科学副博士学位，这个学位相当于美国的博士学位，至少在自然科学和工程科学方面是如此。苏联的本科工程教育中的专业教育，包含了美国硕士学位和工程师学位的培训内容。普遍认为，苏联5—5.5年制的工科院校毕业生的工程师文凭，相当于美国研究生的硕士学位。苏联的第二级学位即科学博士学位，其水平相当于美、英、日等国的教授。苏联高教系统大致由大学（即综合大学）、综合技术学院和专业学院组成，学制4—6年，其中大部分专业修业5年至5.5年。

联邦德国的学位也只有二级，即硕士学位和博士学位。教育学、社会学、心理学等文科专业通过硕士考试（Magisterprufung）的大学毕业生可获文科硕士学位；自然科学和工程科学专业的则经学位论文考试（Diplomprufung）授予相当于欧美硕士学位的文凭。而博士学位授予大学后继续学习3至5年、提出博士论文且博士考试（Promotion）合格者。联邦德国的学术性高等学校（学制4至5年）由综合大学、工科大学及其他专业学院构成，非学术性高等学校主要包括3年制的高等专科学校。

法国的高等学校主要有综合性大学（Universite，学制4年）、高等专业学院（又称大学校 Grande Ecole，学制多为3年，但其预科学制2年，总计5年）和学制2年的短期技术学院（IUT，又称技术大专）。法国的高等教育体制是公认的最复杂的一种：从结束中等教育的业士文凭、技术业士文凭和技术员文凭以后，相继有第一阶段

(2 年)的大学普通教育文凭(DEUG)和大学科技文凭(DEUST);第二阶段的学士文凭(Licence,大学三年级结业)、硕士学位(Maitrise,四年级大学本科毕业)以及工程师文凭(Diplome d'ingenieur,5 年制的大学校毕业)等;第三阶段的深入学习文凭(DEA)或专业深造文凭(DESS,此阶段的第一年结业),以及大学博士学位(再作 2—4 年研究工作且通过博士论文答辩),包括第三阶段博士(Doctorat de Troisieme Cycle)、工程师博士学位(Doctorat d'ingenieur)和国家博士学位(Doctorat d'Etat)等。

苏、德、法三国的工程教育有着严格而多层次的阶段划分,高等专科学校和短期技术大学(在苏联是工科类的中等专业学校)培养高级技术员,工程本科教育以培养工程师为目标,而研究生教育以学术和技术科学研究为主。在三国的工程本科教育中,都包含严格的基础理论教育和工程科学教育,以及大量而周密安排的实习和实验教学内容。例如在苏联的工科教学计划中,实践性的环节和课时接近或超过理论教学总学时。联邦德国的工科大学,多数要求实足半年以上的生产实习,并要求在大学入学前和假期内分段完成。在世界教育史上首开工程教育先河的法国,尽管有着注重数学基础和实践训练的传统,但在其新的《高等教育指导法案》中,仍然进一步强调大学教育目标的"职业化"。

综观六国概况,我们可以清楚地看到两点:一是工程教育存在多样化的途径或模式;二是这些途径或模式无一不联系着具体的确定的目标。因此,要对学制问题进行成功的讨论,必定不能就不明确或不确定的目标而言,也不宜仅简单地针对一个目标,工科的学制问题至少应放在高等教育这个大系统中考察。

三、设想与建议

我国近年来的教育研究和改革实践，已经提供了若干宝贵的成果和经验。从体制上说，职业技术高中的开办促进了中等教育在高中阶段的分流；多渠道、多形式的专科教育补充了正规专科学校数量的不足；研究生院在部分重点学校的设立加快了研究生教育的发展；居于专科和研究生层次之间的本科教育，绝大多数学校在维持4年学制情况下，进行了若干有成效的创造性的改革。从浙江大学的情况看，涉及学习年限和培养目标的主要做法就有：(1)修订和完善学分制教学计划，使学生有可能加深加宽基础、增加选修课程、攻读理工或工管双学位；(2)利用学校理工结合的优势，试办“混合班”、“提高班”，以取得可在更大范围推广的工科人才的理科和技术科学教育的经验；(3)改革实验完全依附课程的传统做法，单独设置实验课，并将实验作系列化的统筹安排；(4)采用三学期制，利用第三学期增加或集中进行生产实践、社会实践；(5)建设稳定的校外实践基地，试行厂校联合培养的预分配办法(即在校学习3年后到某厂培训1年，第五年返校做毕业设计，正式分配该厂后取消见习期)；(6)建立毕业设计(论文)的资格审查制度，督促学生很好完成前期各种教学环节的学习任务，同时实行严格的毕业设计(论文)评分办法；(7)在工程实践性较强的专业招收专科生，充分利用教学资源解决中小企业之急需；(8)试行本科生直接攻硕、硕士生直接攻博的办法，加快优秀人才的培养。

结合国内外的成功经验和我国国情，我们提出如下设想与建议(参见下图)。

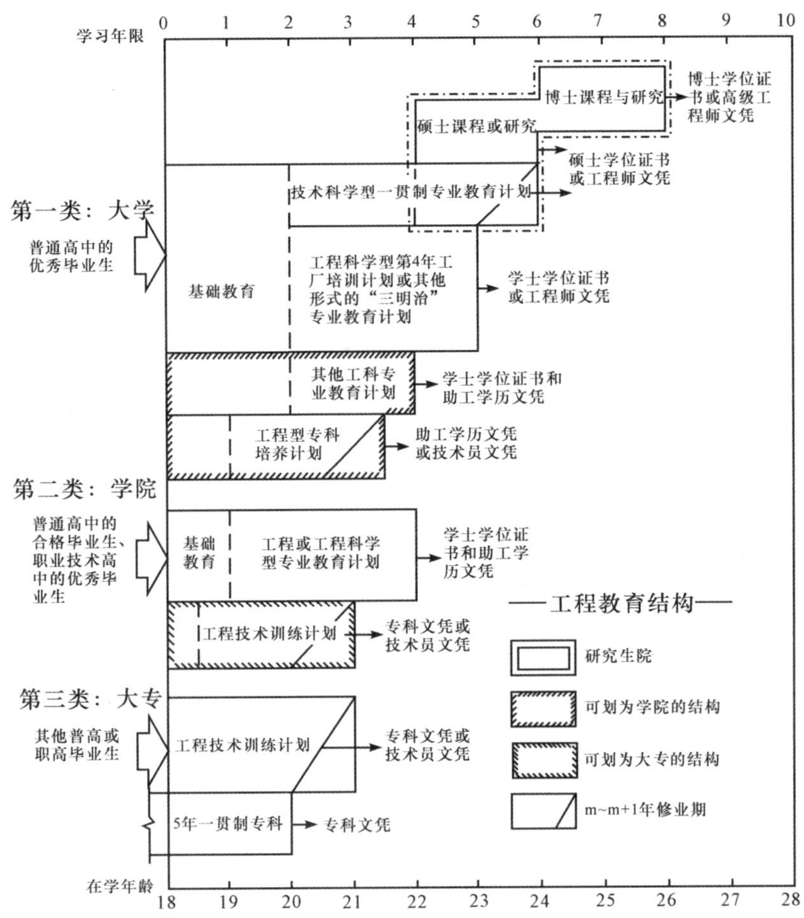

建议一：对现有的工科大专院校及其专业，根据生源质量、师资素质、学科（或专业）水平或类型、经费和物质条件、管理水平等，分别明确规定其完整成才教育的不同培养目标，即工程师、助理工程师和技术员。从我国国民经济建设的需要和发展看，把多层次的工程教育作为完整的成才教育较为有利。工科大学研究生院的现时任务仍以研究和学术为主，不作为以培养工程师（尤其是现场工程师）或助理工程师为主旨的工程本科的后续阶段。

建议二：相应于三种目标，把现有的工科大专院校分为三类。第一类为理工大学（设研究生院），主要招收普通高中的优秀毕业生。这类学校有硕士授予权的多数学科专业，可以打通本科和硕士研究生两个层次。其技术科学型专业的学制为5—6年，其工程科学型专业学制为5年，以培养理论工程师或研究与开发工程师为目标，培养的人才以研究开发前沿技术为主要任务。其他工程类专业的学制仍为4年，以培养现场工程师为目标，培养的人才以现有技术的应用为其主要任务。第二类为工业学院，第三类为专科学校，学制分别为4年和2—3年；其培养目标前者以助理工程师为主，后者为技术员，以现有技术的应用或现有技术装备的操作为主要任务。

建议三：依据科学或工程的教育训练的不同比重，分别制订三类学校的不同教学计划的基本要求，提供相应的教学计划范例。教学计划中的教育与训练的安排，均应有明确的阶段划分，给予相应的证书、文凭或其他的学历证明或资格证明，以便于校与校之间或学校内部不同阶段的衔接，同时便于安排就业。

建议四：第一类学校的少数专业和第二类学校的多数专业，可以制订相应的专科培养计划，招收适量的新生并接受由本校本科层次淘汰的学生。

建议五：理工大学的研究生院，一般学制2—4年。其中硕士层次可分别情况制订三种不同的培养计划，第一种是与本科联合培养计划，第二种是独立培养计划，第三种是与博士阶段联合培养计划。这三种计划均可进一步区分课程硕士和论文硕士两种类型。博士的培养不作如此细分，可以仅区分课程和论文两个阶段，而以论文为主。

建议六：无论哪类学校，都有面向工程实际、改革课程结构、加强工程训练的必要。为此，首先要提倡与鼓励广大教师开展科学研究和技术开发实践，接触工程实际，了解情况，研究问题，应规定中青年教师在工业界任职年限；同时也要提倡与鼓励广大教师开展教育研究，参加教学改革的实践，包括教育内容和教学方法的改革。努力提高工科院校师资队伍的学术、教学水平和工程素养，是工程本科学制改革顺利成功的关键。

现代工程教育探索

一、一种新的工程教育观

造就现代工程师，离不开现代工程教育。在国外的一些当代教育文献中，凡是用到工程教育(Engineering Education)的地方，往往用“工程教育与训练”(Engineering Education and Training)来替换，还有的人干脆将工程教育改换成“工程形成”(Engineering Formation)。如果不留意，还以为是作者的遣词用字技巧。但细细地品味起来，这倒并不是一种无关宏旨的同义词转换，其中蕴含了工程教育观念的变化。在一定程度上可以说，改革就是要用新概念来替换旧概念，概念乃是思想的结晶。正如美国比较教育学家诺亚(H. Jonah)所说的那样，“科学研究一种现象的最深远的结果似乎是，识别一种新的较有力的术语定义，尽管其有较多的局限”。

一般而言，以往的工程教育不是工程教育有余、工程训练不足，就是工程训练有余、工程教育不足。但事实表明，这些工程教育模式培养出来的工程师不是难以较快地适应工作，就是缺乏职业转换能力和解决工程问题的背景知识。一言以蔽之，他们都不太符合现代社会对工程师素质的全面要求。也许，正是基于这种原因，现代

注：本文原载《高等工程教育研究》1988 年第 4 期，作者：路甬祥、薛继良。

工程教育愈益强调教育和训练对工程师培养同样都是不可或缺的，不应厚此薄彼。在“工程教育与训练”这个短语中，“教育”主要指传授科学文化知识、培养一般能力和发展为工程实践所必需的个人品质；“训练”主要指工程实践，包括实验、实习、设计和科研，从中训练学生的工程意识，培养学生综合多方面的限制因素来研究、设计和制造的技能和能力。如果将“工程教育”与“工程训练”割裂开来，理解为前后有别的两个阶段或过程，那就不正确了。为了避免误解，英国工程学家卡特(R. G. Carter)采用“工程形成”这个概念，将工程教育与工程实践训练统一起来，并且指出工程形成是“学生既在大学又在工业中学习的同一过程”。即是说，将书本学习和实践学习结合起来，使得周密安排的工程实践训练成为教学计划的有机组成部分。同时依据什么样的环境最适于特定学习的原则，来决定用于大学和工业的相对时间比例。因为，撇开其他不言，在工业环境中能够很好地完成一部分教育功能，例如由企业指派富有实际经验的工程师可以讲授经济学、行政管理与企业计划；同样，在大学里也能够完成一部分训练功能，例如通过校办工厂或实验室。但在目前阶段，不论哪一个国家，要将这种理想的教学计划付诸实施，还有重重困难，特别是安排学生到工厂实习和工作还有许多问题有待解决。不管怎样，教育与训练已经紧密地连接在一起，至少在观念上已构成了一个整体。

“工程教育”经由“工程教育与训练”到“工程形成”，我们认为上述的观念变化似尚未穷尽 Formation 的含义。Education 源自拉丁文 Educare 和 Educere。Educare 意为“培养”；Educere 系指“引发”。从 Education 构成看，兼有培养和引发的意思，即是说教育要因势利导，使学生的禀赋充分发展。Training，其意是“训练、教练、培养”。在古汉语中，“教，上所施，下所效也”；“育，养子使作善也”；

“训，说教也”。“教育”和“训练”的本义保留至今，并与 Education 和 Training 含义吻合。而 Formation 的含义是形成、组成、成长、发展。可见，这三者既有联系又有区别。它们的目标都是“发展”或“形成”，或者说使学生成才。不过，前二者的主导者是教师，后者因无“引发”之意，其主导者可以说是形成者本人，但并不排斥教师的参与。

通过词义的比较，我们认为，Formation 一词除了上述的将教育和训练统一起来之外，还有两方面的含义：其一，“以教师为中心”的转变，具体地说即由统一的集体教学转向多样化的因材施教；由以教师灌输为主的教学转向教师启发式地教和学生独立自主地学；由教师示范证明、操作转向学生创造性地探索和实验。其二，是全面培养工程师的素质。我们过去的工程教育对工程师的个人品质的发展重视不够，正如博尔顿（B. Bolton）等人所指出的那样，“忽视态度和价值观的发展是工程教育的致命弱点”。我们认为，工程教育不仅要培养专家，而且还要培养人。但一个人的个人品质光靠几门公共课是解决不了问题的，还需要执教者的为人师表和潜移默化作用的发挥，更需要学生自己在学习和社会实践中磨砺意志品格，不断开拓创造，主动承担起社会的责任。Formation 的用意或精髓也许正在于此。

总之，工程教育与工程实践训练并重，视学生为要“形成”的人，已成为现代工程教育的一种崭新的教育观。实践教育观念的转变是一个带有根本性的问题。但是，观念的转变应该不仅仅停留在思想上，还需转化为实际行动。后者做起来相对困难得多。将新观念付诸行动，也是深化教育改革的一个方面。

二、普通教育还是专业教育

我国理工科大学的本科教育是普通教育还是专业教育？这是一个没有解决的问题。前些年关于工科教育的层次、规格和学制的论争，便是例证。我们认为，本科教育的性质和学制问题归根结底是要解决有限的资源（人力、物力、财力、时间）与对工程师素质的大量要求之间的矛盾。针对这个问题，简单的做法是增加投资或降低人才培养规格。显然，前者不可能，后者不可取。从我国国情出发，努力求得二者之间的平衡，最经济、最有效地培养出合格人才，才是上策。

以几个发达国家为例，美国的本科教育有通才教育的传统。苏联则素以专才教育闻名。若以美国和苏联为两极，那么，日本、英国侧重通才教育，联邦德国、法国则偏重专才教育。美国绝大多数本科毕业生是在某一领域略有所长的通才。他们就业后，还需经过数月至 2 年不等的工业培训，方能成为独当一面的工程师。苏联的本科毕业生都是名副其实的专家，在大学本科阶段接受完整的成才教育。这种差别除了源自各国教育传统、经济实力不同外，还与它们各自的中等教育质量有关。美国普通高中生的数、理、化等基础知识“先天不足”，因而在大学的第一阶段还要补习基础知识，苏联高中生的基础知识则相当扎实，进入大学后很快就能学习专业知识。

我们的本科教育应是什么样的教育？我们认为目前仍应是专业教育。理由甚多，就主要的而言，若将专业教育推迟到研究生阶段，一方面教育资源有限，近期内研究生教育不可能再有更大的发展；另一方面拥有硕士学位的专门人才未必与目前的生产结构和技术结构相适应，因而很可能会“高材低用”甚至学非所招，此其一。

我国的整个学制已经显长，若再推迟完整的成才教育时间，势必加剧当前的供需矛盾；况且我们的本科教育已经具有专业性质，经过调整可以满足对专门人才的基本要求，此其二。我国的中等教育经过几年的调整和改革，质量大幅度地提高，我国的高中生水平与美国的不可同日而语；只要在课程上搞好普通高中与本科的衔接，本科教育的广度和深度是可以得到保证的，此其三。因此，我们既不能模仿那种“广种薄收式”的“福利教育”，也不能照搬那种过于专门化的专业教育。我们有可能也应该努力培养出既能应付未来、又能很快独当一面的专门人才，或者说兼有“前劲”和“后劲”的人才。

这是一般而言，不是一概而论。不同类型的工程师，在一技之长和知识宽厚上应当有所侧重。现场工程师当以前者为重，理论工程师则应以后者为主。工科本科教育的学制也应如此，不分学校类型及其学科专业实际，用“一刀切”的办法将学制限定为几年，既不合理又不经济。我们认为，重点理工科大学的主干学制仍应为 4 年，少数技术科学型和工程科学型的专业可适当延长 1—2 年；一般的工科学院，学制不宜超过 4 年。

三、工程教育要重视技能训练

教育是一项系统工程。教育改革唯有配套协调，方能取得成效。在确定了理工科大学的培养目标和学制之后，首先要解决的问题是怎样制订教学计划。我们认为，一个良好的教学计划必须以培养学生具备现代工程师素质为宗旨，处理好知识、技能与能力之间，知识的广度与深度之间，学校学习与工业训练之间的诸项平衡。换言之，基础课、技术课、专业课，包括实验和实习等应各占多大比例？学校学习与工业训练的时间比例应当如何分配？这些问题都有待于探索。

在当前的教学改革中，如何处理好传授知识与发展能力之间的关系是一个热门的话题。但是，对知识、技能和能力三者的区别与联系，对在教学计划中如何来体现这种关系，以及对在教学过程中怎样来实现这种关系，都还缺少深入细致的研究。在此，我们也不可能找到完整和满意的答案，只是对知识、技能和能力以及三者之间的关系作些初步的分析，以期提出改革的一些基本思路。

知识、技能和能力是三个互不相同的概念。知识是人类社会历史经验的总结，个人掌握知识就是在头脑中建立经验系统；技能是顺利完成某种任务的行动方式，个人形成技能就是将某种行动方式固定下来。能力既不是经验系统，又不是行动方式，而是加工思想材料或调节行动方式的心理活动的概括化。所以，能力是顺利完成学习和其他活动任务的个性心理特征，具有经常性、稳定性和概括化的特点。由此可见，知识、技能和能力是三种不同形态的东西。知识需要通过学习，以思想内容的形式为人所掌握；技能则需要通过训练，以行动方式的形式为人所掌握；一个人的能力则要在学习知识和形成技能中日积月累逐渐形成与发展。

但是，知识、技能和能力又是密切联系的。掌握知识和技能要以一定的能力为前提，能力制约着掌握知识和技能的快慢、深浅、难易和巩固程度。然而，从知识的掌握到能力的形成则不是直接的。而是要以技能为中介。例如，领会了数学的概念、法则和定理，还只是属于知识范畴，唯有通过大量练习，运用概念、法则和定理解答习题，并将它们转化为合理的具体运算、论证的技能之后，方有可能形成和发展数学思维能力。要想省略技能这一环，直接从知识“飞跃”到能力是不太可能的。这一点对于工程教育意义深远，我们从“工程”的定义中也可看出技能训练在工程教育中的重要地位。但在工程教育中往往只笼统地提传授知识与发展能力，这不能不说是一个重大的疏忽。工程技术是一个实践性很强的科学门类，对技能训练尤应重视。

在工程教育中，即使有人提到技能训练，也往往是把技能理解为熟练地操作实验设备和操纵生产工具。其实这是一种狭隘的理解。技能除了这种动作技能外，还有心智技能(mental skills)，即是说在解决具体工程问题中，像感知、记忆、想象和思维这些心理活动按一定的、合理的、完善的方式进行。其中掌握正确的思维方式和方法是心智技能的核心。心智技能与智能密不可分，可还是有概括程度的高低之别。

总之，知识、技能和能力是有区别又有联系的。但在教学过程中，传授知识、训练技能和发展能力却是统一在一起的。就数、理、化等基础课而言，单凭讲解基本概念和基本原理，不布置习题让学生操练，则教师教不好，学生也学不好。所以，任何一门课程都有这三方面的任务。工科学生的技能和能力培养仅仅指望于实验和实习的旧观念必须改变。同时，我们也不否认不同类型的课程在这三方面的任务上各有侧重。正因如此，需要从不同学科专业的学生的最佳智能结构出发，同时考虑他们将来承担的工作职责，合理安排好不同类型课程的比例，以及在校学习与工业训练的时间比例。在这方面，发达国家的本科教育教学改革的新动向值得我们注意。

进入80年代以来，面对“知识激增”和学科不断分化与综合的新形势，各国的本科教育(包括本科工程教育)相继进行了改革，出现了几个重要的趋势。其一，各国都在加强“普通教育”。美国本科的基础课达课程总量的50%左右，日本约占1/3，苏联也高达30%左右。在第一、二学年甚至第三学年中，美国、日本、法国和联邦德国的大学一般都不分专业，美国和日本还不分院系，目的都在于加强基础知识教学，以“不变应万变”。其二，普遍重视文、理、工、管科目的相互渗透，开设大量跨学科课程。例如，麻省理工学院规定，理工科学生必须修习 8 门人文、艺术和社会科学的课程，占课程总量的 20％。威斯康星大学绿湾分校以跨学科课程为中心来设计课程结构，全部课程都是跨学科的。苏联高校近来也提出了“人文科学数学化，自然科学人文化”的战略方针，要求学生掌握与本专业有关的其他学科的知识。法国经过 1984 年的改革，不再存在传统意义上的专业，而是按就业方向，分成几组专业。其三，通过实验、实习和科研，注重技能训练和能力培养。近年来，美国和日本的本科教育也开始注意培养学生的从业技能。美国东部的一些高校与工业界联合实施“合作教育”计划，日本高校则推行“产学合作”体制，因而多多少少加强了实践训练。苏联和联邦德国一直强调工业训练。联邦德国要求每个学生必须实习 26 周，长达半年之久。苏联工科院校的实习一般在 20 周左右。英国工科院校近来对工程实践也颇为重视，目前更为流行的一种“三明治”式的教学计划，要求学生到企业接受为时 1—2 年的工业教育与训练。总之，加强基础知识教学，注重技能训练和能力培养，是当前国际工程教育乃至整个高等教育的普遍趋势。如前所述，只是由于各国国情不同，具体做法不尽相同而已。

再谈现代工程教育

改革开放10多年来，我国工程教育的专科、本科和研究生三个层次已初步确立，分工相对明确，为社会主义现代化建设输送了大量合格的工程专业人才，社会对工程产品和服务的需要基本得到满足。在建设社会主义市场经济的过程中，在国际市场竞争日益加剧的形势下，社会对工程界和工程教育界提出了更高更新的要求。这一方面说明工程和工程教育对于发展经济、增强国力的重要性；另一方面也意味着工程教育正面临新的挑战与机遇。工程教育的质量有待逐步提高，规模有待稳步发展，层次结构有待进一步优化。

一、似可接受“工程是专业”的概念

高等教育是建立在普通教育基础上的高等专业教育，它以培养高级专门人才为目标。同样，高等工程教育是培养高级工程人才（即工程专业人才）的教育。然而何谓工程，对工程的如何理解是本文的前提。

从工程发展的历史看，以及从现代意义的工程教育之产生和演化的过程看，有过这样几种代表性的工程定义：

(1)工程是工业的技艺或技术；

注：本文原载《高等教育研究》1994年第1期。

(2)工程是科学又是技艺;

(3)工程是科学的应用分支;

(4)工程是一种创造性的专业。

这些对工程的不同定义和理解,赋予了各国不同历史时期工程教育的不同主旋律。例如在美国,大体上第一种定义相应于工程教育发生的初期,第二种相应于本世纪的上半叶,第三种相应于第二次世界大战后至 80 年代,第四种关于工程是专业的定义直到近些年教育界才有人明确提出来。如 MIT 近年改变了以前的说法,声称"工程是关于科学知识和技术的开发与应用,以便在物质、经济、人力、政治、法律和文化限制内满足社会需要的一种创造性专业"。该定义的内涵很丰富。它首先说工程是一种专业,与社会生活中的其他专业有着不同的分工,以创造为自己的使命。世界上已经存在的东西是无需创造的,只要人们去发现、复制或利用它。需要创造的仅仅是还没有的东西(包括软件与硬件),这正是工程专业的本质特征和光荣任务。第二,工程专业的活动发生在人们的生活世界中,因而有着实际的功利目的,即满足社会的需要。但是它又不可能满足任何的人为主观的需要,只能在一系列约束条件下有限地满足社会需要。这些约束条件主要是指物质的社会的条件,而不是指科技本身,因为在客观约束条件下最大限度地满足社会需求正是科技发展的动力和目标。第三,人们对于科学知识和技术表现出极大的兴趣和关注。如果所需要的科学知识和技术是现成的,人们就直接拿来应用它;如果它们尚不存在,人们就会去努力开发它,并付诸应用,以满足社会的现实可行的需要。

一个世纪以前,中国从西方列强侵略的血与火中悟出振兴教育的道理,中国的近代高等教育一开始就是以培养实用专门人才为旗帜创立起来的。浙江大学前身求是书院的创始人林启,1897 年在他申办书院的“请示报告”中第一句就说:“窃维居今日而图治,以培养人才为第一义;居今日而育才,以讲求实学为第一义。”经过一个世纪的风风雨雨,今天的国泰民安,经济兴旺发展,远非昔日可比。但是,发展中国的现代工程教育的精神却不能变,“三个面向”的立足点仍然在于培育讲实学、求实事的专业人才。应当看到,上述反映工程教育之意识形态的工程定义其变化是社会发展对它不断地否定之否定的结果和教训。

二、从专业角度来看与工程相关的几个问题

工程是一种具有创造力或创造性的专业。这个定义若可接受,那么我们对工程的分支、活动和人才种类几个相关问题,可能会有一些新的理解。

第一,工程是范围辽阔的专业领域,它有为数众多的科学和技术分支。

传统的划分有土木工程、机械工程、电气工程、化学工程、工业(管理)工程等等。在把工程视为科学应用分支的时期,工程专业领域一方面作为研究开发的结果被分割得很细,另一方面由于该专业的创造(亦即综合)本质,它也在拓广。新的工程分支和相关产业的不断开辟扩展,应当归功于生物与生命科学、微电子学、材料科学,以及包括计算机设计与使用在内的信息技术等高新科技的长足进步;也必须归功于国家和社会对国防建设、经济竞争、健康和生活质量,以及技术负面效应(如对物质和能源利用、环境保护)的深切关注,从而工程专业不得不面对这些挑战,不断创造,以完成自己的使命。

现在已经不可能简单地从技术多元化来考察工程专业的各个

分支，尽管工程的最早定义是从科学和技术出发的。但即使增加科学门类的综合，也不能概括现代工程技术的全貌，因为工程在事实上也与政治经济、人文社会、生态环境发生着割不断的联系。

现代工程的这种发展态势，使得大学按分科类组织教学的传统受到挑战。现代工程教育已不可能只针对每个专门化领域设置一套相应的课程来组织。国外一些做法似乎可以借鉴，他们保留或不保留原来院系的名称，但绝不计较工程专业分支的名称和“目录”，而是走一种内涵交叉发展的道路。相对学生而言，在于提供整体均衡、局部弹性的课程计划，包括实施较宽的普通基础教育（数学和自然科学、计算机文化基础、人文和社会科学等），而后实施综合的工程科技基础教育（力、热、电、磁、声、光，计、材、测、控与管理等），以及后期设置的专门化课程选修和课题的研究或设计活动，如此完成大学工程专业教育的任务。就教的方面而言，虽然学生的专业计划成百上千种，而教师则是组织在有限的系、所、讲座，以及大量事实上是跨学科的实验室、中心和研究开发项目内，尽其开设课程和带领学生参与研究之职责。

这似乎也是一种“两权分离”的概念：宏观上由学校和社会的职业或行业决定并影响着专业教育计划的总框架，同时由教师提供可充填框架的课程，而学生则在教师指导下自主选择；教学规划和资源的“经营权”在学校和教师，学习活动的“主动权”在学生，最终适应社会和科技发展的需求，并促进工程教育和工程专业自身的发展。

第二，工程又是活跃的并在发展变化的专业领域，它紧密联系着社会现实生活，其产品和服务关系着现代人类的一切活动。

一般认为，工程活动包括研究、开发、设计、制造（建造）、运行（维护）、试验、营销、管理，以及工程咨询和工程教育培训诸多方面。

其中，最基本的工程活动是设计、制造和营销服务，三者构成一个最简单的工程循环。

设计活动的主要输入是社会（包括市场）的需要，没有这种需要的设计只是个人的活动而不是真正的工程活动。设计的输出通常是图式模型和文字说明，少数是边设计边试制的样机或实物模型。制造（建造）活动的主要输入即为设计活动的结果，其输出则是投入市场或服务社会的工程产品（软件、硬件）与服务。在经营销售与服务活动过程中，工程产品完成自己的寿命期，并为下轮设计提供新的需求信息。

完整的工程活动就是这样周而复始运作的，它造就了社会的物质文明和相应的精神文明，创立了人类最基本的文化，即工程创造活动不断提高生活质量的文化。然而，人们并不总是关心这些总体的基本的工程活动。专业分工使人们只见树木、不见森林，过分集中的计划经济体制使人忽视了工程产品和服务的市场营销方面，对理论的过分崇拜使人重设计轻制造以及重研究轻设计开发和制造，大量的只引进不消化吸收的技术更使设计和制造打入冷宫，其中实践性较强的制造和工艺最不受重视。

这种偏向已给工程教育带来了危害，加之工程教育本身的缺陷，使得我们的学生在取得工程学位后还不知道工程是什么，不知道工程要干什么，更不清楚自己该如何承担社会的责任。严重的是一些学生畏惧或厌恶工程的现实世界，以致丧失工程专业人才应有的敏锐观察力、创造欲望、开拓精神和责任感。

第三，工程也是多种类型人才参与其中的专门社会活动。

一般地说，我国的工程队伍包括工人（从粗壮工到各级技术半熟练工和熟练工）、技术员（从初级到中级、高级技术员）、工程师（从助工直到高工、高高工）。国外的工程人才谱系稍宽且细，不仅把工程科学家和从事工程教育的教师乃至学生包含在内，而且不少国家还在技术员和工程师之间分出一类称为技术工程师或工程技术专家的人才。工程人才谱系联系着不同的工程分支领域，不同的工程活动环节，也联系着一国的经济发展水平、劳动就业制度和社会文化观念。

虽说高等工程教育以培养高级工程人才为宗旨，但是面对众多的影响因素，要找到一个多维空间的映射和变换公式，用以推演出有关工程人才的数量和质量的结论，简直是不可思议。更何况工程是在变化环境中的不断发展的专业，这类尝试很可能只会得出片面的结论。举例来说，工人的培训向来不在工程教育之列，然而尖端科学和高新技术的若干工人岗位，需由受过高等教育的人去担当，这就是所谓“蓝领白化”。又如一些西方国家随着它们的社会民主进程，不同学历的工程学位获得者开始要求社会的一视同仁，以致官方考虑用“协作工程师”(incorporated engineer)代替技术员的头衔(英国)，或者考虑发给一样的工程师文凭(德国)。这些个别的例子说明各种人才对于工程都是同等的重要，都是工程队伍中不可缺少的成员。

作为工程教育工作者应该懂得这样一个基本事实，我们说专攻一业，只意味学有所长，不等于说对工程整体可以一无所知，也不等于说无需具备现代社会的基本文化素养。我们说精通一艺，只是指对某种工程活动尤其在行，不是说就可以鄙视或不能涉足其他的工程活动。我们说到教育结构的层次，也只是分别知识和技能的多寡、深浅，以及参与活动范围和责任的宽窄、大小，绝不应暗示所培养的人才有什么等级高低和地位尊卑。用这种观点看问题，现在一些做法，例如专科招生得在本科之后；本科降格到专科；继续教育中的专科升本科等等，均未必合适，应慎重考虑。

三、对培养我国工程专业人才的几点建议

关于工程专业人才的培养上文已有多处涉及，但这里想借用一种图解模式，更进一步讨论。具体地看，所谓知识不过是人的活动及其结果的模型或表达。这些活动和结果可以粗略地划分为有关现实世界和有关精神世界的，也可划分为关注自然方面的和关注人文社会方面的。这样，我们就可把工程及其相关活动布置在如图所示的四象限平面上。

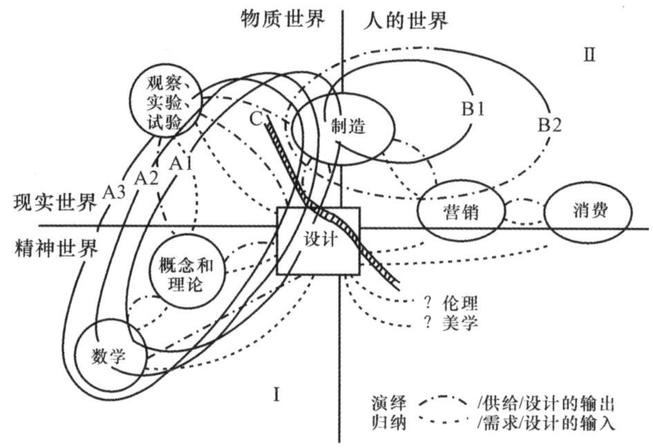

被人们视为工程核心的设计坐落在该图的中心。圆圈内活动的科学成分较重，椭圆内活动的技术成分较重，一些涉及美学、伦理学的活动位于第四象限。一道斜置的界线把平面分成两个区域，左下方活动较多学术性，右上方活动较多实务性或操作性。各活动之间的这种那种联系均由弧线表示。

为了说明我国工程教育的现状，我们在图上用粗实线作了一些标记。专、本、研三层次教育所包含的内容，大致分布在A1、A2和A3围绕的范围内，三个圈的形状相似，逐一放大，而且全部集中在平面的左侧，绝大部分位于界线C的下部，少量地涉及设计活动和实验，B1圈内大致反映技工和工业中专的教育训练，它们基本上集

中于平面的上半部，显示了普通职业教育的特点。由图可见，工程平面尚未全部覆盖，完整的工程活动仍有较多缺口；对高级工程人才来说，各类培养目标不甚明确，分工也不够清楚，深度有别而宽度雷同，还没有形成各自的特色，故有必要着重加以说明。

第一，关于界线 C 的意义。

界线 C 区别了学校侧重的理论训练和工业侧重的现场实践训练，两种训练对于造就工程专业人才是不可或缺的。无论学校还是工业，现在都还不可能独自承担两种训练任务，这就要求寻找和建立一种机制，有效地把 C 的两边连接起来。事实上，人们已经找到了连接的形式，即现场实习和专业见习。主要由于缺少有经费和有益诸方的政策，今天的实习和见习困难重重，甚至名存实亡。合作教育、产学结合虽有许多成功的实例，可是仅仅发生在具有远见、重视发展的企业和具有一定研究开发能力的学校之间，多数还缺乏这类条件，故需要有企业和学校以外的力量——政府与舆论来促成它。

实习和见习是理论和实践相互沟通的桥梁；是读书人从学海书山走出来，到现实世界去明了自己的责任，成长为实际专业工作者的重要途径；是专业界以低廉代价获得自身发展所必需的智力人力资源的方便之门；也是国家培养人才的投资转化为实际效益的关键环节。这样一种于国于民有利的大好事，在许多工业发达国家已成为社会的共识和行为。我们现在要大力培养面向经济建设的、高级应用或实用人才，如果不设法跨越 C 的界线，如果不能保证界线两边的有效连接和有机结合，再好的专业名称和课程计划也只不过是空谈而已。

第二，要充分认识设计教育在工程教育中的地位和作用。

浙大高教所已有多篇论文讨论了这个问题，这里仅就上面的图示补充说明几点。人们偏爱的科学研究和工程研究活动能够与生产制造活动、经营消费活动直接发生作用吗？几乎不可能！而设计可以作为联系两者的中介。科学技术的成就能够与人的生活直接发生作用吗？同样不可能，而设计亦恰恰可以作为联系双方需求和供给的中介。在许多人看来，设计不过是翻手册、画图纸的经验性的狭窄技术工作。的确，我们以往不发达的工业活动往往局限在常规设计的技术方面，使得现在有人起用“策划”、“企划”、“计划”之类汉字，试图更明确地表达设计的本意。但我们应当看到，现代的产品开发和市场运作已经开始借助设计方法学、借助模拟与仿真以及系统科学和工程的方法逐步替代经验性的方法；已经开始引进CAD技术、AI技术、专家知识库技术等等；众多的工程分支领域开始紧紧依赖与计算机相关的自动设计和系统设计。现代工程的这些巨大进展，正在使作为人类传统文化之一的设计恢复青春。国外一些精明的企业家和有洞察力的工程学者，已经开始用RD&D代替惯用的R&D，用研究设计和开发这个新概念给工程注入了更强大的生命力。我们没有任何理由鄙视设计和设计教育，必须在工程教育中赋予它们全新内容和重要地位。

第三，要加强工程教育中的实验教学。

严格地说，实验和试验的含义不一样。它们虽然同样基于观察，同样要借助常规的仪器和方法，同样可以依据其结果归纳出某些概念或理论，但是如同科学和工程一样，它们之间存在许多实质性差异。大体上，作为科学研究手段的实验主要关心问题或过程现象本身，而作为工程研究手段的试验则主要关心它们的答案。实验的主要目的在于验证一种理论或假设，观察现象、发现规律和物质，给出问题是真还是伪的结论；试验的主要目的在于利用工程的实物或仿真模型，寻求它们运行结果和参数可行不可行的结论，优化其结构或运行过程。

通常把它们都称为实验虽无关紧要，但应注意到两者的上述区别，不能只用一种依附课程、验证原理的实验去完成工程教育的实验教学任务。近年来我国一些工科院校发展起来的实验单独设课、系列实验、设计实验或综合实验，创造了很好的教学经验。这些形式的实验不仅让学生学会操作仪器设备从而分析测试对象的性能参数，而且学到解决实际的、无固定结论的、有多种可选答案的问题之经验，这正是工程专业非常需要又十分强调的能力。遗憾的是各类工程教育计划中（尤其是专科），实验教学所占的分量太轻，这种情况亟待改变。

第四，要有一个质量和数量优化的知识结构。

对工程教育中的专科、本科和研究生三个层次的教育应当有各自的侧重，不同类型和条件的学校亦应有各自的办学特色。现在有个不好的风气，中专争取戴帽，大专要求升本，本科院校都争搞两个中心、争高一级学位授予权、争办研究生院。好像牌子越大，层次越高，学校就办得越好，中国的工业就上得越快。这显然是一种谬误。对任何有机系统，层次结构紊乱必然导致功能紊乱。发生这种情况，认识上有偏差，高教行政和劳动人事政策上也有偏差，缺乏一种各安其位、各尽其能并就自身发展条件形成相应特色的政策。

现在的许多专科实际上是本科压缩型，本科多数也是压缩型；而研究生教育则大体上采用一种模式，学位的框架虽已建立，内容却尚未完善，课程学习有余而科学和工程的能力培养不足。这恐怕是工程教育缺乏完善的总体调控和反馈机制的缘故。

我国的教育资源有限，配置得当方能生出效益。工程教育当然要为工程服务，但是它的领域那么宽、分支那么多、活动那么广，必须有合理的结构和分工才会满足社会的需求。美、德等发达国家搞工程研究的也不足5%，搞设计开发的约30%，大量的还是从事生产运行、维护管理和销售服务等现场的实际工作。该比例大体与其各级学位或文凭的授予人数相当，这是他们长期市场调节和国家宏观调控的结果。但这也提示我们，当前对工科研究生（尤其是博士生）的社会需求量绝对不能低估，对工程本、专科生的培养过分课程化、理论化的倾向一定要大力扭转，对专科教育的作用和地位一定要有所保障并且大力发展。

工程教育是个永恒的主题。只要人类渴望美好的世界就离不开工程，也就离不开工程的教育。我国社会主义现代化建设，迫切要求我们把中国的工程教育办得更好，造就出更多高质量的工程人才。办好工程教育要求国家和社会对其体制、发展机制进行规划和改革，也要求工程教育界在自身存在与发展的观念上多下工夫。

中国工程教育面临的挑战与对策

工程和技术在当代经济社会发展中起着日益重要的作用。由于科学技术迅速发展，经济竞争日趋激烈，自然资源过度消耗，生态环境不断恶化，加之工程实践自身也正在发生巨大变化，这一切都对工程教育提出了严峻的挑战。20 世纪 80 年代以来，许多国家的大学、工业、工程界和政府深知这种挑战的紧迫性、严重性和复杂性，纷纷寻求工程教育改革与发展的对策。

中国是一个发展中国家，地区间、行业间发展很不平衡，产业与技术结构错综复杂，工程教育面临的要求和问题更纷繁、更复杂。此外，工程教育还面临着经济结构调整和经济体制改革中提出的种种难题和挑战。能否抓住这些机遇和挑战，及时地深化工程教育改革，能否有效地扩大规模，优化结构，提高质量，增进效益，将会直接影响 90 年代乃至下个世纪初中国现代化建设的进程。

一、工程教育面临的需求变化

当前中国工程教育面对的外部环境正在发生急促而又深刻的变化。这些变化主要来自经济结构的重大调整、经济体制的根本转换和科学技术的突飞猛进。这些变化对工程专门人才的数量、质量

注：本文原载《科技导报》1995 年第 1 期。

和结构提出了新的要求、新的任务，将直接影响工程教育今后的改革方向、发展方向和进程。

产业结构是经济结构的主要内核。从三次产业的产值结构来看，近40年来中国产业结构的变化巨大。其中第二产业发展迅速，到60年代末超过第一产业而居第一位。但第三产业在国民生产总值(GNP)中的比重变化甚微，始终在20%上下，大大低于发达国家和许多发展中国家。这表明中国现有产业结构是由于工业发展迅速，尤其是重工业优先畸形发展的结果，也预示着今后产业结构调整的方向将是着力发展第三产业。实际上大力发展商业、金融、旅游、信息、法律、会计等第三产业，不仅是建立和发展市场经济的需要，也是进一步发展第一、第二产业的需要。据中国国家信息中心预测，今后30年中国产业结构还将有重大变化。第一产业的产值比重继续递降，第二产业由升转降，第三产业迅速递增。很显然产业结构的转型和技术构成的提高，尤其是第三产业的兴起，对工程教育特别是工科院校的学科专业结构调整将会有不可低估的影响。

中国曾长期实行高度集中的计划经济体制，1978年以后，开始经济体制改革，至1992年，则进一步提出了建立社会主义市场经济体制的目标。经济体制的根本转换必然要求教育体制与之相适应。中国工科毕业生的最大用户——国有企业经营机制的转换，对工程教育也将产生重大影响。随着改革的深化，企业将从政府的保护伞下解脱出来，一方面具有经营自主权，另一方面也面临市场竞争带来的生存与发展问题。市场竞争说到底是科技竞争、人才竞争。今后国有企业对工程专门人才势必有更大的需求、更高的要求，在专门人才聘用上也将与其他经济成分一样更注重效益。

现代科学技术正以前所未有的速度突飞猛进，主要表现在：学科迅速分化，同时综合性的边缘、交叉学科和新兴学科不断涌现，新技术、新材料和新工艺不断问世；研究成果转化为新生产力的速度越来越快，市场对科学技术的需求反馈到实验室的速度也越来越快。相比之下目前后者对中国来说更具挑战性。全世界121个国家中，中国的科技水平至少在20位以前，而人均国民收入却排到100位，即倒数21位。这种反差的一个重要原因是，中国科技成果的经济转化率比较低。据统计，中国大约有80%以上的科技成果没有在生产中充分发挥作用；得到应用的科技成果，其推广面占适用面的比例也显著偏小，工业一般低于20%，农业甚至低于10%。因此，加速知识“物化”和科技“转化”应是目前中国科技体制改革的关键目标。提高科技成果转化率，一方面需要依靠科技知识的持有者自身的“活化”来实现；另一方面要求工程教育注重培养科技成果转化方面的人才，他们将不仅是工程专门人才，而且也要具有企业家的某些重要素质。

二、工程教育规模应有适度发展

1952年院系调整以后，中国工程教育集中在工科院校。近10年来，虽然对学科专业结构作了较大的调整，这种格局已经有所变化，但工科院校仍然是中国工程教育的主力军。1991年全国工科院校286所，其中大学、专门学院213所，专科学校73所。大学、专门学院中，151所院校有硕士学位授予权、71所院校有博士学位授予权。无论从工科学生数还是占高校在校生数的比例来看，中国工程教育规模都是相当可观的。高校在校生中工科学生的比例，欧洲为1/10，日本为1/5，中国则为1/3。此外，中国还有近30万人在接受工科成人高等教育。

但是，中国是一个有12亿人口的大国。不论从每万人口拥有研究开发(R&D)科技人员数来看,还是从工程技术人员或专业技术人员占职工总数的比例来看,现有工程教育规模不是大了,而是小了,远远不能适应社会需求。目前中国每万人口拥有R&D科技人员数约为20人,不到日本的1/3。1991年全民所有制企事业单位共有工程技术人员502.4万人,平均每万名职工有工程技术人员471.1人,专职比仅为4.71%。乡镇企业的专职比则更低。1991年全国乡、村两级企业中具有大专以上学历的人才20多万,专业技术人员155万,分别占职工总数的0.42%和3.2%。专业技术人员总量严重不足,专职比低,学历层次低,已成为国有企业转换经营机制和乡镇企业再上台阶的主要障碍。

近年来,中国经济再次进入高速增长时期。1992年经济增长为12.8%,1993年增长13.8%,以后还将保持在10%左右的水平。但是,现今中国经济增长来自技术进步的因素仅占30%左右,大大低于发达国家的60%—80%的水平。中国R&D经费占GNP的比例仅为0.7%左右,大大低于日本的2.8%和韩国的1.8%。更成问题的是,中国R&D主要集中在科研院所和高等学校,R&D经费支出中企业只占44%(日本、韩国为70%—80%),R&D人员中企业只占37%(日本、韩国为60%以上)。所有这些均表明,目前中国产业技术水平落后,生产效率和经济效益低下,经济增长主要依靠资金和劳动力数量的投入,还没有真正转到依靠科技进步和提高劳动者素质的轨道上来。随着经济体制改革深入,国内外经济竞争加剧以及交通、能源等“瓶颈”制约增强,企业若再不依靠科学技术和提高劳动者素质,就难以在市场竞争中生存和发展,经济高速增长也难以持续下去。这一点正逐渐成为企业的共识。因而,企业对工程技术人才的需求日渐旺盛。高校毕业生分配开始出现供不应求,如,1992年浙江大学毕业生分配的供需比高达1∶5.5以上。

高等教育规模如何发展，有多大的发展，在这方面中国曾有过沉痛的教训。过去一提发展，就只讲需求，不讲可能，只求数量，忽视质量与效益，盲目地增设高等学校。这种外延式发展方式，导致相当一部分高校长期陷于规模小、条件差、效益低的困境。1992 年中国高等学校共有 1054 所，在校生平均规模 2161 人，约有 1/3 的高校不足 1000 人。1991 年工科院校在校生平均规模 2764 人，虽然高于全国高等学校平均规模，但仍明显低于 3000—4000 人的国际水平。

鉴于历史经验，今后中国工程教育规模发展将走内涵发展为主的道路，即通过多渠道筹措经费，在现有高校基础上增加投入，充实条件，拓宽职能，扩大规模，提高效益。应争取本科院校的平均规模由现有的 2500 人发展到 3500 人，专科学校由 1000 人发展到 2000 人。相应的，现有工科院校的平均规模也要有较大发展。

至于工科院校总体规模问题，客观上存在着推动和制约规模发展的两种因素。尽管今后一段时间社会对工程专门人才的需求是大量的、迫切的，但由于工程教育规模发展既要与经济发展相适应，又要与国情和国力相适应，与整个教育和高等教育发展相协调，所以工程教育规模可能会比多数其他科类高等教育发展得更快一些，但这种发展仅能适度发展，而不是超常规发展。据有关部门对人力需求的预测，2000 年中国高等教育（包括普通和成人高等教育）在校生规模如果达到 600 万—650 万左右（也即年均增长 6%—7%），就能够基本适应经济发展对具有高等教育程度的人力的需求。如果取 600 万人低限（其中普通高校在校生 350 万人，成人高校 250 万人），那么，普通高校工科在校生应达到 120 万左右，年均增长率 6%，成人高校工科在校生应达到 50 万左右，年均增长率约 10%。

三、工程教育结构需调整优化

面对科技、经济和社会发展的多重挑战，中国工程教育还必须大力调整和优化结构。否则，将不能适应经济与社会发展的需要，也不利于使有限的教育资源发挥高效益。调整应主要包括三个方面，即层次结构、专业结构和课程结构。

1. 层次结构调整

中国现行工程教育由专科、本科、硕士研究生和博士研究生等四个层次组成。过去几十年，专科教育和研究生教育曾几经起落甚至中断。1978 年以后相继恢复高校招生，开始走上正常的发展轨道。经过近 10 多年的努力，专科教育和研究生教育得到发展，各院校的工程教育结构也趋向合理。这四个层次毕业生数的比例关系(以本科毕业生为 100)，由 1983 年的 13.4∶100∶1.45∶0.004 到 1991 年已调整为 54.9∶100∶9.8∶0.8。同期美国、德国后三个层次毕业生数的比例分别为 100∶30∶5.9 和 100∶51∶5.95。

显然，中国工程教育层次结构调整的成绩是巨大的，但不难发现，这种比例关系还很不协调，专科教育和研究生教育在整个工程教育体系中所占的比例尚过小，高才低用、低才高用的现象仍十分严重，极不适应今后一段时期企业多种技术与生产形式多元结构共存的需要，也不适应高校解决师资队伍断层和国家发展高技术产业的需要。所以，工程教育层次结构调整的重点仍应是发展专科教育和研究生教育。这种发展意图已在 1992 年层次结构调整中得到体现。1992 年普通高校专科招生数比上年增长 62.2%，本科招生数仅增长 2.5%。1992 年普通高校专科招生占招生总数比例比上年净增 11.4 个百分点，达到 53.6%，首次超过本科招生比例。其中工科专科招生数有较多增加，比例上升幅度较大。1992 年研究生招生规模发展也比较快，比上年增加 12.7%，其中工科研究生招生增长高达 16.3%。可以预见，今后一段时间工程教育层次结构调整工作将按《中国教育改革和发展纲要》要求的“要大力加强和发展地区性的专科教育，特别注重发展面向广大农村、中小企业、乡镇企业和第三产业和专科教育，努力扩大研究生的培养数量”这一方向发展。

2. 专业结构调整

1952 年起中国工程教育开始实行国家统一制订专业目录、专业教学计划，由国家统一招生、培养和分配。这种专业教育模式在国家建设的头几个五年计划中曾起过作用，但存在一些突出的缺点，主要是过分集中统一，专业划分过细，专业口径过窄，专业设置缺乏弹性。在新的形势下，这种统得过死的专业教育模式难以适应科技发展、社会需求快速变化和人才频繁流动的需求。

近 10 多年来，上述专业教育模式有了很大的变化，专业种类减少了，专业口径拓宽了，专业设置与调整的余地扩大了。工科本科专业已由 1982 年的 664 种调整为 1984 年的 225 种，1993 年的 181 种。

随着高等学校自主权的扩大，高校通过更新改造旧专业，设置建设新专业，努力使专业结构适应市场经济建设和科学技术发展的需要。例如浙江大学是一所有近百年历史的重点理工科大学，近年来陆续撤销并改造了一些不合社会需求的旧专业，加强、增设、新建了通讯、计算机、材料科学与工程、生物科学与工程、生命科学与医学工程、光电子技术、生物化工、机械电子工程、工业造型设计，以及外经、外贸、金融、商检等一批科技发展和经济建设急需的专业，下一步将增设财会、新闻传播、建筑经营管理等新专业。

在调整专业结构的同时，许多高校陆续开始按系招生，淡化专业界线，前 2—3 年统一基础教学，后 1—2 年按专业或专业方向教学，以增强工科学生适应技术和社会变化的能力。

3. 课程结构调整

中国传统的工程教育主要着眼于培养技术型人才。教师的任务只限于教学生如何解决技术问题。加之专业划分过细、专业口径过窄，所授技术往往囿于某种设计和工艺。1978 年改革开放以后，面对新的形势和挑战，这种狭窄的专业性、技术型工程教育难以为继。于是，基础宽厚、学有专长的 T 型人才、跨学科的复合型人才等新的人才培养观应运而生，课程结构调整势在必行。经过 10 多年的努力，工科本科课程结构调整取得了明显的进展。举要而言：一是普遍加强了自然科学和技术科学教学，使数学、计算机和外语课程基本上做到了四年“不断线”。二是开始重视实验、设计、工业实习等工程训练和经济、企业管理类课程，变革了实验依附课程的传统做法，单独设置实验课，增加课程设计项目和毕业设计时间，推行预分配——厂校联合培养试验等。三是注意工科学生的个性和品质培养，恢复选修制、学分制，加强人文与社会科学教学，包括工科学生选修若干学分的人文与社会科学课程。

目前本科课程结构新的调整的动向是：

——专业基础教学上尝试课程模块式结构，加强各课程纵向上和横向上的内在联系，也可为课程更新和转系转学创造便利。

——允许学生在主修的专业外修读另一个专业，以拓宽知识面，培养复合型人才，增强适应能力。

——继续实行“双学位制”，努力创造条件，更多地培养理科与工科、工科与管理、工科与文科以及不同大类工科间学科交叉的复合型人才。

——进一步完善学分制，鼓励并引导学生根据市场需求调整知识结构,加强、充实经济、管理、大众传播、心理学、公共关系学、社会学等人文与社会科学教学。

——积极采用现代化教学手段,引入 CAI 等,以提高课堂教学效果与效率。

专科课程结构调整,着力于改造过去那种“本科压缩型课程”,办出专科特色。课程规划要有利于学生掌握、运用现有技术手段以解决工程实践问题,并掌握继续学习新技术的能力。对于自然科学、技术科学知识不求全求深,只需宽而基本,淡化理论的推导,突出实际应用,同时积极而又恰当地增设非技术类课程。

由于中国教育传统中一直存在着重文史轻理工、重理论轻技艺倾向,加之中国只有近 3.7%的同龄人可以进入高等学校深造,所以片面追求升学率的现象较为突出,造成了对学生全面训练的减弱。因此,要加强实验、实习,实行研究生助教、助研制度,重视与企业联合培养,以切实加强工程实践训练。

研究生教育要扩大和调整培养目标,在继续培养攀登世界科技高峰的研究型、学术型人才的同时,要面向国民经济主战场大力培养善于解决工业生产和工程项目中实际问题的开发型、复合型人才。要加强科学研究能力和创新精神的培养,更多地让他们在科学实验和工程实践中接受锻炼,积极推行和完善博士生兼任的助教、助研制度,以提高他们解决实际问题的能力。

不论哪个层次的人才培养,都要切实加强思想品德教育,工程科技人才首先应是社会的合格公民。思想品德教育应遵循因材施教原则,既要针对学生的实际,分层次提出不同的要求,又要积极引导学生向更高的道德境界迈进。搞好思想品德教育,要动员各方面的力量,把思想品德教育与学校各项工作有机地结合起来,充分发挥广大教师既教书又育人的作用。在教学和教育过程中,既要发扬光大中华民族的传统美德，又要积极吸收世界各国的现代文明，引导学生养成爱国主义、集体主义、社会主义的基本道德价值观，使他们在21世纪成为既崇尚民主、遵守法纪、乐于奉献、团结协作，又实事求是、勇于开拓创新的新一代社会栋梁。

四、工程教育体制必须改革

以“国家集中计划、政府直接管理”为特征的中国传统高等教育体制，是高度集中的计划经济体制的产物。随着以社会主义市场经济体制为取向的经济体制改革的铺开，高等教育体制必须进行根本性的变革。工程教育是中国高等教育的主要科类，与其他科类高等教育一样，正在进行重大的体制改革。工程教育体制改革不仅是经济体制改革的必然要求，而且也是工程教育改革与发展成败的关键所在。工程教育规模扩大、结构优化、质量与效益提高，在很大程度上有赖于工程教育体制改革的广度和深度。

工程教育体制改革的目标是要改变国家集中计划、政府直接管理的格局，进一步理顺政府、社会与高校之间的关系，强化学校和社会的直接联系，逐步建立中央、地方两级政府办学为主，社会各界参与办学的教育管理体制，以及政府宏观管理、社会积极引导与高校自主办学的运行机制。为此，首先要政府转变职能，由过去对高校的直接行政管理，转变为以运用立法、拨款、规划、信息服务、政策指导为主，同时辅以必要的行政手段进行宏观管理。其次要简政放权，政事分开，扩大高校自主权，使高校真正成为面向社会自主办学的法人实体。再次要培育劳务市场、科技服务市场等与高等教育密切相关的市场，借助市场的竞争机制使教育资源得到优化配置，进而使高校办学主动适应经济建设和社会发展需要。

与工程教育体制改革相适应，高等学校内部的体制改革也是重要的基础与关键。以浙江大学为例，近年来为适应社会主义市场经济建设与世界科技革命的挑战，在教学、科研、管理等方面进行了综合改革。除了在办学层次结构、专业结构、课程结构等方面作出较大幅度的调整改革以外，在教学体制上，实行了按系办学；在科研体制上，建立了二级学科研究所、室；在业绩考核和相关的分配制度上，建立了职务评聘制度；在财务体制上，建立了校、系、所三级基金，从而增强了办学的动力与活力，促进了学校办学水平的提高。

中国工程教育体制改革将是一个长期的、渐进的过程。从目前看，已有了一个良好的开端，取得了多方面的进展。概言之，主要有以下几方面：

在计划与市场关系上，工程教育已由单一的计划管理转向计划指导与市场调节相结合，市场作用逐步增强。从教育投资体制上看，已由单一的财政拨款体制逐步转变为以政府财政拨款为主，辅之以教育收费、学生学杂费、校办产业收入、社会捐资与集资及设立教育基金等多渠道筹措教育经费的体制。目前委属工科院校的预算外经费都已超过预算内经费。其他工科院校的预算外经费大体占总经费的1/3以上，教育经费构成的多元化和财政拨款比例的下降，意味着市场调节作用增强了，高校的科研与服务职能加强了，高校与社会联系的广度和深度扩展了。再从招生和毕业生就业制度上看，招生制度已由单一按国家指令性计划统一招生，改革为国家任务性计划招生和需求调节性计划招生。用人单位委托培养和自费生比例正逐年增加，1992年委托培养和自费生占招生总数比例已由1991年的11.2%增至26.6%，1993年仅自费生比例已达30%左右。与此相应，以往“统一分配”、“包当干部”的毕业生就业制度有了重大突破，目前委托培养的学生按合同就业，自费生自主择业，国家任务计划招收的学生也逐步实行“供需见面、双向选择”的办法。由于部分企业和学生必须缴费方能获得人才或教育，他们对专业和质量的要求更高了，也促使高校了解并适应市场的需要。双向选择的就业制度大大调动了学生的学习主动性与积极性。

在公平与效率上，工程教育已由重公平轻效率转变为公平与效率兼顾，优先考虑效率。过去中国工程教育实际上是以低效率、低质量为代价追求公平目标，致使有限的教育资源不能发挥高效率。例如，各地方各部门盲目追求“小而全”的教育体系，结果摊子大、设点多、院校学生规模小、专业重复设置多、师生比高。又如，高校免收学费，无偿提供住宿，毕业生统分统包，用人单位无偿使用，高校内部人浮于事，多劳不能多得等等弊端丛生。凡此种种，导致一方面经费严重短缺；另一方面由于效率低而无形浪费惊人。国穷却需办大教育，这是中国当前的国情。基于此，解决效率低的问题是当前乃至今后的主要任务之一。近年来，在规模发展、结构调整、经费分配等方面均已经开始强调效率。上学收费制度正在不断完善，目前学生缴费一般每年1500元左右。今后将逐步过渡到高校招生全部实行按实际培养费用一定比例收取学费的制度，同时进一步完善奖学金、贷学金、T. A.（助教）、R. A.（研究助手）、勤工俭学等制度。随着校内管理体制改革不断深化和拓展，岗位责任制、检查考核制、奖惩制等的建立，公平、竞争、流动、择优的局面开始逐步形成，教学、科研质量稳步提高，学校整体实力正不断增强。

总而言之，工程教育体制改革和运行机制转变业已给工程教育发展注入了新的动力与活力。可以相信，随着改革的不断深入，中国工程教育定将获得更快、更有效率的发展。

工业创新与高等工程教育

工程教育起源于工业发展的需求，工业发展的规模和水平决定着工程教育的规模和水平，而工程教育的水平和质量又是工业发展水平和质量的人才保证和基础。由于工业为三大产业和国防提供装备，为人民生活和社会发展提供物质基础和技术手段，因而工业是现代国家的命脉。一个国家兴办工程教育的目的，在于为本国工业提供高质量人才，进而推动经济和社会发展，以实现壮大综合国力、富民强国的宗旨。

工程活动，无论是所谓朝阳工业还是夕阳工业，都包括科学技术的创新。但工业创新不只是科技创新，因为前者的本质属性是为国家社会提供真实产品和服务。因时因地因事地开创现代和未来。明了这个属性，就会使我们有意识地做到继承与模仿之中有创意，引进消化之后再创新，借助天时地利人和，逐步建立有自身特色的先进而强大的工业。明了这个属性，也才会使我们在科技创新、勇攀高峰的同时，自觉地面向中国实际，与中国国情紧密结合起来，把它们融合到中国工业创新中来，从而为我们的经济和社会文明再造辉煌。

工业与社会需求是工程教育的对象，是工程教育存在于发展的依据，也是评价过程教育改革的最终依据。因此我们应该树立工程

注：本文原载《光明日报》1996 年 4 月 14 日第 4 版，作者：路甬祥、王沛民。

教育必须适应社会需求的基本观点，以及工程教育是工业社会发展大系统中的一个子系统的基本观念。

关于目标问题

党和国家的教育方针明确指出，教育必须“培养德、智、体全面发展的建设者和接班人”。工程教育当然也不例外。问题是要认真研究、分解细化这个总的目标，直到可以操作的程度。然而，此项工作下的工夫还不够，常常是把教育方针作为原则和口号，而改革和操作措施则是本专业对知识技能要求如何、课程设置如何、分配去向如何，省略了许多中间层次，也忽略了许多重要方面。

工程教育无疑要培养工程人才，无论是侧重工程技术的，还是侧重工程科学的，抑或侧重工程管理、发展与规划的，他们都是未来的工程专业人员或专业人士（professionals），都要以工程实践为基础。按全面发展方针的要求，根据面向中国社会实际、面向未来、面向世界的需要，国家对工程专业人员的资格要有一个既合国情又便于国际接轨的明确界定；从而工业界和大学要相应对工科学生的“应知”、“应会”、“应是”（即应具备的品质）提出具体的基本的要求。

现在已是世纪之交，时代的飞速发展和工业创新的巨大挑战，要求 21 世纪的工程师至少做好回答四个问题的准备。第一个是“会不会去做”：一项工程技术任务甚至科技难题放在面前，你拿不拿得起。第二个是“值不值得做”：在人、财、物和时间要求的现实约束条件下，能否经济合理地完成这项任务。第三个是“可不可以做”：能否在政策法规、社会公德、文化习俗允许的前提下，既遵照法律又合乎情理地把事情办成。第四个是“应不应该做”：能否自觉地考虑生态的可行性，以本职的技术工作为可持续发展作出贡献。

关于模式问题

工程教育的模式本来就应当是多样的、灵活的、时变的。从高等工程教育层次看，有专科、本科、硕士、博士和博士后。从工程活动类型看，有侧重研究、设计、开发、运筹和规划的，有侧重工业现场服务的，也有较多涉及生产销售、经营管理、技术咨询、安全监督、质量管理、标准与法规、评估和决策咨询，以及教育和培训的。这些学历层次和工作类型，应该在不同国家地区和产业部门，组合成为不同样式的工程教育。用单一模式去满足多种需要并不经济，在效率和效益两方面皆不足取。

世界工程教育模式确实五彩缤纷。不久前，欧洲工程师协会联合会搞了个“多样统一”，提出七年式欧洲工程师形成模式，包括至少三年的大学工程教育、至少一年的学习期间的工程训练、至少两年的初期工程经历，剩下一年可加到前面任何部分。美国工程教育协会最近也有一个报告，建议工科院校在更宽范围内考虑自己的使命并找到适当位置，建议根据情况分别选择三个基本模式之一，或者它们的组合，或者创造其他模式。第一种是以本科为主，报告建议他们把传统的技术要素与较宽的技能结合起来。第二种是学硕贯通的模式。即以五年或六年时间完成一个含有学士学位的工程硕士学位计划。第三种是培养 PhD 的院校，考虑到实际需要，要为 PhD 创造更多的就业机会。当然，中国是个发展中大国，工业的跨度和差异也很大，并经历着快速的动态发展，我们应考虑在结构和比例上既适合工业和社会当前需求、又能灵活调节和发展以应对未来发展的工程教育体制和模式。

任何模式其实都反映了对工程教育的一整套观念和做法，或者称之为“范式”(paradigm)。新的时代呼唤新的范式。这使我们想起前面说到的一项工业创新,即精益生产。这个概念是基于对质量和效益的追求,是借助高新科技对信息社会快速多变的多样化需求的敏捷反应。工程教育培养人,实质上也是一种生产,是工程人才及其思想与创造力的“智力资源”的生产,完全可以提出“精益教育”的概念,从而创造我们的范式。在这里,作为基础的并行工程的实际含义,就是把红与专、德育和智育、理论和实践、知与行等等紧密结合,把学科的壁垒打破,把“知、会、是”三者重新组合起来,造就全面质量和素质优秀的建设者和接班人。为了支撑起精益教育的屋顶,从中学校门到大学校门、从基础课课堂到专业课课堂那种单调和连续式学校教育是无能为力的。至少需要有三根支柱才能使屋顶稳定:模块式的课程结构和教学环节;适时的教育内容和教育方法;从招生到求业教育全过程的全面质量管理。

关于核心问题

中科院外籍院士西蒙教授曾说过,创新设计是所有专业训练的核心,是将专业与科学区分开的主要标志。长期以来,工程教育由于“技术上狭窄”且又“狭窄于技术”,设计被人误解为只是翻手册套公式,画工程图,声誉不佳。它大致对应着工业初期的仿制阶段。但是除了这类“常规设计”,还有所谓“创新设计”,现在很时髦的策划和创意可归到这一类。机械工业的前辈沈鸿先生谈到设计时说,设计就是想办法,是对新东西的预计,是创造新东西。可见设计不是单纯的技术工具,也不是教学计划中一般的实践环节,应当把它理解成人类创造未来的主动思维和创造行为。不仅在工程教育中需强调创新设计,在其他专业教育乃至中小学和幼儿教育,也应引进创新意识、分析综合、评价判断等创新要素的启蒙和培育。

人们已经提出设计创造是人类文明的第三种文化。学术界以往只推崇科学文化和人文文化，也有人尝试借助科学家和艺术家共同努力寻求其完美结合。第三种文化——设计和创造，将使工业产品实现科技、艺术、功能和经济的统一，在现实世界开创像应用卫星与卫星应用、长二捆、大京九那样的宏大工程。

工程教育的第二核心是工艺技术。工艺是创新设计得以经济、清洁、高效实现的创造性技艺，是创新设计物化的技术过程。它包含着物理、化学、生物学等物质科学的最新成果，以及在材料、工艺、检测等方面的工业创新；包括数学、信息科学、系统科学等在生产制造过程的建模、仿真、运筹、控制、监测等方面创新；包括硬件和软件在制造设备和系统中的创新集成；包含经营管理和市场行销服务的CIMS、敏捷制造等新的概念。现代工业社会中工艺环节是不可或缺的，它也是工程教育的核心之一。然而从发展趋势看，现代工艺技术更重视新材料、新工艺、先进制造技术和系统、工艺过程的仿真、优化和监控。

工程教育的第三核心是管理和经营。工程教育不应该是单纯的科学技术教育，现代工业是以社会化的生产过程和满足社会需求为特征的产业。工程活动是社会化的工程技术和经济行为，或工程技术的社会行为(国防工程、环境工程、医疗工程等)。无论工程目标的实现或过程的优化，都离不开科学管理和合法经营。因此，现代管理科学、经营战略、法制规范、职业道德、公关和协同等，应是现代工程教育的核心内容之一。这也是市场经济环境下的工程教育与计划经济环境下工程教育的差别。

关于途径问题

工程教育改革与发展存在多种途径。按照创造性问题求解的理论,这是个多解命题,找到它的合适答案本身就是一个创新过程。我们认为,其中的"合作和参与"在今天尤为重要。因为教育是一个长期的积累和连续的过程,它甚至始于学前教育,直至工程师脱离工程界。可惜传统的学历教育把人们的创造性束缚了起来,应试教育的指挥棒迫使青少年走进读书应试的死胡同。工科学生到毕业还不知道工程为何物,以为工业创新就是在"一级杂志"发表论文。许多中外杰出工程师在科技史和艺术史上是无名英雄,但他们的创新业绩和奉献精神在工程史上是不可磨灭的。要让我们的学生在工程教育的"合作和参与"中,学习前辈工程师创造未来世界的精神,理解工业创新的社会价值和意义,担起振兴中国经济、发展工程技术的光荣责任。

离任校长的讲话

刚才，远清同志代表国家教委党组宣布了浙大新任校长的任命。刘枫同志也代表省委讲了话。他们两位讲话当中，对前一段学校工作作了很高的评价，对我本人的工作也作了很高的评价。对学校工作的评价，我表示衷心的感谢，对我工作这样高的评价，我一是表示感谢，同时也感到很不安。我从1964年浙大毕业以后，除了两年多时间受学校派遣到德国进修之外，全部的时间是在浙大，我的确是刚才远清同志和刘枫同志讲的那样，是党和国家培养起来的，是浙大培养我成长起来的。我能够为浙大作一份贡献，挑一点担子，完全是应当的。

我从1985年9月开始接任吕维雪同志的工作，协助韩祯祥校长分管一点教育方面的责任，到1988年继任韩祯祥校长负担起学校工作。如果从1985年副校长算起，10年的校务工作都是在国家教委、在省委和省政府领导的关心、领导和支持下进行的，是学校整个领导班子，特别是在党委的领导和支持下来贯彻执行的，是在前任的校长、党委书记，各位老同志的帮助和支持下进行的。刘丹同志生前也非常地支持、关心我们的工作。杨士林同志、韩祯祥同志、黄固同志等非常关心学校的工作，支持学校的工作。我们的工作也是在全校师生员工的理解、支持、配合下取得进展的。在即将卸任

注：本文是1995年5月10日路甬祥在全校中层干部扩大会议上的讲话。

之际，我要向国家教委和省委、省政府的领导，向学校的各位同志，老同志，全校的师生表示衷心的感谢。

我衷心地祝贺潘云鹤同志受国家教委的任命，出任浙江大学的校长。我觉得他是完全能够承担起这份责任来的。他是同济大学的毕业生，学建筑，有很好的工程和艺术方面的素养，而且在研究生阶段攻读计算机科学与工程，所以他既有形象思维方面的训练，又有逻辑思维方面的训练。在浙大任教以后，在科技工作方面和教育工作方面都表现了卓越的才干和很强的事业心，表现了善于团结和组织广大师生员工共同工作的素质。他到学校领导班子工作了半年多，我们合作共事都感觉到非常愉快。所以我除了向他表示祝贺以外，衷心地祝愿他在新的岗位上能够取得新的建树，能够与党委行政班子里的同志们团结一致，为把浙大的建设进一步向前推进作出新的贡献。

分析当前我们国家的形势，政治稳定，市场繁荣，民族团结，经济不断向前发展，形势是很好的。但另一方面也感到面临着巨大的挑战。我国到现在为止还有 8000 万的农民还没有脱贫，还有相当一部分青少年没有脱盲。国家的中西部跟东部之间的发展不平衡性，还会比较长时间地存在下去。我国虽是一个地大物博的国家，但人口众多，人均的资源还是很短缺的，无论是耕地、无论是矿产，或者是其他方面的资源，甚至是水资源，都是非常紧缺，而且分布也不均衡。要提高我国人民的生活水准，必须要提高人均劳动生产力水平。将来达到的小康要向中等发达国家目标前进的时候，这个任务会更艰巨。要实现这个目标，看来完全靠外延发展，完全靠引进，完全靠劳动力低廉，完全靠勤劳的双手是不够的，还是要靠科学技术，要靠提高劳动者素质，要靠中国人民能够创造应用更多的新的科学技术，才能够走到一个中等发达国家水平的目标。展望到这一段时,我们更意识到在科技、教育工作岗位上的我们这一代人的责任。想到国家的未来,我们肩上的责任还是非常沉重的。潘云鹤同志担任浙大的校长,既是一个光荣的岗位,也是一个责任重大的岗位。我相信潘云鹤同志能够与浙大的师生员工一起把浙大的事业推向前进。

一个国家也好,一个学校也好,它的发展必须走一条符合客观规律,有自身特色的创新开拓的道路。浙大有自己的光荣历史,有自己的传统。同时,浙大也有自己的地理环境的特点。浙大地处杭州,地处浙江,有周边很好的区域环境。浙大也有自己人文方面的优势,有老一辈的学者、前辈,也有在校的许多学术上有创见,同时年富力强的中青年教师,包括一大批研究生。我们应该依靠对这些客观条件的分析和认识,走一条符合浙大特点,符合浙江以及地方经济发展的需求,符合我们国家的四化建设,符合跨世纪的形势要求,符合世界科学技术与高等教育潮流和共同规律的特色之路,为国家为民族作出更多的贡献。

回顾前几年,我感觉到浙大之所以能够有所前进,除了领导的支持以外,很重要的一条,是学校全体师生跟领导班子的团结一致。这个学校是具有凝聚力的,在这个学校里,大家是把国家的利益、民族的利益、学校整体的利益放在前头的,所以我们能够不断地前进。

在今后的5年、10年以至更长的时间,大形势总的来看是会越来越好,但局部的也是会有一些变化的,经济上会有一些起伏。即使客观条件有的时候好一些,有的时候差一些,前进的脚步都不能停顿。浙大在全国的地位和相对地位也会有的时候高涨一点,有的时候低落一点。师资队伍也可能不断地有所变化,有的老同志因为自然规律的原因,慢慢地退出了工作岗位,年轻同志补充进来成为新生的力量。但是,只要能够坚持学校上下团结一致,坚持社会主义这个大的教育方向和目标，坚持走一条符合校情国情的道路，浙大是会有无限的发展前途的。

在班子酝酿、局部调整，我要离任的过程当中，许多同志也都希望我今后能够更多地为学校做一些工作，这也是我自己的心愿。虽然我以后的主要工作岗位是在科学院，但这同样是国家科技，同时也有培养高级人才方面的责任。从工作范围来说，很自然地是跟浙大相通的，而且我仍然担任着浙大流体传动与控制学科的教授。我一定尽我的可能与力量，为学校的建设继续作出应有的一份奉献。

希望潘云鹤同志担任校长以后，能够客观地分析学校过去工作中成功的经验与存在的许多不足之处，也分析其中有一些过去看来行之有效的，今后需要改进与调整的政策。能够跟班子的同志们一起，跟全校师生员工一起，民主科学地决策，大胆地进行调整，大胆地进行改革方面的深化，走出一条新的发展的道路来。不要拘泥于已经取得的成绩，也不要拘泥于特别是我在任期间原来有过的一些决定，或者是有过的一些规定。我想世界任何事情都是发展的，只有不断地发展，不断地调整，不断地适应客观地环境，才能取得新的进步。在这一点上更不要顾虑老班子或者是老人、或者是我前任的校长会有什么不同的想法。我的态度是全心全意地支持潘云鹤同志，支持学校的现任班子来努力工作。要我做的，只要是我力所能及的，我一定努力地配合。

附　　录

附录一

改革：充满希望的选择

——浙江大学综合改革纪实

本报记者　叶　辉　通讯员　徐有智　张　弦

4 月杭城，春意盎然。当我们来到百年老校浙江大学时，强烈地感受到，这里充满着春天的气息。

校长路甬祥对记者说："高等教育面临经济、政治和科技发展的严峻挑战，不改革就没有出路。改革的路尽管艰难，却让人看到了希望。"

选择新的思路

——改革全方位展开

1985 年，一份调查报告放在浙大新领导面前，其结果是令人震惊的：

据对 1982 年以来的毕业生素质的 185 份跟踪调查和综合评估，用人单位对本校毕业生基础理论知识和外语水平表示普遍满意，对工程实践能力认为"较强"的仅占 16.5 %，感到"不足"和"严重不足"的占 38.6%，认为本科生实践技能弱、工程师训练差的分别占 33%和 31%。

事实是严峻的。它表明，浙大培养的学生中，理论与实践、知识

注：本文原载《光明日报》1992 年 5 月 6 日一版头条。

与能力、课程设置与经济建设“三脱节”倾向十分严重。

出路何在？只有改革？

早在国门乍开的70年代末，当时的浙大领导人刘丹率团考察了西方发达国家的教育情况。他们培养的学生“工理文管”知识兼具，可以直接进入商品经济领域和新学科前沿，对比之下，他开始坐不住了。

1985年，该校在全国率先实行校长责任制。校领导把改革的突破口放到教学上来，全面加强对学生的培养和提高。

——在本科生培养规格上，打破单一的应用型培养模式，把学生的培养目标调整为工程型、科学型和管理型。

——贯彻因材施教、优才优育，全面推行和完善学分制，建立和完善系列奖学金制，把住毕业设计、论文关，实行优胜劣汰。

——加强与企业联系，创办联合培养模式，变革工程教育过程。

——建立双向选择和多渠道培养机制，大力发展研究生教育，等等。

事实证明，这些改革给浙大的教学带来勃勃生机。然而，经济体制改革带来的市场冲击，给高校人才培养提出了更严峻的挑战，而高校这种单一突破型的改革未能从根本上转换机制、革除弊端。

学生有了压力，教师却缺乏动力：学生不再厌学，教师仍在倦教。干多干少，“奖金面前人人平等”；干好干坏，职称面前论资排辈……

面对学校实际，他们下定决心，改革必须深化。

1988年盛夏，浙大现任校长路甬祥飞赴北京率先请缨：浙大愿为全国高等教育改革的试点。他们大胆借鉴经济体制改革的成功经验，制定了一个适合国情的综合改革方案，开始了从管理体制、学科建设、人才培养、队伍建设等六个方面的全面改革。

1989年初,经国家教委批准,清华、浙大两所高校列为我国高校综合改革试点院校。

转换办学机制

——改革向深层推进

当浙大被列入全国高校综合改革试点时,校长路甬祥和他的班子作出的第一项重大决策,就是改革学校内部所系合一的教学科研体制,实行系办教学、所管科研,教学科研紧密结合的新体制。

这种体制改革的中心思想,是把原来校、系、专业教研室 、改为校、系、研究所(室)。把所建在二级学科上,实体在所,人、财、物主权在所,建立所长即学科带头人负责制,建立所务会议制,党支部建在所上。实行人才自由组合,合理流动,择优聘用。对所实行硬指标考核,每年考核一次,每季公布一次。对学校下达各所的经费数、发表论文数、科研成果数、教学任务等作了明确规定。超额完成任务者有奖,完不成任务的要减少编制和交纳超编制费用。

第一年在化工、计算机等5个系选择体制改革试点,次年在全校全面推广。

初试锋芒,便产生了巨大的震动。

计算机系原有3个教研室,人员分散,形不成群体优势,中青年优秀人才冒不上来。改革后,取消了教研室,按学科方向和专业分工重新组建2个研究所和2个研究室。系主任俞瑞钊明确宣布:支持学术带头人亮“旗子”、组班子,择优聘任。

这一刀下去,把原有的平衡和宁静打破了。有人高兴,“旗子”一亮,响应者云集;有人困惑,怎么自己就没人要了,“怎么啦,要剥夺我工作权利?!”

震动是必然的。路甬祥预见到会出现这种震荡场面。一个庞大的机制在固有轨道上运行久了，其惯性要在短期消除，谈何容易。在注意倾听教师意见的基础上，路甬祥表示，改革的方向不能动摇，在具体操作上可以根据各系和学科的历史特点，作“弹性处理”。

于是，“所、专业教研室合一制”出现了。这种体制具有教学科研双重管理职能。对外搞课题由所出面，对内组织教学由室承担，运转灵活、有效。“所、学科对应制”也出现了。这类体制以学科为基础建立研究所，所则包容若干个学科基础相同的专业教研或研究室。这类体制的好处，有利于对外承接大型的课题，协同组织集中攻关研究。

体制改革后，浙大的科研工作产生显著的活力。目前该校已在二级学科上共建立 80 个研究所(室)，在此基础上建立 9 个国家级重点实验室、2 个国家工程研究中心。

目前，全校专职和兼职从事科研工作的教师数明显上升。面向经济建设主战场，承担的科研项目从 1988 年 780 多项增加到 1990 年的 1000 项、1991 年的 1400 余项。

科研成果获奖项目 1990 年全校共鉴定科研项目 138 项，其中获国家发明奖 3 项、部委和省市科技进步奖 64 项。1991 年学校鉴定项目 120 多项，获国家发明奖 3 项，国家自然科学奖 2 项，国家科技进步奖 2 项，其中国家科技进步一等奖和自然科学奖实现“零”的突破。

数字是枯燥的，然而又是实在的。化工自动化教研室，改制后建立了工业自动化控制研究所。通过校内联合、学科交叉，实力大增，取得重大科研成果 28 项，为国家创税利 1 亿元。最近，国家计委决定，投资 2500 万元，在该所建立我国首家工业自动化工程研究中心。他们已从过去一个普通教研室，发展成为拥有博士点、博士后流动站、重点学科、国家重点实验室和国家级工程研究中心的“五星级”研究所，学术水平跃居全国前列。

教学是“软”任务，很难像科研一样用数据来说明。且让我们看看下面的镜头：

1992 年新学期伊始，美国人麦高卓一行在国内几所最著名的大学转了一圈后来到浙大，在应届生中招聘公司职员。当 300 多份试卷经过严格筛选，剩下 50 份时已爱不释手。他们原定在浙大招 3 至 4 人，结果多招了 1 倍。

当然，这只是一个典型例子，学校主管教学的负责人告诉记者，系办教学的体制确定后，各系相继建立系教学委员会，负责修订教学计划，落实教学任务，聘用任课教师，组织教学质量检查。全系的教学大计统一决策，统筹安排，教学积极性进一步发挥。

新体制在运行中，各系办教学新招迭出。淡化专业，削弱长期形成的“专业山头”：在制定经济政策时，向教学倾斜。由此，分配不均的现象得以扭转，第一线教师情绪安定，积极性进一步调动。全校一下同时开设 12 个辅修专业，选修学生达 630 人，相当于一届本科生总数的 1/4。

强化激励机制

——改革在难点突破

1990 年 10 月某日，光科系会议室里气氛肃然，一场别开生面的民主评议教授正在进行——8 位副教授为争取仅有的 1 个教授指标，公开陈述自己的工作业绩，接受全系教授和聘任委员会成员的质询。

升等评职称，堪称高校最大的“热点”，也是改革的大难点：年长资深的，往往先予照顾；冒尖的破格，又僧多粥少……

深化改革必须突破这一难点。

“按需定岗，按岗定编，公开公平，择优聘任。”1989年，浙大在“五定一评”基础上深化人事制度改革，全面实行聘任制。

光科系经核定编制后，便出现了以上那幕情景。8位申请人汇报了自己任职以来所完成的业绩情况，政治表现，教学水平，科研项目，获奖成果，论文数目，社会工作等等，并根据量化考核标准，折算成分数，公布于众。

8人中有五六十年代毕业的老教师。然而分数无情，舆论的天平马上向最年轻的70年代毕业的顾培夫倾斜，经系教师职务聘任委员会无记名投票，顾获得教授任职资格。

该系一位落聘老教师说：“真正公平，我服了。今年不行，明年再来。”目前他已与企业合作，承担了3个大项目。

改革，使勤奋努力者面临更多的机会，这就是改革的魅力所在。

浙江大学采用全员定编，严格地把岗位和任务直接挂钩，考核到所，定编到人，鼓励流动，优化组合。多余的“编制”坚决交出来，缺编的由学校付缺编费，从而大大减少了人浮于事、互相推诿的现象。副校长唐晋发告诉记者，光科系1988年超编7人，科研经费为88万元，1989年把包括一名研究生在内的5名工作懒散人员退了出去，另2人交了超编费。每个人紧张地工作，当年科研经费达127万元，去年则达290万元，按完成的任务，经费计算编制，1991年全系缺编22人。他们这样做，是看到了其中的奥秘。

浙大还把编制的机制引入青年教师的管理，实行青年教师合同制和博士生、硕士生兼助教制。选留和分配进校的硕士以下（含硕士）青年教师进入流动编制，校方与其签订2年合同，期满后考核业绩。2年中考核必须有一年是一等，才能转为正式编制。1988年以来该校共补充599名毕业生，其中流动编制349人。目前择优转正为正式编制114人，流到校外79人，其余续签合同。

当一系列的“震荡”后，有些人被砸了“铁饭碗”，搬了“铁交椅”，于是，校内待业制度应运而生。1990 年 4 月开张的人才开发中心便成了“落聘者”的暂栖地。

中心开张，首批进入中心等待“开发”的一些教职工，一个个脸若冰霜，视他如“敌手”。

落聘者被列入编外，这些人被“断了生路”，有人拍桌子吵闹，还有人愤愤不平，“把我榨干了，现在当垃圾扔了！”

于是人才中心有了一个别号：垃圾筒。

“垃圾筒”没有将这些人当垃圾。进入中心者，第一阶段是待业期，发给基本工资和政策性补贴；此后分动编流动（关系正式转到新单位）、不动编流动（留职停薪、借调等关系留在中心）流走。在此期间，中心一边组织他们学习，一边进行生产自救，使他们尽快从心理躁动中摆脱出来，及时转到合适的岗位。

2 年来有 30 多人进入中心，11 人经动编流动调走，7 人属不动编流走。1991 年中心组织搞科技开发，盈利 6 万多元。

人们对中心的看法开始变了。一些在本单位干得不顺心，学得不对口或人事关系不协调的人，主动要求到中心，以期再流动到合适的单位去。中心成了一些人生命之旅的小憩之地，成了“加油站”，以期在人生之路上跑得更快。

改革不断深入，到去年，一个新的分配制度改革出台了：实行国家工资加校内工资双轨运行统一管理的结构工资制度。

双轨结构工资制把现行工资分解成国家工资——包括基础、工龄、职务等工资和国家补贴；校内津贴——包括岗位职务、岗位业绩津贴和奖酬金两大块。

双轨结构工资制的关键是业绩津贴。它是根据学校办学效益和考核教职工年度业绩为基础的不积累的浮动工资，以计算业绩点的形式按月发放。

1991 年全校业绩点考核结果，最高者为 6 点，最低者 0.1，分配收入差距一下子拉大，最高年收入逾万元，平均主义终于被打碎了。

“铁饭碗”，碎了。于是，有人悄悄地找到所长、系主任要活干，于是有人纷纷下乡、下厂找任务。

改革，把这所古老的大学推向经济建设前沿，推向了世界，推向了未来。浙大已进入建校历史上最鼎盛的发展时期：

教育质量和科研水平不断提高，1992 年被列入国家“八五”期间重点建设院校行列。

办学经费 1991 年首次突破亿元大关，比改革前翻了一番还多。

科研经费 1991 年突破 4000 万元。人均科研经费 5.1 万元，居国内高校前列。它反映了学校为经济建设服务的规模和活力。

国家自然科学基金资助总额从 1988 年的全国第 12 位上升到 1990 年的第 4 位，其中青年基金连续 2 年跃居第 1 位。

抓住时机，把握机遇，迎接挑战，定能创造出无愧于前人的宏伟业绩——建设一所有中国特色的社会主义新浙大。

浙大，正为此而努力！

加强教育与经济的接口

——浙江大学全方位综合改革闯出新路

新华社记者　唐庆忠　严鸿祝　新华社通讯员　徐有智

浙江大学是国家教委直属重点院校，也是首批进行综合改革的试点院校。近几年来，他们坚持面向社会经济发展需求，通过改革办学体制，调整和更新学科结构，转换内部机制，提高了教学质量和科研水平，使这所有近百年历史的高等学府跨入一个新的发展时期。

浙大校长路甬祥认为，浙大近几年的改革之所以有新的起色，根本在于寻找到了教育与经济发展的最佳结合点，加强了大学教学科研与社会需求的“接口”。

改革传统办学体制　解放教学科技生产力

浙大领导在办学实践中认识到，我国高校传统的“系所合一”的办学体制弊端很多，条块分割，统得过死，缺少活力，教学与科研分离，学生培养与现实需求脱节。1989 年起，浙大首先进行了这方面的体制改革，一改以往系办科研、室管教学的旧模式为系办教学、所管科研的教学科研紧密结合的双层运行机制。系决策教学大计，把研究所（室）建立在二级学科上，实行所长即学科带头人负责制和人、财、物主权在所的新体制，所（室）人员自由组合、合理流动，择优聘用，硬指标考核。

注：本文原载《人民日报》1992 年 6 月 10 日第一版。

这一改革使各所、室人员纷纷投身到经济建设主战场，在扩大科研经费和项目上，变以往“等米下锅”为“找米下锅”，学校科研的规模和水平逐年提高，出现了基础研究定向化、应用研究基地化、开发研究产业化的良好局面。目前，这个学校已建立起 80 个研究所(室)，9 个重点实验室和 1 个国家级工程研究中心，全校专职和兼职从事科研工作的教师人数明显上升，承担的科研项目从改革前 783 项增加到去年的 1400 余项。科研经费也以每年 30％的幅度增长，1991 年达到 4000 万元，比改革前翻了一番还多，人均科研经费名列全国高校中的第一位。近两年来，浙大共有 280 多项科技成果获得国家和部委省市奖励，37 项科研成果推广后，每项每年取得 500 万元以上的经济效益，累计为社会新增产值 28.7 亿元。

在科研长入经济主战场的同时，浙大的教学水平和质量也明显提高。系办教学的体制确立后，增加了办学自主权，教学资源集中使用，使学校培养具有基础扎实，知识面宽厚、实践能力强的人才目标落到实处。目前，浙大设置的 10 个学科含 21 个专业博士后科技流动站已居国内大学前列，在校研究生总数达到 1800 多名，其中博士生 325 人，比改革前增加了 3 倍多。

调整学科结构　促进人才的培养

近年来，浙大抓住新技术发展的有利时机，从“面向现代化，面向世界，面向未来”的需要和本校实际出发，改造传统学科，重点扶持新兴学科。去年，学校合并了光仪系和科仪系，组建为光电与科仪系，集中发挥光机电算学科优势，今年又调整了化工系、化学系，新建了高分子科学与工程系，调整了建筑工程学院内部结构和运行机制，形成了城市规划、建筑设计和土木工程教学科研设计工程一体化。学科专业的调整，拓宽了学校人才培养与社会的“接口”。

浙大还积极挖掘内部办学潜力，走与社会联合办学的路子，为国家经济建设急需的发展行业和部门定向培养和输送各类专门人才。目前，浙大已与10几个部委和大中型企业联合创办了石油化工、轻工、建筑工程和工商管理4个学院，还在各地建立了60多个校外综合办学基地。

改革人事分配制度　增强办学活力

浙大在人事管理制度改革中针对人员超编，队伍结构不合理等状况，实行严格编制管理，按需设岗、全员定编、考核到人的新制度，并采取一系列奖勤罚懒，优胜劣汰的措施。学校还引入竞争、激励和自我约束机制，鼓励人才合理流动，以优化队伍组合。

他们根据教学、科研、校办产业、后勤、管理等各类人员的工作性质设置编制数，严格地与岗位和任务直接挂钩，实行工作总量全面考核。优秀者高聘或特聘、不合格者缓聘或不聘。采取这一措施后，一大批有真才实学的中青年优秀人才脱颖而出，进入教学、科研和管理的重要岗位。学校还设立校内待业制度，各单位的富余人员或缓聘、不聘者，进入人才开发中心或转岗，或待业。此外，浙大也把编制机制引入青年教师队伍的管理，在高校最早设立流动编制，规定选留和分配进校的硕士以下青年教师先进入流动编制，校方与其签订两年合同，期满后考核优者转入正式编制。

从去年开始，浙大又推出分配制度改革，采取国家工资加校内工资双轨运行统一管理的新制度。把现行工资分解为国家工资和校内工资(包括岗位职务、岗位业绩津贴和奖酬金)。其中岗位业绩津贴是根据办学效益和考核职工年度业绩为基础的不积累的浮动工资，以计算业绩点的形式按月发放。由于打破了平均主义，因此调动了广大教职工的积极性，使教学、科研、人才培养、生产、开发形成良性循环的局面。

深化内部体制改革　面向经济主战场

浙江大学综合改革走出新路

本报讯　浙江大学根据经济和社会发展需要，不断深化学校办学体制改革，走出一条内部挖潜、调整结构、适应需求、提高效益的办学新路子，使学校的教学、科研、生产和开发出现良性循环，各项工作呈现一片勃勃生机。

1989年初，浙江大学经国家教委批准，率先进行综合改革。学校根据教育规律和科技、经济发展的长远需求，结合自身的办学情况，把改革的重点放在内部结构调整和体制改革上，从学科建设、人才培养、队伍建设、教学、科研、生产后勤等六个方面展开综合改革，以便转换办学运行机制，增强办学的活力，调动广大师生员工的社会主义积极性。

浙江大学在深化内部办学体制改革中，首先瞄准经济和社会发展需求，调整内部办学结构，多渠道地加强与社会力量联合办学。近两年来，这个学校在不扩大学校规模的情况下，挖掘办学潜力，实行内涵式发展，先后与国家十几个部委和大中型企业，联合创办了石油化工、轻工、工商管理和建筑工程等4个学院，使高级人才培养与社会、企业直接“接口”，增加适应性和实际需求。其次，改革系科设置，创办新兴学科，加强重点建设。对9个列入国家级的重点学

注：本文原载《中国教育报》1992年5月9日第一版头条，作者：徐有智。

科，坚持高标准严要求，加快学术梯队的建设，争取有一批相关学科达到国际前沿水平；设立学科建设基金，重点扶持符合科技发展趋势的新兴学科和交叉学科。近年来合并有关系科组建了光电与科仪系，创办了高分子科学与工程系和新专业，等等；同时改革本科学制，选择少数跨学科性强的工科专业，开办了 5 个专业四年制改为五年制的试点。第三，打破系所合一的旧管理模式，建立系办教学，所管科研，在二级学科上建立研究所（室），实行学科带头人负责制的新体制，以强化激励机制，优化队伍组合。目前这一体制改革经信电、力学、计算机等 5 个系试点后，已在全校推开。办学体制和结构的改革与调整，使该校各项工作出现新的生机，已形成以工为主、理工结合，兼有文管、多学科、多门类的研究教学型的新格局。目前，该校已设有 7 个学院、22 个学系、50 个本科专业、29 个博士点学科、76 个硕士学科，并设有 10 个学科 21 个专业的博士后科研流动站，教学科研质量明显提高。

学校内部办学体制改革，系办教学的新体制得以建立，出现了竞相提高教学质量的良好局面。各系相继建立系教学委员会，统筹全系的教学计划制订、任课师资调配、课程结构改革、培养目标调整等办学大计。加强了基础和技术基础课程建设，稳定和提高教学第一线师资力量，增加了系办学自主权，教学资源集中使用，提高效益，调动了积极性。学生的培养改革单一结构，着重向拓宽基础、强化实践、优化能力、全面提高素质方面转化，注重培养基础宽厚，适应性强，理工、文管知识交叉，并具开拓创新意识的“复合型”高级专门人才。学校创办的因材施教培养“国家队”优秀人才的新模式——“混合班”、“提高班”得到进一步提高；主辅修制经大面积推广后，效果显著。目前已开设 12 个辅修专业，选修学生总数达 630 人，相当于一届本科生的四分之一多，已成为学校教学的一大特色。

该校在国内首创的“3·1·1”厂校联合培养方法，已培养了200多名学生。目前转入定向培养，与国家商检总局联合建立“商检教育中心”，招收了40名学生，实行“3·1·1”培养模式。研究生教育实行校内外、国内外多渠道联合培养；双向选择，按二级学科统一招生；硕士、博士一贯制试点和博士生兼任助教制等等，着重培养“工程型”硕士、博士，使学校成为高级人才立足国内培养的重要基地之一，形成本科教育与研究生教育并重的新格局。

学校内部办学体制的改革，还使科研工作进入经济建设主战场。该校在二级学科上已建成80个研究所(室)，9个国家级重点实验室，2个国家工程研究中心。改制后，科研所、室相继进入实体运行，科研教学紧密结合，促进学科交叉，增强科研活力。该校的科研规模扩大，层次提高，全校科研总经费每年以30%以上速度增长，去年突破4000万元，每人年均达5.1万元，居全国高校前列。国家自然科学基金资助总额从全国高校第十二位，上升到1990年的第四位，其中去年基金跃居第一位。近两年还是获国家“三大奖”项目最多的年份，其中国家自然科学奖在1991年取得“零”的突破。体制改革也促进校办产业与高科技成果的结合，促进科技成果加速转化为生产力。该校近年来创办了一些高技术产业集团，改革了校办企业体制，去年校办产业利润达1000万元，比上年增长17%以上。据统计，目前该校有37项重大成果推向社会，这些成果均取得年经济效益500万元以上的显著效益，为社会新增产值达28.7亿元，新增税利5.1亿元，为国家节支5.3亿元。

深化基础　强化实践　淡化专业

——浙江大学综合改革报道之一

本报记者　钱崇芳　杨曙望　黄宇棠　通讯员　徐有智

由小叶黄杨组成的“求是”两个大字，每天迎送着进出浙江大学校门的人们。老和山下，这所有着90多年历史的全国重点大学，正在综合改革中焕发着青春。

培养能适应社会主义商品经济和社会发展需要及世界新技术革命挑战的“国家队”人才，这是浙大进行综合改革的首要目标。浙大认为，这样的人才应当是理工结合，既能从事基础理论研究，又具有应用研究和技术开发的能力。他们从本校的实际出发，探索出一条深化基础、强化实践、淡化专业的教学改革的路子。

混合班和提高班

——优材优育

从1984年开始，浙大选拔由中学保送的优秀生和高考中的“尖子”，开办了“混合班”和“提高班”。“混合班”每期100人（预定淘汰率30%），不分专业，统归教务处教育二科管理，集中编班，每个学生安排导师，学完2年基础课后再选择专业。“提高班”每期200人，学生仍留在原专业的班级，而基础课集中讲授。对这两种班的学生，按照“起点高、内容深、进度快”的要求组织教学，选用英文原版

注：本文原载《中国教育报》1989年4月1日第一版头条。

教材，选派经验丰富的教师授课。经过 4 年的实践，证明这些学生在进入专业课学习阶段后，都表现出相当显著的潜力和后劲。

预分配与联合培养

——变革了教育过程

这项改革，浙大已在 5 个系 15 个专业中试行了 2 年，有 119 名学生毕业。做法是将在校修业的 4 年与毕业后见习的作统一安排，在校学习 3 年半后，提前分配到对口单位，进行为期 1 年的工程实践训练，然后返校用半年时间完成毕业设计(论文)，并根据需要选修 15 至 20 课时的有关课程。毕业设计审查合格后，学校按原计划的毕业年份发给毕业证书，并取消到用人单位以后的见习期。在联合培养期间，培养计划和毕业设计选题由学校和用人单位共同确定，用人单位在最后 1 年发给学生见习工资。经过联合培养的学生，理论基础和实践能力都有明显加强，尤其是返校后的选修课针对性很强，使学生如虎添翼，达到了学校、学生、用人单位“三满意”。在社会上很多单位向学校收取“学生实习费”的今日，参加联合培养的单位，却纷纷主动向浙大提供资助。

科学评分，合理淘汰

——狠抓教学质量

从 1987 年开始，浙大试行“科学评分、合理淘汰”的制度，严格把住毕业设计(论文)关。他们规定了“五项九等”评分标准和各等级的人数比例，以教研组为单位，按毕业设计的工作量、方案选择、可行性评价、基础知识运用、独到见解和毕业生的口头表达能力等逐项考核，最后由教务处和系主任检查批准。1988 年，在全校 1800 名本科毕业生毕业设计中，评出优等 274 项，其中优等 A 级 32 项；

有 6 名学生毕业设计不及格，没有拿到毕业证书。该校有关领导认为，把住毕业评分这一关，一能保证向社会输送真正高质量的人才，二会对学生培养的全过程发挥巨大影响，激励教师和学生教与学的积极性，促进教学质量的提高。

双向选择与多渠道培养

——建立研究生激励机制

在研究生的培养过程中实行师生“双向选择”制，是浙大从去年开始实施的一项改革。对研究生不预先确定导师，入学后，先按二级学科统一安排学位课程，鼓励研究生理工交叉、工管交叉、工经交叉。到一年级第二学期，导师们再向学生介绍自己的研究课题和学术成果，由学生选择导师；同时，导师根据学生的学习态度、学习成绩和思想品德表现，选择自己的研究生。这种“双向选择”并不是“一选定终身”，在整个学习过程中，学生随时可以根据自己特长、兴趣的新发展，重新选择导师；导师若认为某个学生无培养前途，如政治思想、道德品质差，考试成绩不及格，博士生一年半仍提不出论文选题报告等，可以提出“不导”。若原导师“不导”而学生又未找到“原导”的新导师，即按退学处理。另外，浙大还规定，研究生在一年级由学校按比例发奖学金。二年级起由导师发给科研津贴。若导师无科研项目就无法给学生发科研津贴。这样的双向选择，对学生和导师形成了双向的压力和动力。

浙大对研究生还实行了在校内、国内和国际多渠道联合培养的体制。在校内，实行跨学科多导师制度，交叉学科的 10 个研究中心与各系联合招生，并联合组成导师小组，对学生进行多学科指导。在国内，浙大与其他高校、科研单位和企业联合培养研究生。这些研究生定期到联合单位接受有丰富实践经验的高级工程师的指导，并结合这些单位的实际工作选择研究课题。浙大还与国外的大学、研究单位、公司联合培养博士生。这些博士生现在本校学习 1 年学位课程，进行学位论文的准备。然后到国外进行 1 至 2 年的研究工作，接受国外导师的指导，回国后完成论文并进行答辩，由浙大授予博士学位。近一年来，浙大与联邦德国、美国等国的有关单位，联合培养了 20 名博士生。

建设年富力强的学者群体

——浙江大学综合改革报道之二

本报通讯员　徐有智　本报记者　钱崇芳　黄宇棠　杨曙望

要把浙江大学建设成为一所教育质量和科研水平稳定地居于全国同类大学前列,能迎接世界新技术革命的挑战,并在21世纪中国全面振兴中发挥重要作用的大学,必须时刻保持一支结构合理、素质优良的师资队伍。总的看来,这所历史悠久的大学,师资力量相当雄厚。但浙大的同志们清醒地看到自己学校存在的问题。一方面,学术骨干和学科带头人青黄不接、后继乏人;另一方面,处于同一年龄段而且教学科研经历相近的人才大量积压。这种局面对保持和进一步提高教育和科研水平是一种潜在的威胁。为此,浙大坚决实行"公开招聘,公平竞争,择优选聘",采取了一系列措施。

建立流动梯队　实行双向选择

浙江大学1988年毕业的30名本科生和研究生,与校方签订了2—3年的工作合同。这是浙大改革校内人事管理体制,建立流动梯队、实行双向选择的第一步。从1988年开始,浙大从教师总编制中划出一块作为流动编制。规定,今后凡毕业留校的从外校分配来的本科、研究生毕业生;经审查合格均列入流动编制,与校方签订为期2—3年的聘用合同。在聘用期内,享受正式在编教师的一切待遇,

注:本文原载《中国教育报》1989年4月8日第一版。

升职晋级、进修等一视同仁。在合同期内受聘人员不能胜任本职工作或违反校规校纪，校方可终止或解除聘用合同。合同期满后，双向选择。经学校考核后，少部分人续聘留校，大部分人将根据本人意思，或继续深造，或由学校协助联系到其他单位工作。今后流动编制将逐步扩大到1400—1500人，讲师以下(包括讲师)都将进入流动梯队，在编教师主要由教授和副教授组成。这项改革不仅改变了"一次分配定终身"、使学校和本人都处于被动的局面，而且可以避免人才长期积淀、队伍活力减弱的弊病，使师资队伍充满竞争，时时处于流动之中，保证整体的生机和效益。

实行公开招聘　广揽天下人才

去年年初，浙江大学先后在几家影响较大的报刊上登出了招聘启事，公开向海内外招聘获得博士学位的留学人员和有造诣的中青年学科带头人。到目前，已有450多名中青年专家与浙大联系应聘，其中有在联邦德国、美国、日本、加拿大获博士学位的专家，平均年龄37岁，而且多为研究高分子材料、教育管理、发展经济学、生物工程、国际贸易、计算机智能等新兴学科的专家。浙大初步决定选聘其中的30人。为使这些人能一展所长，学校尽可能为他们提供较好的工作和生活条件。在应用统计学研究中颇多建树的自费赴美留学人员张小蒂博士，于去年10月到浙大工作。他对记者说，我在美国受聘于国家统计局，任副研究员，生活条件优越。但我是一个中国人，现在祖国需要我，我要把自己的知识献给祖国。张小蒂近期将在浙大开设"计量经济学"、"概率论与数理统计"、"应用统计学"等新课程。广揽天下人才，给浙大不断增添新的活力。

打破学術评审常规　使人才脱颖而出

为了使中青年学术骨干脱颖而出，浙大成立了教授资格特别评审小组，实行特别审批制度。学校规定，凡在本学科领域内作出突出贡献的优秀中青年人才，根据学科建设的需要，经同学科专家的评议推荐，特别评审组有权随时评聘为教授，不受现行的职务聘任程序和各系、室（中心）升职定额的限制。特别评审组建立以来，已评聘了 4 位中青年学术骨干为教授。年仅 34 岁的益小苏在高分子和复合材料的研究方面，取得了突出成绩，被评为教授。特别审批制度的建立，保证了中青年学术骨干能脱颖而出，使他们在最佳年龄段充分发挥聪明才智。在学術制度的改革上，持这一观点的有识之士很多，而在目前率先实现这一突破却仍需相当的远见和魄力。一经突破，效果很快显现出来。如益小苏正参加某项国家重点科研题的研究，并以教授身份成为该项专家组成员，主持一个项目研究工作，不但充分发挥了自己的才干，也促进了浙大该学科的建设和发展。

保基础　争水平　创效益

——浙江大学综合改革报道之三

本报记者　钱崇芳　杨曙望　通讯员　徐有智

开展科学研究，是高等学校提高等教育质量的关键；为经济建设不断提供新的科研成果，也是高等学校尤其是理工大学的重要任务。浙江大学十分重视科学研究。仅近10年，就有16项成果获国家科技发明奖，7项获国家科技进步奖，4项获国家重大攻关项目奖，41项获全国科学大会奖，获省部级科技成果奖的有250多项……面对这累累硕果，浙大人并不自满。他们清醒地看到，如何摆正教学与科研的关系，如何调整基础研究与应用研究等问题，还未解决。目前又受外界环境的影响，科学研究出现小型化，分散化的倾向。在进行综合改革中，浙大强调基础理论研究，特别是新兴学科的研究；同时又直接为现时的经济建设服务的应用技术研究，制定并实行了"保基础、争水平、创效益"的方针，采取了一系列科研、教学相互促进的改革措施。

占领前沿　跟踪世界先进水平

浙大在对各学科和专业进行系统调查和科学预测基础上，选择了一些基础好、能适应90年代乃至新世纪经济振兴需要，并符合当代科学技术发展的学科，集中人力、物力重点扶植，保证这样的学科

注：本文原载《中国教育报》1989年4月11日第一版。

居于全国前列，并尽快达到国际先进水平。由国家教委确定的9个重点学科，9个已经建成或正在筹建的重点实验室，是浙大的“校宝”。在经费、人力、物力上得到充分保证。其中，“流体传动及控制实验室”已达到了联合（联合国内外高级科技人才）、开放（对外开放）、竞争（参与世界科学研究竞争）的要求。在加强“传统”重点学科建设的同时，浙大还积极对新兴、边缘学科和交叉学科开展研究。目前已建立了“计算机辅助几何设计与图形学”、“燃烧理论与技术”、“振动、冲击与噪声”、“环境工程”、“机器人”、“摩擦学”等6个交叉学科研究中心，还有“现代光学”、“信息与微电子技术”、“新能源”、“生物技术”等4个研究中心正在建设。另外，为跟踪世界先进水平，浙大加强了与国际高校和科研机构的联系，并设立外汇基金，支持本校教师在国外学术刊物上发表论文。目前，该校与17个国家和地区的高校建立了长期的校际协作，承担着欧洲共同体的一些研究课题。

出成果出人才　科研教学相结合

在综合改革中，浙大逐渐把科研工作的重点转移到为国民经济服务的主战场，并坚持科研与教学相结合的原则，合理调配力量，达到既出成果又出人才的目的。他们在校内组织起1500多人（全校教师共2500人）的专兼职科研队伍，承接国家和地方的科研任务，由原来的每年300多项，增加到每年780多项。这些项目既有高技术的，又有中、低技术的；既有近期的，又有中、长期的。参加国家攻关项目等高技术研究工作的有700多人。教师参加科学研究的实践显著地提高了本身的学术水平，从而促进了教学质量的提高。当一部分教师参加一些新技术的研究项目，带动了诸如“现代光学”、“新能源”、“生物技术”等新学科的建设和发展。浙大还吸收了全校

1800 名博士、硕士研究生参加有关课题工作，并尽可能把本科生的毕业设计（论文）研究课题结合起来，以提高学生的科学研究水平。

创效益　科研教学互相促进

在改革中，浙大采取措施扭转了以往单纯向社会输送成果的做法，实行从“成果”到“商品”一体化、一条龙。他们先是加强横向联合，相继建立了 20 多个教学、科研、生产联合体。在总结经验的基础上，又进一步组织起“杭嘉湖技术开发公司”、“模具集团”、“环境工程集团”、“能源工程集团”等 10 多个技、工、贸相结合的高技术产业集团，把科研立项、科研成果、中试、制出样品到批量生产贯串起来，实现了研究、开发、生产、销售、经营一条龙。还在校内成立了“对外技术咨询服务公司”、“实用技术研究所”、“专利代理事务所”等科技服务机构。此外，有组织地派遣教师承包、承租中小企业，出任科技副县长等，在国民经济建设中充分发挥了理工科大学的综合优势。在积极为国民经济建设服务的过程中，他们获得了大量信息，促进了教学改革；同时，也为学校创造了可观的经济收益，对基础理论研究和教学、改革校内收益分配制度和提高教学质量等方面改革的深化，提供了经济上的保障。1987 年学校计划外收入达到国拨教育事业费的 1.35 倍。

附录二

浙江大学改革发展大事记（1985—1995年）

1985年

1月9日 国家科技攻关经验交流会议在北京召开。大会对在科技攻关中做出重大贡献的111个项目予以表彰并颁发了奖状。浙江大学“水煤浆制备和燃烧技术”获奖，为学校争得了荣誉。

1月12日 香港邵氏基金会主席邵逸夫先生在港宣布，为了帮助祖国培养人才，决定向浙江大学捐赠1000万港元，用于发展教育事业。学校研究决定，用此款在浙江大学校内修建“邵逸夫科学馆”。

1月19日至23日 浙江大学第一届教职工代表大会召开。校长韩祯祥作了学校工作报告。工作报告分五个部分：一、关于学校的奋斗目标；二、抓好教学、科研的改革，加速“两个中心”的建设；三、抓好队伍建设；四、健全校、系两级领导的体制，充分发挥校、系两级的活力，进一步扩大系的自主权；五、建立强大的经济基础，做好后勤工作，为教学、科研和师生员工的生活服务。在全面规划的同时，韩校长明确提出：一定要把浙江大学建设成以理工为主，具有多门类多学科，能适应世界新技术革命要求，高层次、高水平的第一流重点大学。出席这次大会的有 23 个代表团的正式代表 516 人，特邀代表 22 人，列席代表 111 人。

3 月 17 日　经国家科学委员会批准，浙江大学计算机系的“计算机智能模拟彩色平面美术图案创作系统”在日本筑波国际科技博览会上展览并作现场表演。

4 月 19 日　浙江大学校友总会第一届理事会会议举行，韩祯祥校长主持会议并被推选为校友总会会长。理事会讨论通过了总会领导机构人选安排、校友总会章程、赞助母校设立“竺可桢奖学金”基金、创办《浙大校友通讯》等五项决定。理事会后，在图书馆隆重举行竺可桢铜像奠基典礼，著名数学家苏步青先生为奠基揭幕并发表讲话。

5 月 11 日　浙江大学首届教职工田径运动会举行。

5 月 12 日　浙江大学首届研究生运动会举行，共设有 22 个田径运动项目，有 197 名研究生参赛。

6 月 6 日至 9 日　由浙江大学主办的“工业过程模型化及控制”国际会议举行。这是我国首次召开的这一学科的大规模国际学术交流会。参加会议的正式代表有来自美国、日本、西德、加拿大、捷克斯洛伐克、新加坡等国家和香港地区的 66 位著名专家、学者和国内 105 位教授、专家及工程技术人员。

7 月 20 日至 21 日　国家计委正式决定在浙江大学重点投资建立“高纯硅及硅烷实验室”。

8 月 16 日　国家教育委员会发文通知浙江省教育厅，确定浙江大学为第二批实行教师聘任制和评定学衔的试点学校。

9 月 7 日　为了促进浙江大学与国外高等院校、学术机构、工矿企业、友好社团的学术交流和科技合作，学校决定建立“浙江大学国际交流合作中心”。

9 月 11 日 中共浙江省委宣传部发文通知，现按国家教育委员会党组 1985 年 8 月 30 日(85)教党字(123)号文件通知：同意浙江大学实行校长负责制。

9 月 12 日 经校长办公会议讨论，同意成立半导体材料研究所、流体工程技术研究所和管理科学研究室。至此，学校已有 9 个研究所、12 个研究室，即：电工技术研究所、光学仪器研究所、光学工程研究所、材料科学研究所、半导体材料研究所、能源工程研究所、机械研究所、应用数学研究所、流体工程技术研究室、建筑结构与设计研究室、流体传动与控制研究室、低温工程研究室、生物医学仪器与工程研究室、微波及光电子学研究室、人工智能研究室、动态测试技术研究室、管理科学研究室。

10 月 4 日 继创办"混合班"之后，浙江大学在培养开拓型人才方面又开创了一种新形式。1985 年，浙江大学选拔了 1985 级一部分未能进"混合班"的优秀学生，为他们开办了"提高班"。"提高班"的教学目标是对一些优秀学生在基础教学阶段中的数学、物理、外文进行强化教学，增加理科训练，增强后劲，拓宽专业面，培养优秀高级工程技术(科学)人才。

11 月 5 日 为发挥多学科优势、培养交叉学科研究生及开展新兴边缘学科的研究，学校成立跨系、跨学科的"浙江大学环境科学研究中心"和"浙江大学振动、冲击与噪声研究中心"。

11 月 18 日 浙江大学校务委员会正式建立。

11 月 23 日 国家科委下发发干字第 1187 号文《关于建立博士后科研流动站若干问题的通知》，该《通知》确定在全国 73 个单位建立博士后科研流动站 102 个。浙江大学建站学科有 2 个：1. 仪器仪表，专业为光学仪器、生物医学仪器及工程；2. 机械设计与制造，专业为液压传动及气动。

1986 年

1 月 4 日 《中国教育报》头版报道:“为促进高级专门人才培养和科学技术发展,加强学术思想和人才的广泛交流,国家教委最近决定对外开放一批高校实验室和研究所。”公布了 6 个实验室和 1 个研究所的名称,浙江大学流体传动及控制(液压及气动)实验室是其中之一。

1 月 28 日 中共中央政治局委员、全国人大常委会委员长彭真考察了浙江大学。校长韩祯祥、党委书记梁树德、副校长路甬祥、胡建雄等陪同。彭真同志在听取学校工作情况汇报时,称赞浙江大学西迁办学的壮举为“文军长征。”彭真同志在图书馆发表了重要讲话,充分肯定了浙江大学近几年来各方面取得的成绩,认为这是改革的成果,并为浙江大学题辞:“祝浙江大学同志们善于掌握马克思主义改造客观世界和主观世界的哲学武器,继续加强教学、科研和生产三结合,攀登科学技术新高峰,为社会主义两个文明建设培养更多的德才兼备的优秀人才。”

3 月 22 日 热物理系燃烧教研室与瑞士苏尔寿公司签订一项“煤的燃烧”科研合作协议。这是浙江大学与外国企业公司签订的第一个科技合作协议。

4 月 5 日和 4 月 9 日 浙江大学召开研究生工作会议。会议对学校几年来研究生培养质量的检查进行了总结,并提出了今后继续抓好研究生改革工作的具体措施:加强研究生的思想政治工作;实行淘汰制,建立研究生兼助教工作制和硕士导师资格审查制;全面修订好研究生培养方案;实施新的研究生学则。

4 月 9 日 国家教委以(86)教师管审字 012 号文件《关于教授、副教授任职资格审定权问题的批复》下发浙江大学。批复如下:“根据《高等学校教师职务试行条例》第十五条规定，经审定，同意你校教师职务评审委员会有权审定教授、副教授任职资格。

4月15日 国务院学位委员会(86)学位字001号文，通知浙江大学为下放硕士学校授权学科、专业审批权试点单位，批准浙江大学可自行审批14个一级学科所属各学科、专业的硕士学位授予权。它们是：数学、物理化、化学、力学，机械设计与制造、仪器仪表、金属材料，动力机械及工程热物理、电工、电子学与通信、土建水利、非金属材料、化学工程与工业化学和自动控制。

5月14日 浙江大学与联邦德国亚琛工业大学建立校际合作的备忘录正式签署。备忘录中确定，浙江大学与亚琛工大将联合培养博士生。

5月22日 为纪念竺可桢校长，激励学生继承和发扬"求是"优良学风，勤奋学习，刻苦钻研科学技术知识，努力攀登世界科学技术高峰，促使品学兼优、出类拔萃的优秀学生成长。在广大校友的热情支持和赞助下，学校决定设立"竺可桢奖学金"。

5月22日 浙江大学发学(1986)227号《授予浙江大学"优秀毕业生"荣誉称号的试行办法》下发各系。浙江大学"优秀毕业生"是学校授予毕业生的最高荣誉称号。目的在于表彰本科、硕士、博士毕业生中德、智、体诸方面表现特别优秀的学生，成为全校学生的楷模。

7月5日 浙江大学北美校友会1986年年会在加拿大安大略省圣加德林市波克大学召开。浙江大学校友总会会长、浙江大学校长韩祯祥应邀参加。

8月28日 校长办公会议决定：浙江大学正式建立生物科学与技术系。该系将理工结合、以理为主，具有浙江大学特色，以培养宽口径的现代生物科技人才，同时加强与本校各学科的交叉渗透。会议还决定，撤销中心实验室，分别成立计算与信息中心和分析测试中心。

10月10日 韩祯祥校长主持召开校务委员会会议。会上，路甬祥副校长报告了本学期教育改革工作的措施：(一)改革课程结构，加强基础理论教育。要制定整体优化的教学计划。(二)加强实践环节，注重能力培养。加强学生科学研究与工程技术方面的训练。(三)贯彻因材施教的原则，扶植优秀人才脱颖而出。试行改革考试评分办法。(四)教材建设。(五)开展继续工程教育。张镇平副校长就职务评审工作和函授教育工作向各位委员作了汇报。本学期除了继续做好教师职务评审工作外，同时进行实验技术人员、工程技术人员、图书资料专业和档案工作人员、出版与新闻专业人员、会计专业人员、卫生技术人员等6个系列职务评审工作。阙端麟副校长就重点学科的建立问题，胡建雄副校长对学校招生规模、基建规模、经费问题等向委员们做了汇报。会上还讨论了《研究生学则》和1987年校庆的有关事项。委员们听取汇报后，对学校的工作进行了审议并提出了建议。

10月22日 中共浙江省委宣传部以浙宣复(1986)31号文批准浙江大学创办《浙江大学学报社会科学版》[半年刊]，国内发行。该刊决定于1987年90周年校庆前出版创刊号。

12月11日 国家教委下文，同意浙江大学增设“生物化工”专业，筹建“城镇建设(试办)”专业。

1987年

2月28日 国家教委同意浙江大学设立成人教育学院，主要任务是负责成人教育的教学组织和管理。

4月4日 浙江大学正式成立建筑系。

5月3日 经国家教委同意，浙江大学在电机系试行首批应届毕业生进行厂校联合培养的试点。

6月4日 经校长办公会议讨论，决定新增设。化学、物理、流体传动及控制、人工智能、信息与电子工程、生物医学工程及仪器、土木、社会科学8个研究所和1个外国语言文学研究室。至此浙江大学共有17个研究所、6个研究室。

6月17日 浙江大学成立经济系和哲学系。韩祯祥校长在这两个系成立大会上指出，这两个系的成立，是浙江大学人文科学、社会科学事业发展的重大事件，将有利于促进学科相互渗透，更好地培养高级专门人才。至此，浙江大学发展到22个学系48个专业，从以工为主、理工结合的多科性重点大学发展为以工为主、理工结合，兼有文管经的多门类多学科的重点大学。

6月18日 为加强本科教育工作，提高本科教育质量，经学校党委和校长会议研究，通过了《浙江大学关于加强本科教育工作的意见》，报国家教委同时下发各系、各部处贯彻执行。

6月21日 著名数学家丘成桐与学校合作建立“浙江大学高等数学研究所”。

7月9日 学校正式建立中国语言文学系。

8月1日 为纪念竺可桢校长，缅怀竺校长的崇高品德，褒赞他对我国科学、教育事业的巨大贡献，继承和发扬他倡导的“求是”校风，激励全体教师为发展社会主义科学文化教育事业作出优异成绩，为“四化”建设培养更多、更优秀的人才，学校决定设立“竺可桢优秀教师奖”。

8月3日 由浙江大学组织的“国际多相流学术会议”在杭举行。来自美国、加拿大、日本等10个国家的代表共190人出席了会议。会上共宣读论文120篇。这是在我国首次举行的有关多相流大型国际会议，受到中国自然科学基金会、国家教委、中国力学学会、美国自然科学基金会、美国 ASME 的支持。李德葆副省长，名誉校长刘丹，校长韩祯祥，副校长路甬祥、阙端麟等有关领导出席了开幕式。

8 月 24 日 根据国家教委指示学校恢复试招保送生制度，首批招收 63 人，编入“混合班”培养。

8 月 30 日 浙江大学恢复函授教育。总共录取函授生 254 名。专业有机械制造和电气技术。函授生采取函授部和函授站两级管理，分别在杭州和金华两地设立函授辅导站。

9 月 20 日 国家教委下文批准浙江大学等 10 所院校从 1988 年开始首批招收思想政治教育专业硕士研究生。

9 月 30 日 经校长办公会议研究决定，浙江大学新建 9 个研究所、3 个研究室。研究所：化学、物理、流体传动及控制、人工智能、信息与电子工程、半超导体材料、生物医学工程及仪器、土木工程、社会科学研究所。研究室：地质、单晶光纤激光联合、外国语言文学研究室。

10 月 5 日 《光明日报》一版头条以《浙江大学提出 12 条措施深化本科教育改革》为题，从加强学风建设，严格学籍管理，试行“预分配”制度，强化工程实践训练；试行“科学评分、合理淘汰”原则，把好本科考核关等方面作了详细报道。

10 月 10 日 单晶光纤激光联合研究室用激光加热基座法生产出国内第一根 Nd:YAC 单晶光纤。

10 月 26 日 国家教委下文同意浙江大学增设“环境工程”专业。

11 月 14、15 日 浙江大学高纯硅烷实验室通过国家级验收。

11 月 28 日至 12 月 5 日 举行“浙江大学首届文化节”。

12月5日　隆重举行邵逸夫体育馆奠基典礼，沈祖伦副省长和马临博士为基石揭幕。

12月27日　《文汇报》头版以“浙大半导体材料研究获重大突破——在国际上首创硅单晶生产新技术”为题报道：一种用纯氮作为保护气体生产硅单晶的新技术，已由浙江大学科技人员在国际上首次研制成功。这一成果标志着我国半导体材料的研究取得了重大技术突破。

1988年

2月4日　党委书记梁树德主持召开学校中层干部会议，省委领导来校宣布校新领导班子组成的名单。国家教委同意任期已满的韩祯祥、阙端麟同志分别辞去浙江大学校长和副校长职务。国家教委任命路甬祥为浙江大学校长，吴平东、胡建雄、薛继良为浙江大学副校长。

2月15日　国家教委(88)教学字004号《对浙江大学实行预分配、实行“厂校联合培养”的请示报告的批复》下发。

3月11日　浙江大学建立就业指导委员会。就业指导委员会的主要工作内容是进一步扩大学校与社会的密切联系和全面协作，帮助应届毕业生端正思想，开阔视野，建立正常的心理秩序，并指导他们正确选择职业和工作单位，为促进人才流动提供咨询。

5月5日　校务会议研究之后认为，浙江大学在90多年的办学过程中，逐步形成了“实事求是，严谨踏实，奋发进取，开拓创新”的优良校风。为了进一步激励广大师生员工发扬敢于攀登、勇于创新的精神，加快学校改革步伐，会议通过认真的讨论，慎重提出，在新的历史时期，浙江大学校风的最简明的表述，将采用“求是创新”四个字。

6月26日 《人民日报》第三版头条以“浙江大学公开招聘教授”为题报道：浙江大学新近决定采取向国内外公开招聘教授的办法引进人才，以加强学科建设，适应新形势的需要。选聘的对象是教授和符合教授任职条件的人。这项工作将在“公开竞争，严格考核，择优录用”的原则下进行。

10月 校长办公会议决定在化工系、力学系、信电系、科仪系进行基层教学、科研管理体制改革试点，尽快组建一批教学、科研相结合的研究所、室，以推进由专业办学转变为系办学的进程。

10月7日至8日 国家教委在京召开清华大学、浙江大学、华东化工学院三校综合改革试点汇报会。会议汇报和研究了高校综合改革的办学指导思想、改革思路、改革的方案和内容。国家教委副主任何东昌、朱开轩、邹时炎及国家教委大部分司局的主要负责同志出席会议听取汇报并共同进行了讨论研究。中共中央政治局委员、国务委员、国家教委主任李铁映到会作了重要讲话。浙江大学校长路甬祥、党委书记梁树德参加会议，路甬祥校长在会上汇报了学校关于全面推进和深化学校改革的总体设想。

10月17日 中共中央政治局委员、国务委员、国家教委主任李铁映来校视察，并听取了路甬祥校长关于浙江大学进行综合改革的汇报。李铁映对高等教育发展及高校进行综合改革试点作了重要指示，希望浙江大学的同志们解放思想、大胆探索、为建设新型大学走出一条路子。

10月30日 世界著名科学家、诺贝尔物理奖获得者、美国哥伦比亚大学教授、浙江大学校友李政道博士来母校访问。

11月7日 香港知名人士王剑伟先生向浙江大学捐款仪式和欧阳纯美科学楼奠基典礼举行。

11月15日《中国教育报》第一版头条以“清华浙大等一些高等

学校进行试验,明确目标全面规划开展综合改革”为题,报道了浙江大学等 6 所院校进行综合改革的信息。

1989 年

1 月 28 日　浙江大学被国家教委批准成为全国高等学校综合改革试点院校。

1 月　校务会议讨论通过了《浙江大学关于基层教学、科研体制改革的原则意见》和《浙江大学研究所(室)组织条例》。

1 月　校长办公会议专门研究讨论了改进理科工作,加强理科建设的问题,决定着手推进理科教育改革。2 月,学校向各系印发了《浙江大学关于改革加强理科工作的决定》。

1 月　学校建立档案馆。

2 月　校务会议决定成立浙江大学文科指导委员会,以指导和促进学校人文学科的建设和发展。同时决定学校每年拨款 25 万元设立文科发展基金,用于文科管理学科的科研和教育。

3 月　实施后勤体制改革试点工作,建立了饮食、接待、修建、生活 4 个服务中心。

6 月　学校逐步引入竞争机制,改革本科毕业生分配制度,试行“学校推荐,用人单位择优录取”的办法。

6 月 14 日　校长办公会议审批并原则同意电机、土木、计算机、物理、光仪 6 系的体制改革方案,并决定下一步推动化学、热物理、材料、管理 4 系的体制改革,并作为学校综合改革重要方面的基层教学、科研体制向全校推开。

8 月 28 日,党中央、国务院领导同志同 21 位在科技和教育战线上有突出贡献的专家进行座谈,路甬祥参加了座谈会,并汇报了浙江大学“311 制”培养方式和建立校外综合办学基地的情况。江泽民总书记说:“高等院校应该建立稳固的实习基地,这件事要贯彻下去。”

8月 学校通过《浙江大学关于加强科学技术研究所(室)管理的若干规定(试行稿)》,全校各系和科研的管理体制改革全面推开。

9月 学校成立“浙江大学发展委员会”,由路甬祥校长任主任。

9月 学校成立浙江大学对外语言与文化交流中心。

10月 经国家教委批准,浙江大学成立了职业技术教育学院。

11月 学校在科研处建立了国际科技合作管理机构——国际合作科,以加强对原有分散的合作项目的组织和管理,并开辟新的国际合作渠道。

11月 学校建立电力电子技术及应用工程研究中心。

12月28日 校长路甬祥在浙大授予杨振宁博士浙江大学名誉教授证书,授予刘永龄先生浙江大学名誉顾问证书。

1990年

1月 国家监察部下文委托浙江省监察厅和浙江大学联合设立监察部“浙江大学教育培训中心”。

1月20日 根据浙江大学综合改革方案的精神,为了逐步做到培养高层次人才立足国内,发展具有中国特色的博士生培养方式,学校决定实行副导师制,全面试行博士生助教制。

2月5日 浙江大学轻工学院在邵逸夫科学馆举行成立典礼。

2月12日 经校务会议研究决定,成立浙江大学工商管理学院、浙江大学石油化工学院。

2月 学校召开了第一次科技工作会议,提出1990年学校科技工作的主要任务是巩固和完善以二级学科为基础、择优建立研究所(室)的科研体制,以逐步实现学校基础研究定向化,重点科研基地化，科技开发工程化。至 1990 年底，学校共建立了 72 个研究所、室，学校基层科研体制改革得到了进一步完善。

3 月 5 日 学校隆重举行我国近代著名的科学家、教育家、浙江大学的老校长竺可桢先生诞辰 100 周年纪念大会。中国科协副主席、浙江大学校长路甬祥作了题为《学习竺可桢，发扬爱国主义精神，献身祖国，造福人民》的讲话。中共浙江省委副书记刘枫代表省委在会上讲话。

3 月 7 日至 13 日 中共中央候补委员、校长路甬祥赴京参加中国共产党第十三届六中全会。

3 月 8 日 浙江大学工商管理学院成立大会举行。

3 月 14 日 国家教委教直(1990)002 号《关于核定我委直属普通高等学校近期发展规模的通知》下发浙江大学，核定浙江大学学生近期发展规模(1992 年时达到的规模)为 11200 人，其中本专科生 9000 人、研究生 1700 人、留学生 100 人、进修生 200 人、干训生 200 人。

3 月 16 日 国家教委高校学生司对浙江大学《关于扩大产学结合、厂校联合培养试点的几个有关问题的请示》的复函下发。同意浙江大学继续进行“预分配—联合培养”的试点工作。

3 月 学校决定在电机、化工、机械、光仪 4 个系率先开展建设优良学风班级试点。

4 月 7 日 浙江大学马克思主义理论与思想政治教育研究所在图书馆演讲厅举行成立大会。

5 月 21 日 浙江大学建筑工程学院成立大会在邵逸夫科学馆举行。

5 月 学校职务评聘工作改变传统的以定性为主的考核办法，在对教师工作实绩进行量化的基础上，进行定性定量相结合的考核评审，并把量化考核成绩作为评聘的重要依据，增强了考核方法的科学性、全面性、准确性和合理性。

10月5日至8日 应路甬祥校长的邀请，柏林工业大学校长弗里克教授一行8人来浙江大学访问。

10月7日 浙江大学在欧阳纯美科学楼前隆重举行由香港知名人士王剑伟先生捐资建造的欧阳纯美科学楼落成典礼。

10月16日 浙江大学在邵逸夫体育馆前广场隆重举行由香港著名实业家邵逸夫先生捐款建造的邵逸夫体育馆落成典礼。

12月30日 1990年浙江大学科研事业有了长足的发展，科研经费到款总数达3522万元，其中纵向经费1964.78万元，横向经费1557.38万元；鉴定科研成果130余项，获国家、部委及省级奖励82项。1990年浙江大学共140多项科技成果通过技术鉴定（通信鉴定），其中达到国际先进水平的有61项，国内首创获国内领先的有40项、国内先进的有27项、其他13项。

1991年

2月4日 浙江大学马克思主义理论与思想政治教育研究所党建研究室成立。

3月1日 国家教委副主任滕藤、思政司司长朱新均等同志在省教委主任邵宗杰、副主任程文祥等有关领导陪同下，莅临浙江大学视察指导工作。路甬祥校长向教委领导汇报了制定“八五”计划、十年规划的指导思想及两年来学校推进综合改革的情况。校党委书记梁树德汇报了学校党组织情况和学校党的思想建设、组织建设及党员重新登记工作、派遣青年教师接受基层实践锻炼等情况。

3月8日 以研究台湾产业经济为主要任务的专门研究机构——台湾研究所正式成立。

3月16日　我国第一个培养商检人才的重要基地——国家商检局浙江大学教育中心在邵逸夫科学馆举行成立大会。

3月22日　核工业部部长蒋心雄、副部长赵宏以及浙江省计经委总工、原省电力局局长张国诚来校访问。在路甬祥校长陪同下，蒋部长一行分别参观了CAD\CG国家重点实验室、蓉杭模具研究所、电机系基础课实验室和化工系部分研究所，并认真地听取了教师和科研人员的介绍，还登上了图书馆顶楼，俯瞰浙江大学校园。蒋心雄部长、赵宏副部长为浙江大学题词：求实创新校风好，继往开来攀高峰。

3月26日　学校决定原“光学电子工程学系”和“科学实验仪器工程学系”合并组建“光电与科学仪器工程学系”。

4月2日　学校举行浙江大学党校成立大会暨马列读书班开学典礼。

5月27日　浙江大学工业自动化工程研究中心和二次资源化工工程研究中心成立。

5月,9月　学校分两段召开了研究生工作会议。路甬祥校长在工作会议上作了报告，强调研究生教育在学校发展中的重要地位，明确提出要把浙江大学办成教学、科研并重，本专科教育与研究生教育并重的高水平大学。

6月5日　著名数学家、美国伯克莱加州大学教授陈省身先生参观访问了浙江大学，并为师生作了精彩的演讲。

6月5日　浙江大学成立浙江近代物理中心。著名物理学家、诺贝尔奖获得者、美国哥伦比亚大学教授、浙江大学名誉教授李政道先生任中心主任，并专程来校参加浙江近代物理中心成立典礼，为师生们作学术报告。

6月29日　国家人事部、全国博士后科研流动站管理协调委员会批转浙江大学增设材料科学与工程、计算机科学与技术、化学工程与工业化学3个一级学科建立博士后科研流动站。至此,浙江大学有10个一级学科覆盖16个专业建立了博士后流动站,建站数在全国居清华大学(14个)之后,与北京大学并列第二。

9月 建立浙江大学管理信息中心。建成浙江大学CAD/CG国家重点实验室。

11月4日 著名物理学家、“两弹元勋”王淦昌先生访问母校,路甬祥校长在邵逸夫科学馆主持仪式,授予王淦昌先生浙江大学名誉教授证书。

11月6日至23日 由校长路甬祥、材料系主任雷永泉、能源系主任徐航、外办主任黄振华组成的浙江大学代表团访问日本。访问目的是为了进一步增加对日本高等学校教学与科研的了解,寻求与有关院校发展交流合作项目的可能性。代表团访问了北海道大学、东北大学、武藏工业大学、福井大学、九州大学、东京大学、上智大学及有关机构。

12月3日 1991年浙江大学在国家自然科学奖、国家发明奖和国家科技进步奖即“三大奖”方面均取得历史性好成绩。其中数学系梁友栋、彭群生的研究项目获国家自然科学三等奖,化工系虞钧等的研究项目获国家自然科学四等奖;土木系李翼祺的研究项目获国家发明三等奖;力学系沈天耀等研究项目获国家科技进步一等奖;电机系与外单位合作项目获国家科技进步二等奖。

1992年

1月3日 中国科学院学部委员会增选结果在北京公布。经过推荐、初选、评审和选举,最后国务院审核、批准,全国210名优秀科学家当选为新的学部委员,浙江大学路甬祥教授、阙端麟教授当选为技术科学部学部委员。

3月30日 李鹏、聂荣臻为浙江大学建校95周年题词。李鹏总理的题词为:“祝贺浙江大学建校九十五周年,希望为祖国和社会主义建设培养更多的专门人才”。聂荣臻元帅的题词是:“求是创新、奋发进取”。

3月31日 国家教委批准浙江大学校内管理体制改变方案。国家教委下发《关于浙江大学进行校内管理体制改革请示的批复》(教直[1992]13号)。批复中说:“经我委研究,并商浙江省人民政府,原则同意你校按所指定的校内管理体制改革方案进行试点工作。”

4月1日 学校举行“浙江大学建校95周年庆祝大会”。全国政协副主席苏步青,国家教委代表、原教育部副部长高沂,省市领导刘枫、李金明、铁瑛、王启东、朱祖祥、龙安定、周春晖、薛艳庄以及新华社香港分社副社长张浚生等领导和来宾在主席台就座。

6月2日 浙江省教委发文同意建立“浙江大学科技开发总公司”,该公司为全民所有制校办科技企业。

6月11日 国务院学位委员会第三届学科评议组组成,712位专家学者受聘。其中浙江大学有12位教授受聘,他们是路甬祥、吕维雪、阙端麟、岑可法、韩祯祥、何志均、孙优贤、许庆瑞、吴世明、吴平东、沈之荃;特约成员:王启东。

9月18日 浙江大学路甬祥校长当选为中国共产党第十四届中央委员会委员。

9月30日 《浙江大学关于加快学校改革步伐的决定》经校务会议讨论通过,同时通过了《浙江大学关于加快改革步伐的具体措施和政策》。

10月 国家教委发文,同意将现浙江大学分部改建为一年级基础部。杭州市政府批准学校基础部建设总体规划和教学楼、学生宿舍楼的设计和建设。

10月 国家教委发文,同意浙江大学增设水利水电工程建筑、信息工程、精密仪器、工业外贸、行政管理学等专业,自1993年秋季开始招生。

10月 中国统配煤矿总公司发文,同意浙江大学建立"国家水煤浆工程技术研究中心浙江大学燃烧技术研究所"。

11月 成立浙江大学人才服务公司。

1993年

1月14日 校务会议研究决定,与浙江省对外经济贸易委员会联合创办浙江大学对外经济贸易学院。外经贸学院下设经济系、外贸与商检学系和外语系。

1月18日 省外经贸委与浙江大学签订了联合办学协议。2月11日,浙江省副省长兼外贸委主任龙安定率外经贸系统干部一行40余人来校考察,并举行了经贸学院首次董事会议。会议选举龙安定为学院名誉董事长、省外经贸副主任陈哲良为董事长、黄达人副校长为学院院长。

2月6日 浙江省省长万学远、副省长徐志纯来校视察,并与学校领导座谈。路甬祥校长、梁树德书记向省领导汇报了浙江大学的历史、现状及改革开放10多年来所取得的成绩和面临的困难,并对浙江省的经济建设和教育工作提出了建议。万学远省长肯定了浙江大学几年来的工作,希望浙江大学在建立社会主义市场经济体制下的新形势下,解放思想,深化改革,在培养人才、科技服务等方面为浙江省的经济建设和社会发展作出更大的贡献。

2月17日 学校决定撤销总务处,成立"浙江大学后勤服务总公司”。总公司包括原总务处的饮食服务中心、接待服务中心、生活服务中心、通信管理服务中心；原房地产管理处的修建中心、水电管理服务中心；原房地产管理处大楼宿舍管理站与生活服务中心园艺部合并成立校园环境服务中心等 7 个服务中心和灵峰山庄 8 个单位。

2 月　学校决定撤销“重点实验室与中心管理处”、“设备处”，成立“重点实验室及设备管理处”。

3 月　国务院学位委员会发文，同意浙江大学在数学、电工、机械工程、化学工程和工业化学等 8 个一级学科内开展自行审批增列博士生指导教师的试点工作。

4 月 28 日　中国专利局和浙江大学举行仪式，正式合作成立办学实体——浙江大学专利教育中心。

4 月 30 日　包兆龙包玉刚中国留学生奖学金创建 10 周年庆祝活动在浙江大学隆重举行。

7 月 30 日　浙江大学被授予“党的建设和思想政治工作先进普通高等学校”荣誉称号。

10 月 14 日　《半月谈》思想政治工作创新奖（1992 年度）颁奖大会在北京举行，会上表彰了 10 名特等奖，36 名创新奖获得者。浙江大学校长路甬祥获特等奖。

10 月 21 日　浙江大学博士后工作经验交流会在邵逸夫科学馆召开。

12 月 31 日　浙江大学举行“混合班”创建 10 周年庆典活动。

1994 年

1 月 5 日　国务院副总理李岚清在省委书记李泽民陪同下视察了浙江大学，并在浙江大学召开了浙江省高校负责人教育改革座谈会。李岚清同志指出，提高教学质量和办学效益是当前教育改革的两个中心内容。

4月1日 为纪念竺可桢校长的卓越功绩与高尚品德，继承弘扬竺可桢校长倡导的"求是"精神，动员和争取海内外各界关心祖国教育事业，支持和资助浙江大学的建设与发展，学校成立竺可桢教育基金会。路甬祥校长任理事长。同年5月16日，中国竺可桢教育基金会(香港)也在香港正式成立。

5月4日 校务会议研究决定，在光科系生物医学工程与仪器专业的基础上新建"生命科学与医学工程学系"，简称"生医系"。

6月3日 路甬祥、汪槱生教授当选为中国工程院首批院士。

9月 学校在原"提高班"的基础上，成立工程教育高级班，首届工程教育班共选拔学生60名。

9月 学校批准在图书馆成立浙江大学文献信息研究所。

10月16日 校务会议决定筹建8个学科群：现代光学及仪器工程、信息科学与工程、生命科学与医学工程、控制工程及机电一体化、电力电子技术、能源·资源·环境、材料科学与工程、化学工程与分子设计学。

10月18日 国家教委和浙江省人民政府决定共同建设浙江大学，以尽快把浙江大学建成国内一流、国际上有影响的国家重点大学。国家教委副主任张孝文和浙江省副省长徐志纯分别在共建协议上签字。

11月15日至17日 由国家教委主持，来自全国各地的12位著名高等教育专家在对浙江大学"211工程"进行两天的预审评估后，一致认为浙江大学是一所基础坚实、实力雄厚、特色鲜明、充满生机和活力，居国内一流水平，在国际上有一定影响的社会主义大学，同意通过部门预审。

12 月 国家教委发文，授予浙江大学“文明校园”荣誉称号。

1995 年

2 月 8 日 中共浙江省委书记、省人大常委会主任李泽民，省委副书记、省长万学远，省委副书记、省政协主席刘枫，以及柴松岳、卢展工、王其超、徐志纯等省委、省政府领导率领浙江省计委、财政厅、科委、教委、卫生厅等部门主要负责人，来校视察并参观了光学仪器、生命科学与医学工程、电力电子、工业自动化 4 个国家级重点实验室和研究中心，与中层以上干部和教师代表进行了座谈，并现场办公，当场决定拨款 300 万元，作为浙江省与国家教委共建浙江大学的首次投入，以改善浙江大学的办学条件。

3 月 17 日 学校举行全校教学工作会议开幕式，决定在 3—11 月期间发动全校师生进行深化教育教学改革大讨论，研究、交流、制定、落实学校研究生教育、本科生教育、留学生教育和成人教育的发展目标和改革战略。

3 月 24 日 经校务会议研究决定，成立浙江大学人文学院。人文学院由中国语言文学系、哲学社会科学系和政治学系(原社科基础部)组成。

3 月 30 日 学校决定投入 100 万元基金，正式启动“511 人才工程”。“511 人才工程”是学校深化综合教育改革，抓紧人才培养的一项重大战略措施。该工程计划在 2010 年前，遴选培养出 50 名国际公认，具有一定国际影响的杰出专家，培养出 100 名左右富有开拓创新精神的跨世纪中青年学术带头人和技术带头人，培养出 1000 名左右年轻的具有博士或硕士学位的新一代学术、技术骨干。

4 月 17 日 国家教委教人(1995)42 号文件任命潘云鹤为浙江大学校长，免去路甬祥浙江大学校长职务。

6月6日 中共中央政治局常委、全国人大常委会委员长乔石在浙江省委书记李泽民、副书记刘枫和杭州市委书记李金明等陪同下，视察了浙江大学。乔石委员长接见浙江大学部分老师后，会见了浙江大学校长潘云鹤、党委书记梁树德和常务副校长胡建雄。前任校长、现中科院常务副院长路甬祥会见时在座。潘云鹤校长向乔石委员长汇报了浙江大学的工作。

9月29日 杭州市市长王永明率杭州市市委、市人大、市政府、市政协领导班子及有关部门负责人来校会谈，就浙江大学和杭州市科技协作、人才培养、改善学校办学条件等三方面问题进行了商讨，达成了《浙江大学——杭州市科技交流合作协议》。

10月 杭州市政府和浙江大学联合成立"杭州市和浙江大学科技交流合作促进委员会"。

11月8日 以浙江大学留美海外校友为主体的"浙江大学美国竺可桢教育基金会"在美国芝加哥成立。

12月20日 香港著名实业家，现任香港永新企业有限公司董事长、港龙航空公司主席、港事顾问曹光彪先生为支持浙江大学建设，推动高科技研究和高级人才培养，捐资1000万港元在浙江大学建立高科技发展基金，并捐资20万元港元/设立优秀教师奖励金。

12月 浙江大学获国家正式批准，首批列入"211工程"建设计划。

附录三

路甬祥同志工作年表

1942 年 4 月，生于浙江慈溪

1974 年 5 月，加入中国共产党

1959 年至 1964 年 7 月，在浙江大学机械工程系水力机械专业学习

1964 年至 1979 年，任浙江大学机械工程学系助教、讲师

1979 年 5 月至 1981 年 9 月，受联邦德国洪堡基金会资助赴亚琛工业大学机械系液压气动研究所研修

1981 年 5 月 12 日，获联邦德国亚琛工业大学工程科学博士学位

1981 年，任浙江大学机械工程系讲师、副教授、流体传动与控制实验室主任

1983 年，任浙江大学教授、机械工程系流体传动与控制研究所所长、校科学技术研究所副所长，开放实验室主任

1985 年 9 月至 1988 年 2 月，任浙江大学副校长

1985 年至 1996 年，任中国科协副主席

1988 年 2 月至 1995 年 5 月，任浙江大学校长

1989 年至 1992 年，任国际继续工程教育协会副主席

1990 年至 1994 年，任国家教委高等教育咨询委员会主席

1990 年，当选为第三世界科学院院士

1991 年底，当选为中国科学院院士

1993 年至 1997 年 7 月，任中国科学院副院长、党组成员

1994 年，当选为中国工程院院士

1995 年至 2004 年，任科学史学会理事长

1997 年 7 月至 2011 年 2 月，任中国科学院院长、党组书记，中国科学院学部主席团执行主席

1998 年至 2003 年，任第三世界科学院副院长

2001 年至 2011 年，任中国机械工程学会理事长

2003 年 3 月至 2008 年 3 月，任第十届全国人大常委会副委员长、党组成员

2008 年 3 月至今，任第十一届全国人大常委会副委员长，党组成员

2005 年至今，任国际科学院委员会共同主席

2003 年至 2006 年，任发展中国家科学院副院长

第六届、第十届、第十一届全国人大代表，中共第十二届、十三届中央候补委员，中共第十四届、十五届、十六届、十七届中央委员

后　　记

2012年是浙江大学建校115周年，学校决定编辑出版《求是与创新——路甬祥教育文集》。上世纪80年代中期到90年代中期，是路甬祥同志担任浙江大学副校长、校长的10余年，也是浙江大学百年发展史上非常重要的一个阶段，作为当时全国高校综合改革的试点单位，路甬祥的办学思想和学校的改革举措在国内教育界有重要影响。本文集选录的一些文章和讲稿，重点反映的就是路甬祥同志在那个时期对学校办学的一些战略性思考和教育科研改革理念。

结合当前大学发展的趋势和社会对高等教育关注的热点问题，今天重读这些文章，仍然感到路甬祥的教育思想对指导当前的高等教育改革和浙江大学的发展，有很好的时代意义和社会价值。

编辑小组主要整理了现存浙江大学档案馆中路甬祥同志的讲话、发表在各类报刊上的文章以及当时新闻媒体对学校改革发展的一些重要报道。收录文章和讲话稿的时间为1985年至1996年近10年期间，也就是路甬祥担任学校领导的10余年，我们按照文章和讲稿的主题分为教育理念篇、综合改革篇、人才培养篇、科学研究篇、学科与师资队伍建设篇、工程教育和继续教育篇等6个篇章，由于部分文稿是当年会议讲话的录音记录稿，编辑时在尊重历史原文的基础上，另拟了标题，并对文稿中口语化的表述做了修改。

本书附录部分选取了部分新闻媒体在那个阶段对浙江大学综

合改革的一若干重要报道，以及那个时期学校改革与发展的大事记等内容，作为阅读正文的补充和参考，以便读者能深入了解当年高等教育发展和浙江大学综合改革的历史背景，从而加深对作者教学科研工作经历和办学思想以及教育理念的了解和思考。

编辑出版工作由浙江大学原党委常务副书记陈子辰同志牵头，邹晓东、任少波两位校领导负责，学校政策研究室和出版社承担具体编辑出版任务。徐有智、刘继荣、李铭霞、吕旭峰等同志参加了前期资料搜集和文集的编辑整理工作。学校党委宣传部、新闻办公室、出版社、档案馆、图书馆、流体传动及控制国家重点实验室、学校科教战略发展研究中心等单位为文集的编辑出版工作提供了大力支持。

本书之编校虽力求审慎反复校阅，但编辑之中难免有疏漏之处，尚祈读者与专家不吝指正。

《路甬祥教育文集》编辑组

2012 年 4 月

图书在版编目(CIP)数据

求是与创新:路甬祥教育文集 /《路甬祥教育文集》编辑组编.
—杭州:浙江大学出版社,2012.5
ISBN 978-7-308-09916-5

Ⅰ.①求… Ⅱ.①路… Ⅲ.①高等学校—校长—学校管理—文集 Ⅳ.①G647.12-53

中国版本图书馆 CIP 数据核字(2012)第 080586 号

求是与创新——路甬祥教育文集

《路甬祥教育文集》编辑组 编

责任编辑 徐有智 曾建林

封面题词 潘云鹤

封面设计 俞亚彤

出版发行 浙江大学出版社

(杭州市天目山路 148 号 邮政编码 310007)

(网址:http://www.zjupress.com)

排　　版 浙江时代出版服务有限公司

印　　刷 浙江印刷集团有限公司

开　　本 710mm×1000mm 1/16

印　　张 28

插　　页 7

字　　数 350 千

版 印 次 2012 年 5 月第 1 版 2012 年 5 月第 1 次印刷

书　　号 ISBN 978-7-308-09916-5

定　　价 80.00 元